खुले दिमाग की ताकत

डॉ. लोकेश शर्मा

AF518605

डायमंड बुक्स

प्रकाशक : डायमंड पॉकेट बुक्स (प्रा.) लि.
X-30 ओखला इंडस्ट्रियल एरिया, फेज-II
नई दिल्ली-110020
फोन : 011-40712200
ई-मेल : wecare@diamondbooks.in
वेबसाइट : www.diamondbooks.in
संस्करण : 2025
मुद्रक : रेप्रो (इंडिया)

Khule Dimag Ki Taqat
By : Dr. Lokesh Sharma

समर्पण

यह पुस्तक मेरे परमपूज्य दादाजी स्व. पं. भवानी सिंह शर्मा और दादीजी स्व. श्रीमती तोफा देवी शर्मा की सघन पावन स्मृति को समर्पित है, जो काफी समय पूर्व इस दुनिया से चले गये, लेकिन उनकी तपस्या, सादगी, विचार, सिद्धांत, परोपकार की भावना, त्याग और कठोर परिश्रम का स्वाभिमानपरक जीवन, मेरी प्रेरणा का स्रोत है। ईश्वर की यह बहुत बड़ी कृपा है कि इन पुण्यात्माओं के यहाँ जन्म लेने का सौभाग्य मुझे प्राप्त हुआ, जिन्होंने देवरी परिवार को मजबूती, कीर्ति और प्रसिद्धि दी। इनकी ईमानदारी, स्पष्टवादिता, शक्तिशाली कठोर निर्णय दूर-दूर तक जाने जाते हैं। निर्विरोध प्रधान रहे और उन्होंने ईमानदारी से न्याय किये तथा जीवन-भर श्रेष्ठ कार्य करते रहे। दादाजी, दादीजी मैं आपको श्रद्धा-सुमन अर्पित करता हूँ, साथ ही संकल्प लेता हूँ कि जीवन-भर आपके बताए हुए रास्ते पर चलकर कुल के नाम को रोशन करता रहूँगा। आपका आशीर्वाद हमेशा मेरे साथ है। आपके द्वारा किए गये श्रेष्ठ कार्य हमेशा मेरी प्रेरणा और ऊर्जा का स्रोत रहेंगे। गरीबों और दीन-दुखियों के प्रति सहानुभूतिपूर्वक किये गए आपके कार्य बहुत प्रशंसनीय रहे हैं। संतों के प्रति समर्पण तथा गाय की सेवा आपका जीवनव्रत रहा, जो कि परिवार ने आज भी आत्मसात् किया है और आपके पदचिन्हों पर चलकर समाज सेवा के कार्य में सभी गौरव का अनुभव करते हैं तथा आपकी पावन स्मृति को हमेशा दिल में संजोए रहते हैं। आपके अधूरे कार्यों को पूर्ण करने का मैं संकल्प व्यक्त करता हूँ। यही आपके प्रति सच्ची श्रद्धांजलि होगी।

एक विचार

जिसने बदल दी दुनिया

एक संकल्प जिसने
कराए महान कार्य

एक जिजीविषा भरी एकाग्रता
जिसके अनुकरण ने
लोगों के जीवन को दीं
महान ऊंचाइयाँ

एक सूत्र वाक्य चलते रहो धैर्यपूर्वक
जिसने बदल दी जीने की राह।

प्रस्तावना

आधुनिक युग में भारत के युवाओं ने अपनी प्रतिभा, मेधा और कठोर परिश्रम के बल पर भारत में ही नहीं, बल्कि पूरी दुनिया में अपनी बौद्धिक क्षमताओं का लोहा मनवाया है। आजादी के बाद 65 वर्ष इस देश का इन्फ्रास्ट्रक्चर खड़ा करने में लग गए, शिक्षा का प्रचार-प्रसार और गरीबी से जूझता भारत, 21वीं शताब्दी के प्रारम्भ में ही दुनिया को अपनी ओर आकृष्ट करने में सफल हुआ है। इसके पीछे उस युवा शक्ति द्वारा पिछले दो दशकों में किया जाने वाला कठोर परिश्रम है।

भारत के युवाओं ने अमेरिका, यूरोप, आस्ट्रेलिया तथा अफ्रीकी देशों में व्यवसाय, उद्योग, व्यापार तथा सर्विस करके आर्थिक सुदृढ़ता को बढ़ाया है, साथ ही पिछले 20 वर्षों में भारत ने दुनिया को सबसे अधिक इंजीनियर, डॉक्टर, वैज्ञानिक व कम्प्यूटर विशेषज्ञ प्रदान किए हैं।

आज भारत में प्रति व्यक्ति आय कम है तथा एक बड़ा तबका, भुखमरी के कगार पर है। एक ओर विकसित देशों की प्रति व्यक्ति आय बहुत ज्यादा है तथा उन देशों की सरकारें भी अपने नागरिकों की मूलभूत आवश्यकताओं की पूर्ति में भारत से बहुत आगे है।

क्या कारण है कि भारत में आज भी युवा अपनी क्षमताओं का सही प्रयोग नहीं कर पाते हैं और मार्गदर्शन तथा प्रोत्साहन के अभाव में प्रतिभाएं निखरने से पहले ही दम तोड़ रही हैं। भविष्य अंधकारमय होता जा रहा है। आज आवश्यकता है जामवंतों की, जो कि इन हनुमानों को अपनी शक्ति का अहसास करा सकें कि प्रत्येक किशोर छात्र के अंदर टॉपर बनने की क्षमता है। वह भी प्रत्येक परीक्षा में टॉप कर सकता है तथा सफल छात्र बनकर अपना और अपने माता-पिता तथा कुल का नाम रोशना कर सकता है। इसके लिए आवश्यकता है जोश दिलाने की, उत्साह में वृद्धि करने की तथा सकारात्मक सोच द्वारा प्रेरणा प्रदान करने की।

जिस युवा को समय पर सही मार्गदर्शन मिल जाती है, वह अपनी शक्तियों को पहचानकर उनका समय पर सदुपयोग कर लेता है और ऊर्जा को संचित कर भविष्य का निर्माण करता है।

मैं अपने को भाग्यशाली मानता हूँ कि मेरा जन्म आगरा जिले के प्रतिष्ठित देवरी गाँव में हुआ, जिसमें खेती-किसानी से कठिन परिश्रम कर प्रगतिशील कृषक के रूप में मैंने अपने परिवार को ईमानदारी से उत्तरोत्तर तरक्की और विकास के सोपानों पर चढ़ते हुए देखा। राजनीतिक परिवार होने के बावजूद परिवारजन आधुनिकता के प्रपंचों से दूर रहे तथा सादगी और तपस्या का जीवन जीते हुए इ़ज़्ज़त और मान-प्रतिष्ठा को बहुत महत्त्व दिया। मैंने बचपन से ही कठोर परिश्रम को जीवन का आधार माना और देवरी से शुरू हुआ यह सफ़र... आगरा में शिक्षा प्राप्त करने के बाद मध्यप्रदेश राज्य प्रशासनिक सेवा में चयनित होकर अधिकारी के रूप में देश सेवा में लगा हुआ हूँ। आगरा विश्वविद्यालय से ही डाक्टरेट की उपाधि प्राप्त की है। जीवाजी विश्वविद्यालय, ग्वालियर से एल.एल.बी. की है।

पिछले 20 वर्षों से अखबारों के लिए लेख लिखता रहा हूँ तथा अनेक पुस्तकों के अध्ययन, चिंतन, मनन, देश के महानगरों के भ्रमण के साथ मेहनतकश जम्मू-कश्मीर के भोले-भाले पहाड़ी लोगों से लेकर कन्याकुमारी तक, गरीब किसान से लेकर प्रशासनिक अधिकारियों, मंत्रियों, विधायक व सांसदों के साथ उनकी कार्यशैली और विलक्षण प्रतिभाओं को जानने, समझने का मौका मिला। मेरे लेख पढ़कर उत्साहित होने वाले नौजवानों ने कई बार कॉलेजों में व्याख्यानों, सेमिनारों में आमंत्रित कर, मेरे विचारों को जाना और उद्गार व्यक्त किए कि आप अपने अमूल्य समय में से कुछ समय निकालकर आप अपने विचारों को पुस्तक का रूप अवश्य दीजिए जिससे समाज का भला हो तथा छात्रों एवं युवाओं को ही नहीं, बल्कि जीवन से निराश-हताश व्यक्तियों को कुछ दिशा मिल सके।

मेरे मन में भी कई महीनों से अपने विचारों को समाजोपयोगी पुस्तक के रूप में लिपिबद्ध करने की भावना उत्कट रूप से बार-बार झंकृत हो रही थी और मैं लिखने बैठ गया हूँ। मैंने पूरी कोशिश की है कि मेरा प्रयास सफल हो तथा अधिक से अधिक व्यक्तियों को इस पुस्तक से लाभ पहुँचे।

भारत के युवा इस पुस्तक को पढ़कर पूरी दुनिया में अपना नाम रोशना करेंगे तथा अपने जीवन को सफल करेंगे। अपनी छिपी हुई शक्तियों को

पहचानेंगे और चिन्तन, मनन द्वारा एकाग्रता को साधकर अपने जीवन को सफल करेंगे, तो मैं समझूँगा कि मेरी मेहनत सफल हो गई और मेरे प्रयास सार्थक रहे।

आप इस पुस्तक को मन लगाकर एकागता से पढ़ें और आप देखेंगे कि आपके जीवन में सकारात्मक सोच के साथ तरक्की, विकास तथा खुशियाँ जुड़ जाएंगी। आप घर, परिवार और समाज के चहेते बन जाएंगे तथा सर्वांगीण विकास के पथ पर अग्रसर हो जाएंगे। आपकी प्रतिक्रिया और सुझावों का मैं स्वागत करूंगा। मैं पूरे विश्वास के साथ कह सकता हूं कि यह पुस्तक आपके जीवन में सफलता के झण्डे गाड़ देगी। कमियों और गलतियों को मानवीय भूल समझकर छोड़ दें।

आपका

डॉ. लोकेश शर्मा

मो. 09410835745, 09425127861

51/10, एल 'देवरी हाउस', वेस्ट अर्जुन नगर, आगरा।

आभार

सर्वप्रथम मैं प्रातः स्मरणीय पूजनीय माँ श्रीमती चंद्रकला शर्मा और पिता पं. किशन सिंह शर्मा के प्रति आभार व्यक्त करता हूँ, जिन्होंने मुझे यह जन्म दिया। उन्होंनें अपने शांत स्वभाव से मुझे बचपन से ही प्रेरित किया व आगे बढ़ने के लिए मार्गदर्शन दिया, जिन्होंने मुझे चलना और जीना सिखाया।

मेरी धर्मपत्नी श्रीमती लता शर्मा, जो एक सच्ची जीवनसाथी के रूप में पिछले 15 वर्षों से अपने निश्छल प्रेम से सिंचित कर रही हैं और मेरी ऊर्जा, उत्साह का स्रोत हैं। उनके सहयोग और प्रोत्साहन से ही यह पुस्तक लिखी जा सकी है।

मेरा बेटा वर्षांग शर्मा एक जीनियस पुत्र है जो हर पिता का सपना होता है। ऐसा आज्ञाकारी पितृभक्त पुत्र, जिसके मेरे प्रति उद्‌गार हमेशा ही मुझे ताकत देते रहे हैं। वह हमेशा मुझे आइंस्टीन के बराबर आई.क्यू. वाला इंसान कहता है तथा 'यू आर माई गॉड' जैसे मैसेज देकर पितृ दिवस पर मुझे प्यार का अहसास कराता है। मेरी बेटियाँ वर्णिका शर्मा एवं विनया शर्मा जुड़वां हैं तथा एक साथ हँसती-खेलती और पढ़ती हैं। उनकी प्यार भरी बातें हमेशा मेरे लिए प्रोत्साहन देने वाली रही हैं। ईश्वर की तरफ से गॉड गिफ्टेड मेरे ये तीनों बच्चे जिनकी प्यार भरी मीठी बातें हमेशा मुझे हँसाती हैं, वही मेरी ताकत है।

इन सभी के समय में से समय निकालकर मैं इस पुस्तक को मूर्त रूप दे सका। मैं अपने सभी मित्रों, परिवारजनों और रिश्तेदारों का आभारी हूँ, जिन्होंने मुझे हमेशा बहुत लाड़-प्यार दिया और मुझमें विश्वास व्यक्त किया। उनकी टिप्पणियाँ और उद्‌गार हमेशा मेरे जेहन में रहते हैं, जिनसे सकारात्मक ऊर्जा का संचार होता रहा है। इसने मुझे हमेशा नवसृजन के लिए प्रेरित किया है।

मैं अपनी बहनों–मंजू मिश्रा, शिखा शर्मा, अनामिका शर्मा 'मिल्की' एवं बहनोई डॉ. आर.के. मिश्रा मेडिकल ऑफिसर आगरा, श्री प्रदीप शर्मा जनरल मैनेजर ग्वालियर, डॉ. योगेश शर्मा जयपुर के प्रख्यात आर्थोपेडिक सर्जन, के प्रोत्साहन और भाई श्री उमेशचंद शर्मा तथा श्री राजेश शर्मा, के स्नेह का आभारी हूँ। इन सभी के लाड़-प्यार और स्नेह ने हमेशा मुझे ऊर्जा दी है। भतीजे अमित, सुमित, पंकज, टिंकू तथा भांजी टिवंकल, भांजे आर्यन, श्रेयष, सोमेश जिनकी नज़रों में मैंने हमेशा अपने प्रति अथाह सम्मान और प्रेम का भाव देखा है, जिसने मुझे स्नेह से सिंचित किया है।

मैं उस देवरी परिवार का आभारी हूँ, जिसमें जन्म लेना मैं अपना सौभाग्य समझता हूँ। इस परिवार की ईमानदारी, विश्वसनीयता और सादगी समाज में तथा आगरा सहित आसपास के आठ जिलों में प्रतिष्ठा का प्रतीक है, जिसने मुझे हमेशा गौरवान्वित किया।

उन महान विचारकों, लेखकों, विद्वानों, कवियों और पुस्तकों का आभारी हूँ, जिनसे मेरे विचार सृजित हुए और दुनिया व समाज को समझने का मार्ग प्रशस्त हुआ। मैं उन मेहनतकश किसान, मजदूर, सैनिक, जो देश के लिए अपना सर्वस्व न्यौछावर करते हैं, के प्रति कृतज्ञता व्यक्त करता हूँ।

मैं उन सम्पादक, पत्रकार बंधुओं को धन्यवाद देना चाहूंगा, जिन्होंने अपने समाचार-पत्रों में मेरे लेखों को प्रकाशित कर मेरे विचार पूरे भारतवर्ष में जनता के समक्ष पिछले बीस वर्षों में पहुंचाए, जिससे लेखन जैसे दुष्कर कार्य को करने में बहुत आनंद आया और अच्छे से अच्छा लेखन कार्य करने की प्रेरणा मिली। साथ ही उन प्रशंसकों और पाठकों का जिनकी चिट्ठियों, पत्रों और टिप्पणियों ने हमेशा मुझे ऊर्जा प्रदान की है।

विषय-सूची

सकारात्मक चिंतन का प्रभाव

दुनिया में जितने भी सफल और खुशदिल इंसान हुए हैं, यदि उनके जीवन को जांचा-परखा जाए तो सबसे बड़ा मूलमंत्र उनकी सफलता और खुशियों का निकलता है, वह है–जीवनपर्यन्त उनकी सकारात्मक सोच और निराशा में भी आशा का संचार करने वाली जीवटता ही है। दुनिया में जितने भी महान कार्य हुए हैं, उनके मार्ग में कठिनाइयाँ भी उतनी ही बड़ी आयीं, किन्तु महान व्यक्तियों ने सकारात्मक सोच व निरंतर आगे बढ़ने की भावना से हमेशा उन बाधाओं को पार किया और सफलता के शिखर पर चढ़ते चले गए।

जीवन में प्रत्येक इंसान को कठिनाइयों से जूझना पड़ता है। उसके लिए सबसे बड़ा हथियार है, तो वह है सकारात्मक चिंतन, जो कि प्रत्येक बाधा के ऊपर हावी होकर उसे दूर कर देता है तथा सफलता का रास्ता स्पष्ट दिखाई देने लगता है।

बर्फीले तूफान, रेगिस्तानी आंधियाँ, बाढ़, भूकम्प, ज्वालामुखी के फटने से निकलने वाले लावा का कहर, घोर वीरान जंगल में दावानल और भटकन भी सकारात्मक सोच से अपना मार्ग बदलकर सारे संकटों को टाल देती है। आवश्यकता है अपने विचारों को सकारात्मक चिंतन के साथ समायोजित करने की। अँधेरे में भी रोशनाी की झलक दिखाई देती है, शमा को बुझाने के लिए कितने ही हवा के बवंडर आए, लेकिन सकारात्मक सोच से उस जलती शमा और मशाल को भी निरंतर जलाए रखा जा सकता है।

नेपोलियन बोनापार्ट ने हमेशा अपनी डायरी में एक सूत्र वाक्य लिख रखा था कि असंभव शब्द मेरी डिक्शनरी में नहीं है, उसी के बल पर वह सामान्य कारपोरल से फ्रांस का राष्ट्रपति और सम्राट बन गया और जितनी भी विषम परिस्थितियों में लड़ाइयां लड़ीं, उनमें विजयी हुआ और फ्रांस को पूरी दुनिया में इज़्ज़त दिलाई। आज भी यदि कहीं शूरवीरता की

कहानी कही जाती है, तो नेपोलियन बोनापार्ट का नाम अवश्य आता है। यह कमाल किया उसके सकारात्मक चिंतन ने, जिसने हमेशा उसके हृदय में उत्साह और आशा का संचार किया तथा असंभव को भी संभव करके दिखाया। बर्फ़ीले तूफानों में भी हमेशा अपनी सेना से आगे चलता था तथा प्रत्येक जोखिम को स्वयं उठाता था, जान हथेली पर रखकर उसने सारे युद्ध लड़े और वाटरलू की लड़ाई तक सभी में विजय पाई। यह उसके हौसले से ही सम्भव हुआ। यह हिम्मत और हौसला दिया उसके सकारात्मक चिंतन ने। सेंट हेलेना द्वीप पर बंदी बनाया गया, लेकिन तैरकर समुद्र पार करके फ्रांस की राजधानी पेरिस पहुंच गया और एक बार फिर अपने को सम्राट घोषित कर दिया। यह बार-बार विपरीत परिस्थितियों को अनुकूल परिस्थितियों में बदलना, सकारात्मक सोच से उत्पन्न उत्साह और आत्मविश्वास का कमाल है, जिससे असीमित ऊर्जा का उत्सर्जन होता है जो कि व्यक्ति के रोम-रोम में समाकर उसे फ़र्श से अर्श तक, ज़मीन से आसमान तक ले जाती है और यही ऊर्जा व्यक्ति से असम्भव और महान कार्य कराती है। दुनिया में जितनी भी रोमांचक खोजें हुईं, उनके पीछे सकारात्मक चिंतन का बहुत बड़ा रोल है। सकारात्मक सोच से व्यक्ति के अंदर स्वयं पर विश्वास जम जाता है कि मैं यह कठिन कार्य आसानी से सम्पन्न कर लूँगा। यह संकल्प पैदा होते ही व्यक्ति उस कार्य को पूरा करने में प्राणप्रण से जुट जाता है। दुनिया में तीन प्रकार के व्यक्ति होते हैं, एक वह जो कार्य को असम्भव समझकर शुरू ही नहीं करते, दूसरे वो जो कार्य शुरू तो कर देते हैं, लेकिन घबराकर बीच में ही अधूरा छोड़ देते हैं, तीसरे वे होते हैं जो कि कार्य को शुरू करने के बाद जब तक पूरा नहीं होता, निरंतर प्रयास में लगे रहते हैं और पूरा करके ही मानते हैं। ये ही उत्तम पुरुष कहे गए हैं, जिन पर दुनिया नाज़ करती है और इन्हीं की सफलताओं का गुणगान होता है। प्रसिद्धि, धन, वैभव, सत्ता और राज्य का सुख ऐसे ही सकारात्मक सोच वाले कर्मवीर पुरुष भोगते हैं। दुनिया उनकी जय-जयकार करती है।

संघर्षों से ही निखार आता है, जैसे सोने के अयस्क को जब भट्टी में हजारों डिग्री सेंटीग्रेड पर तपाया जाता है, तब वह कुन्दन बनता है और कसौटी पर कसकर देखते हैं, तो उसकी शुद्धता 24 कैरट की निकलती है। इससे भारतीय महिलाओं के आभूषण बनते हैं, जो कि प्रत्येक

छोटी-बड़ी पार्टियों में गले, नाक, कान की शोभा बनकर दुल्हन और अन्य युवतियों की शोभा को कई गुना बढ़ा देते हैं। क्या ये गहने उस स्वर्ण अयस्क से बनाए जा सकते हैं? शायद नहीं, क्योंकि जब तक उसे भट्टी में तपाकर उसकी अशुद्धियों को पिघलाकर दूर नहीं किया जाता, तब तक वह शुद्ध सोना नहीं बन पाता। इसी तरह मनुष्य का जीवन होता है, जब तक वह संघर्षों की भट्टी में नहीं तपता तब तक उसकी जीवटता और व्यक्तित्व नहीं निखरता, न उसमें पूर्णता ही आ पाती है। अत: सकारात्मक सोच वाले व्यक्ति हमेशा संघर्षों में भी हँसी, ठहाकों का साथ नहीं छोड़ते तथा श्रेष्ठ कर्म करना भी नहीं छोड़ते। हमेशा अपने श्रेष्ठ आचरण और नैतिकतावादी उच्चकोटि के कर्मों में लगे रहते हैं, जिसका आनंद वे जीवन-भर उठाते हैं। रामायण काल में युवराज रामचंद्र को अयोध्या का राजा बनाया जा रहा था, लेकिन सौतेली माँ कैकयी ने दासी मंथरा की बातों में आकर उनको 14 वर्ष का वनवास दिलवा दिया, फिर भी राम के चेहरे पर शिकन तक नहीं आयी और न ही माँ कैकयी से शिकायत की और न ही दासी मंथरा को बुरा-भला कहा और पत्नी सीता तथा भाई लक्ष्मण के विशेष आग्रह पर दोनों को साथ लेकर वन को चल दिए। प्रसन्नता का अनुभव करते हुए साधु वेश धारण कर संतों के साथ सत्संग तथा राक्षसों का वध करते हुए भारत भूमि से अन्यायी-अत्याचारी राक्षसों का अंत किया। यह सकारात्मक सोच का जीवंत उदाहरण है, क्योंकि आधुनिक युग में यदि किसी को थोड़ी-सी भी आर्थिक हानि हो जाए तो व्यक्ति घर-परिवार में आसमान सिर पर उठा लेता है और क्लेश, लड़ाई-झगड़ा प्रारम्भ कर देता है, लेकिन राम तो मर्यादा पुरुषोत्तम कहलाए। अपने श्रेष्ठ सकारात्मक विचारधारा के कारण और रामायण काल से आज तक भारत में ही नहीं, बल्कि सारी दुनिया में भगवान की तरह पूजे जाते हैं।

यदि महात्मा गाँधी को दक्षिण अफ्रीका में अंग्रेजों के द्वारा भेदभाव सहन नहीं करना पड़ता और उनका अपमान नहीं होता, तो क्या दुनिया में मोहनदास करमचंद से महात्मा गाँधी जैसी महान आत्मा का निर्माण होता? शायद नहीं, क्योंकि अध्ययन में सामान्य होने के बावजूद उनके नैतिक आदर्श और सत्य, अहिंसा, सत्याग्रह के प्रयोग अद्‌भुत थे, जिन पर अंग्रेजों की कोई धारा काम ही नहीं करती थी। गाँधीजी ने अहिंसा से अर्थात् बिना ख़ून बहाए भारत को आज़ाद कराया और अंग्रेजों को

दुनिया के समक्ष अन्यायी व अत्याचारी सिद्ध कर दिया, अपनी तर्कशीलता तथा सकारात्मक चिंतन से।

दुनिया का स्टार ऑफ द मिलेनियम अमिताभ बच्चन जब पहली बार हीरो बनने मुंबई आए तो बॉलीवुड के निर्माता, निर्देशकों, हीरो, हीरोइनों ने उनकी असामान्य लम्बाई और भारी आवाज़ का मज़ाक उड़ाया। एक दिन इसी अभिनेता की आवाज़ और लम्बाई पूरी दुनिया में छा गई। यह अमिताभ बच्चन का धैर्य और सकारात्मक चिंतन ही है, जो कि उन्हें महान कवि हरिवंश राय बच्चन और मां तेज़ी बच्चन से विरासत में मिला है। अमिताभ के जीवन में कितने ही संघर्ष आए, कितनी ही विपरीत परिस्थितियाँ आयीं, लेकिन सकारात्मक सोच से सभी पर विजय पाई। आज दुनिया उनको सलाम कर रही है। यह उस चमत्कार को नमस्कार है, जो कि सकारात्मक चिंतन का एक उत्कृष्ट उदाहरण है। विनम्रता, धैर्य और बड़प्पन की मूर्ति अमिताभ, एक श्रेष्ठ आचरण वाले बुद्धिमान व्यक्ति के रूप में दुनिया में जाने जाते हैं तथा कोई भी विवादास्पद बयान और समस्याओं को अपनी सकारात्मक सोच की एक कथन से मामले को ठण्डा कर देते हैं। मौत के मुँह से निकले, दिवालियापन की हद यानी 'प्रतीक्षा' बंगला तक नीलाम होने की स्थिति से गुज़रा, लेकिन हार नहीं मानी, आर्थिक तंगी से गुज़र रहे इस सुपरस्टार ने एक-एक करके सब पुनः वापस पा लिया। खोई हुई इज़्ज़त, प्रतिष्ठा, धन, वैभव, सम्पत्ति, अपनी सूझ-बूझ और सकारात्मक सोच से पुनः प्राप्त कर ली। यही है स्टार ऑफ द मिलेनियम के सकारात्मक चिंतन का फल कि वह आज कई राज्यों के विकास के एम्बेसडर है तथा इंडियन आइकॉन है, जिसे पूरा भारत ही नहीं बल्कि दुनिया बहुत गम्भीरता से लेती है। जो चाहा सो पाया, जो सोचा सो किया और अपने संघर्षों से बेहद गरीबी से अमीरी तक का यह सफ़र पूरा किया। अमिताभ बच्चन को अहंकार छू तक नहीं पाया है और यही उनके महान व्यक्तित्व की विशेषता है।

पं. मोतीलाल नेहरू इलाहाबाद में आनंद भवन जैसे विशाल महल में रहते थे तथा विलासिता का अंग्रेजों जैसा शाही जीवन जीते थे। कहा जाता है कि वकालत से उनकी इतनी आमदनी होती थी कि उनके कपड़े पेरिस धुलने जाया करते थे। उन्हीं के पुत्र पं. जवाहर लाल नेहरू के जीवन की दिशा ही बदल गई और कांग्रेस ज्वॉइन की तथा अंग्रेजों के विरोध में भारतीय स्वतंत्रता आंदोलन में पूरी ताकत से भाग लिया। विदेशी माल की होली

जलाई और आनंद भवन को सत्याग्रहियों व कांग्रेस के कार्यकर्ताओं को दान कर दिया। आज भी वह राष्ट्रीय स्मारक के रूप में दर्शनीय है, जहाँ विशाल संग्रहालय है। उस वक्त के आज़ादी के दीवानों की धरोहरें इसमें आज भी सुरक्षित हैं। यह सब कुछ सम्भव हुआ पं. जवाहरलाल नेहरू के उस विश्वव्यापी दृष्टिकोण और सकारात्मक चिंतन से। कैम्ब्रिज में पढ़ते वक्त यूरोप और पश्चिमी देशों के लोकतंत्र और भारत में अंग्रेजों की भेदभावपूर्ण नीतियों ने जवाहरलाल नेहरू के मन को व्यथित किया और विलासिता का जीवन छोड़कर त्याग और तपस्या भरा जेल का जीवन स्वीकार किया। उस वक्त आज़ादी के बाद 1947 को उन्हें प्रथम प्रधानमंत्री बनाया गया। उन्हीं के सकारात्मक चिंतन का परिणाम है कि भारत का मूलभूत ढाँचा विपरीत परिस्थितियों में भी खड़ा हुआ और नेहरू जी ने पंचवर्षीय योजनाएं लागू कर भारत के विकास की मज़बूत नींव रखी। यह पं. जवाहरलाल नेहरू की सकारात्मक सोच का परिणाम था कि भारत आज इतनी तरक्की कर सका है। उनकी पुत्री श्रीमती इन्दिरा गाँधी भारत की प्रधानमंत्री बनीं और दुनिया में ताकतवर महिला के रूप में प्रसिद्ध हुईं। उनके द्वारा बांग्लादेश का निर्माण किया गया। विपक्ष के नेता पं. अटल बिहारी वाजपेयी ने संसद के अपने ओजस्वी भाषण में उन्हें 'दुर्गा' का अवतार कहा था। यह सब इंदिरा जी के सकारात्मक सोच की ही ऊर्जा थी, जो कि उन्हें उनकी माँ कमला नेहरू और पिता पं. जवाहर लाल नेहरू से प्राप्त हुई थी। उनके पुत्र राजीव गाँधी भी प्रधानमंत्री रहे तथा आज स्व. राजीव गाँधी की धर्मपत्नी श्रीमती सोनिया गाँधी और पुत्र राहुल गाँधी देश की बागडोर संभाल रहे हैं। यह सकारात्मक सोच का ही परिणाम है कि प्रधानमंत्री पद का त्याग कर संयुक्त प्रगतिशील गठबंधन की अध्यक्ष के तौर पर ताकतवर महिला के रूप में सोनिया गाँधी आज भारत की सबसे बड़ी पार्टी का नेतृत्व कर रही हैं। युवा हृदय सम्राट राहुल गाँधी ने भारतीयों का दिल जीत लिया है। अपने सकारात्मक चिंतन, अपनी ओजस्वी उदारता से हर जाति, हर वर्ग में इस युवा हृदय सम्राट ने जगह बनाई है और भारतीय राजनीति को एक ऐसा नौजवान दिया है जिसने अपने सकारात्मक विचारधारा से इस अंधकार भरी भारतीय राजनीति में आशा की एक किरण द्वारा प्रकाश की छटा बिखेर दी है। उनके द्वारा दलितों, गरीबों के घर जाकर भोजन करना, विश्वविद्यालय कैंपसों में जाकर छात्रों, युवाओं को भारतीय राजनीति में आकर देश सेवा का व्रत लेने की ओर प्रेरित

करना, उनका भारत के प्रति सच्चा प्रेम, समर्पण और सकारात्मक सोच का प्रतीक बन गया है।

सकारात्मक सोच वाला व्यक्ति क्रोध रहित होता है। जब गुस्सा नहीं आता तो शांत मस्तिष्क में ही महान विचार आते हैं जो कि संकल्प का रूप लेते हैं। इससे आत्मविश्वास पैदा होता है तथा मन में एकाग्रता आती है। इसी एकाग्रता से व्यक्ति के विचारों को कार्य का मूर्तरूप मिलता है। एकाग्रता से ही सभी महान कार्य हुए हैं, इसे ध्यान, योगासन और प्राणायाम द्वारा बढ़ाया जा सकता है। ध्यान द्वारा ही सत, चित और आनन्द की अनुभूति कर व्यक्ति सच्चिदानंद के निकट पहुँच जीवन को सफल करता है। यह सकारात्मक सोच का ही परिणाम होता है।

सकारात्मक सोच से ही हँसी और ठहाके लगते हैं तथा चेहरे पर मुस्कुराहट आती है। इससे स्वास्थ्य अच्छा होता है, हार्मोन्स का अच्छा सीक्रेशन होता है तथा चुम्बकीय व्यक्तित्व का निर्माण होता है। हँसते हुए व्यक्ति की दुनिया में सभी बात सुनना चाहते हैं तथा उससे प्रभावित होकर उसके प्रशंसक बन जाते हैं। अच्छे-मधुर व्यवहार का मालिक अपने सभी कार्य विपरीत परिस्थितियों में भी हल कर लेता है। अपनी व्यवहारकुशलता द्वारा वह सभी के दिलों पर राज करता है तथा सभी का चहेता बन जाता है, सभी उसकी तारीफ करते हैं। सकारात्मक सोच वाले व्यक्ति के जीवन जीने का नजरिया बदल जाता है वह हमेशा क्रियेटिव आइडियाज का मालिक होता है। हर समस्या का तनावमुक्त हल, उसके ऊर्जावान मस्तिष्क में होता है। दृढ़ इच्छाशक्ति का इतना विकास हो चुका होता है कि कोई भी उसके विश्वास को डिगा नहीं सकता।

प्रतिद्वन्द्विता व्यक्ति को आगे बढ़ाती है बशर्ते वह सकारात्मक सोच वाली हो, जिसे 'कम्पटीटिव फीलिंग' कहते हैं, जो कि प्रतिस्पर्धा द्वारा आगे बढ़ने को प्रेरित करती है। वहीं ईर्ष्या व्यक्ति के मन को बुझा देती है तथा नकारात्मक सोच का परिचायक है। इससे शारीरिक और मानसिक विकार पैदा होते हैं जो कि मन की शक्ति और ऊर्जा का नाश करते हैं। अतः दूसरों को देखकर खुश होना चाहिए तथा सभी की उन्नति में अपनी उन्नति समझनी चाहिए। सभी भारतीय ग्रन्थों में 'सर्वे भवन्तु सुखिनः सर्वे सन्तु निरामया' की कल्पना की गई है। यह सकारात्मक सोच वाला मंत्र है जिससे सभी के सुख और निरोगी होने की कल्पना की गई है। किसी को कोई दुःख

न हो, का सकारात्मक चिंतन भारतीय संस्कृति का अनूठा उदाहरण है, जो दुनिया में कहीं भी दिखाई नहीं देगा। यह भारतीय संस्कृति का मूलमंत्र है, जिसका आनंद भारतीय लेते हैं इस सकारात्मक सोच के कारण।

जब कोई मरीज सकारात्मक सोच वाला होता है तो वह घातक बीमारियों से अपने को जिंदा बचा लेता है क्योंकि उसकी जिजीविषा उसके मेटाबॉलिज्म के अंदर एक सकारात्मक ऊर्जा का संचार करती है जिससे रोग-प्रतिरोधक क्षमता स्वत: बढ़ जाती है और व्यक्ति मौत के मुंह में से बाहर आ जाता है। दुनिया में कई उदाहरण भरे पड़े हैं कि अमुक व्यक्ति ने प्रसन्नतापूर्वक सकारात्मक सोच से कैंसर जैसी जानलेवा बीमारी पर विजय पा ली है और अपने को पूर्णत: स्वस्थ कर लिया है। वहीं दूसरी ओर नकारात्मक चिंतन वाले लोग घातक बीमारियों से ग्रसित होकर अल्पायु में ही मौत के मुँह में चले जाते हैं। स्वास्थ्य पर सकारात्मक विचारों का बहुत बड़ा असर होता है। वे लम्बी उम्र निरोग रहकर प्रसन्नतापूर्वक लम्बा जीवन जीते हैं तथा इहलोक एवं परलोक सफल करते हैं।

बचपन से ही बच्चों को हँसमुख और सकारात्मक चिंतन वाला बनाना चाहिए। उन्हें धैर्यवान, अच्छी सोच वाला व परोपकारी होना चाहिए। यहां अच्छे संस्कारवान परिवारों का कर्त्तव्य होता है, जहाँ माता-पिता आपस में एक-दूसरे से प्रेम करते हैं तथा प्रेमपूर्वक संतोष का जीवन जीते हैं। उनसे सकारात्मक सोच की प्रेरणा पाकर उनकी संतानें भी कुछ रचनात्मक कार्य करती हैं व सकारात्मक सोच सहित संतोषजनक जीवन जीती हैं। उन्हें सकारात्मक चिंतन विरासत में मिला होता है, तभी संस्कारित परिवारों की तरक्की और कीर्ति उत्तरोत्तर बढ़ती चली जाती है और वे विकास के नवीन सोपानों को प्राप्त कर जीवन को सर्वोच्च शिखर पर पहुँचाते हैं। यह उस परिवार के सकारात्मक विचारों का परिणाम होता है। जब किसी कुश्ती की प्रतियोगिता में पहलवान लड़ते हैं, तो जीतता वही है जो सकारात्मक सोच वाला होता है। उसे अपने पर पूरा भरोसा होता है व कम शक्तिशाली होते हुए भी अपने से ताकतवर पहलवान को धूल चटा देता है। अपने सकारात्मक विचारधारा के कारण उसकी सारी शक्ति और एकाग्रता अपने लक्ष्य पर ही टिक जाती है तथा वह अपने विपक्षी पहलवान को चित्त करके ही मानता है। वहीं दूसरी ओर ताकतवर होने के बावजूद नकारात्मक सोच के कारण मन में विजय के प्रति संशय होता है और नकारात्मक विचारों के कारण वह

शक्तिशाली पहलवान भ्रमित हो जाता है और हार जाता है। इसलिए प्रत्येक व्यक्ति को सकारात्मक सोच का प्यारा और अच्छा जीवन जीना चाहिए। यह वातावरण घर से ही घुट्टी में मिलता है। माता-पिता यदि क्रोधी और क्लेशपूर्ण वातावरण वाले होते हैं तो सन्तानें भी उसी वातावरण के असर से प्रभावित होकर सकारात्मक सोच खो देती हैं और एक बार बच्चे के मन में कुंठाओं ने जन्म लिया तो उस पर हीन भावना हावी हो जाती है और वह आत्मविश्वास खो देता है। प्रतिभाशाली और जीनियस होने के बावजूद वह कुछ भी उपलब्धियां प्राप्त नहीं कर पाता, क्योंकि उसका मन उलझनों में फँसकर हमेशा तनावग्रस्त रहता है। अतः घर-परिवार का वातावरण हमेशा सकारात्मक सोच वाला खुशहाल बनाए रखना चाहिए। इसी से तरक्की और विकास के रास्ते निर्मित होते हैं। क्रोध सकारात्मक सोच में बहुत बड़ा बाधक है। भगवान परशुराम जी क्रोध के कारण ही लक्ष्मण जी से उलझ गए थे, जब रामचंद्र जी ने शिव जी का धनुष तोड़कर सीता स्वयंवर जीता व विवाह किया था। रामचंद्र जी ने उस वक्त सकारात्मक सोच द्वारा परशुराम जी को विनम्रता से वश में किया था। इससे सिद्ध होता है कि व्यक्ति क्रोध करने वाले को क्रोध से, हिंसा या नकारात्मक सोच से नहीं जीत सकता, बल्कि शांत मन, सहृदयता तथा सद्व्यवहार से ही जीत सकता है। अतः सकारात्मक चिंतन ही जीवन में सुख, शांति और सफलताएं लाता है। दबंगई, हिंसा या दुर्व्यवहार कभी भी इज़्ज़त, प्रतिष्ठा, धन-सम्पत्ति प्रदान नहीं कर सकता, बल्कि जो कुछ भी संचित पुण्यों का प्रताप होता है वह भी चला जाता है। समस्त अर्जित पूँजी भी गँवा बैठता है। ऐसा व्यक्ति कभी भी सुख-चैन से नहीं रह पाता क्योंकि जो दूसरों का सुख-चैन छीनता है या मन, वचन, कर्म से ऐसी कल्पना करता है, वह स्वयं ही अपना अहित कर लेता है, अतः कभी भी किसी का बुरा मत सोचो।

सकारात्मक सोच के लिए सुबह से ही उत्साहजनक वातावरण का निर्माण करना चाहिए। स्प्रिंग की तरह फुर्ती से प्रातः ब्रह्ममुहूर्त में जगकर उस परमपिता को धन्यवाद देना चाहिए, जिसने इतना अच्छा जीवन दिया। आज का दिन मैं पूरे जोश के साथ हँसते-हँसाते हुए मुस्कुराहट बिखेरूँगा और कामयाबी के लिए पूरे मन से प्रयास करूँगा, चाहे परिस्थितियाँ कितनी ही विपरीत क्यों न हों। मन में हमेशा कुछ नया करने का ज़ज़्बा रोज़ पैदा करूँगा और दुनिया को ऊँचाइयों पर पहुंचकर दिखा दूंगा। ऐसा संकल्प रोज सुबह जगने पर करना

चाहिए, इससे आत्मविश्वास मज़बूत होता है तथा लक्ष्य को भेदने की ऊर्जा पैदा होती है यही सकारात्मक ऊर्जा मानव से महानतम कार्य कराती है।

जयपुर फुट के जन्मदाता डॉ. सेठी ने जाने कितने ही विकलांगों को नवजीवन दिया, उन्हीं विकलांगों ने सफलता के कितने ही रिकॉर्ड बनाए तथा नकली पैरों से राष्ट्रीय स्तर पर कई नृत्य-प्रतियोगिताएं जीतीं व अपना जीवन दृढ़ इच्छाशक्ति एवं सकारात्मक सोच से सफल किया।

ओलम्पिक के इतिहास की एक घटना जिसने लूजलाँग को जैसीओवंस को जिताकर खुद हारने पर भी, सचमुच का विजेता बना दिया। हिटलर द्वारा गुप्त तैयारी कर लम्बी कूद में लूजलाँग को बर्लिन ओलम्पिक में उतारा तो उसकी पहली ही कूद में जैसीओवंस अपना संतुलन खोकर बार-बार फाऊल हो रहा था तो लूजलाँग ने उसे कहा कि तुम यदि इस प्वाइंट से दौड़ना शुरू करोगे तो फाऊल नहीं होगा। यह लम्बी कूद की प्रतियोगिता जैसीओवंस ने जीती थी, किन्तु लूजलाँग हारकर भी जीत गया और हिटलर की जर्मन मास्टर रेस थ्योरी हार गई थी, हिटलरशाही की हार हुई थी। भले ही अमेरिकी जैसीओवंस जीत गया था, किन्तु ओलम्पिक के इतिहास में आज भी लूजलाँग की खेल भावना तथा सकारात्मक सोच की प्रशंसा होती है। यह 1936 के ओलम्पिक की घटना है, किन्तु लगभग 77 वर्ष बाद आज भी इस उदात्त भावना सकारात्मक विचारधारा की प्रशंसा इस उदाहरण के माध्यम से हो रही है।

अकबर को महान कहा जाता है। निरक्षर होने के बावजूद उसे भारत की जनता की बहुत समझ थी। उसने मुगल वंश को विस्तार दिया तथा दिलों पर राज किया। इबादतखाने में बड़े-बड़े उलेमा, प्रकाण्ड पण्डित, जैन मुनि तथा तर्कशास्त्री उसके ठोस तर्कों के समक्ष चुप हो जाते थे। वह सभी को अपने विश्वसनीय विचारों और सकारात्मक मानवतावादी सोच के कारण परास्त कर देता था। जब उसने देखा कि ये सभी निरुत्तर हैं, तो दीन इलाही धर्म चलाया तथा स्वयं को उसका प्रमुख घोषित किया। जोधाबाई से विवाह, आमेर के शासक राजा भारमल से हुई एक कूटनीतिक वैवाहिक संधि थी। किन्तु जोधाबाई का भी दिल बहादुरी, प्रेम और धर्मनिरपेक्षतावादी मानवीय दृष्टिकोण से ही जीता था। यह एक सकारात्मक चिंतन के तत्कालीन इतिहास का एक सुनहरा अध्याय है, इसी कारण राजपूतों का भी दिल जीता, उन्हें सम्मान और बराबरी का दर्जा दिया। मुगल साम्राज्य में अपने राजपूत

रिश्तेदारों को नवरत्न बनाया तथा मनसबदार, सूबेदार बनाकर प्रांतों का शासन इन विश्वसनीय रिश्तेदारों के माध्यम से चलाया। राजा भगवानदास एवं मानसिंह उनके विश्वस्त सेनापति थे, जिन्होंने कई लड़ाइयाँ जीती थीं। यदि साम्प्रदायिकता या दबंगई की शहंशाही भावना होती, तो क्या इतनी बड़ी संख्या में राजपूतों का समर्थन, सम्राट अकबर को मिलता? शायद नहीं और मिलता भी तो दिल से नहीं मिलता। यह दिलों पर राज करने वाली ऐतिहासिक घटना है, जिससे प्रत्येक मानव को सीख लेनी चाहिए तथा सकारात्मक विचारधारा रखकर शहंशाह अकबर की तरह सत्ता, कीर्ति तथा सफलताएं प्राप्त की जा सकती है।

शिवाजी महाराज ने दक्षिण में हिंदूपदपादशाही का साम्राज्य स्थापित किया। मां जीजाबाई से कठोर अनुशासन एवं चरित्र निर्माण के संस्कार घुट्टी में मिले थे। इसलिए बीजापुर को जीतने पर जब सेनापति आवाजी सोनदेव राजा की पुत्रवधू गोहरबानू को शिवाजी को भेंट करने के लिए ले आया तो ऐसा चारित्रिक उदाहरण दुनिया के राजाओं के इतिहास में नहीं मिलेगा कि दक्षिण की सुप्रसिद्ध खूबसूरत राजकुमारी गोहरबानू के रूप को देखकर शिवाजी महाराज के ये शब्द थे कि सोनदेव तूने बहुत बड़ा अपराध किया है। यदि यह मेरी मां होती तो मैं भी इतना ही सुंदर होता। उसकी अस्मत लूटने के लिए हरम में रखने के बजाए तत्काल बीजापुर के राजा के यहां ससम्मान वापिस भिजवा दिया था। ऐसी थी शिवाजी की चारित्रिक श्रेष्ठता जिसके बलबूते पर उन्होंने विशाल साम्राज्य खड़ा किया, कई लड़ाइयाँ लड़ीं तथा औरंगजेब को छापामार युद्धनीति से कई बार परास्त किया। सकारात्मक सोच के कारण ही शिवाजी का उत्साह देखते ही बनता था, पूरी जीवटता का प्रतीक बन गए थे, जिसे 'जीणता राजा' कहा जाता है। जो गुरु कक्षा में हँसमुख स्वभाव का होता है तथा प्यार से सकारात्मक सोच के साथ छात्रों को समझाता है, वह सभी का प्रिय होता है तथा विद्यार्थी उससे ज्यादा प्रभावित होते हैं। वह सभी का आदर्श होता है, उसकी बात सभी बच्चे आसानी से समझ पाते हैं। इसके लिए जिम्मेदार है उस शिक्षक की सकारात्मक सोच जिसके द्वारा वह पूर्ण समर्पित भाव से छात्रों को ज्ञान देता है तथा जीवन में सफलता प्राप्त करने के टिप्स देता है। यदि शिक्षक का रवैया नकारात्मक हुआ तो छात्र उसके उत्कृष्ट ज्ञान से भी ऊब जाते हैं तथा सुनना ही नहीं चाहते, जबकि उसका ज्ञान उच्चकोटि का है फिर भी नहीं लेना चाहते, क्योंकि नकारात्मक सोच की तरंगें उनके मस्तिष्क से नहीं

टकराती हैं। हमारे मस्तिष्क के विचारों की तरंगें वायुमण्डल में विद्यमान रहती हैं, जो कि उन्हीं विचारों को ग्रहण कर लेती है जैसे कि सकारात्मक विचारधारा के लोग सकारात्मक और नकारात्मक सोच के व्यक्ति नकारात्मक तरंगों से ब्रह्माण्ड में मौजूद विचारों की आवृत्तियों से ऊर्जा ग्रहण करते हैं तथा उसी प्रकार के विचारों को बढ़ाते हैं। अत: सभी मनुष्यों को सकारात्मक चिंतन करना चाहिए, जिससे उसी प्रकार की विचारधारा के लोगों की संख्या बढ़े और उन विचारों की तरंगों को ग्रहण कर अन्य व्यक्ति भी सकारात्मक सोच के बनें व जीवन में सफल, स्वस्थ और सुखी रहकर जीवन को सार्थक बनाएं।

आइंस्टीन ने मात्र 4 प्रतिशत मस्तिष्क की ऊर्जा का प्रयोग किया था। सामान्य व्यक्ति केवल 1 प्रतिशत मस्तिष्क की ऊर्जा का प्रयोग करते हैं, यदि इस अद्‌भुत ज्ञान, ऊर्जा, शक्तियों के भण्डार मस्तिष्क की ऊर्जा का 10 प्रतिशत भी कोई उपयोग कर ले तो वह दुनिया में इतने सारे कार्य कर लेगा कि 10 जन्मों का कार्य एक जन्म में ही पूरा कर लेगा। अत: मस्तिष्क की ऊर्जा को बढ़ाकर एकाग्रता से कार्यों को साधकर किसी भी प्रकार की सफलता को प्राप्त किया जा सकता है। कोई भी सफलता मस्तिष्क की शक्ति को बढ़ाकर प्राप्त की जा सकती है। मानव मन के अंदर अद्‌भुत शक्तियां छिपी होती हैं। आवश्यकता है उन्हें बाहर लाने की, मन चंचल होता है, वह किसी एक निष्कर्ष पर नहीं पहुँच पाता, उसे प्रत्येक रचनात्मक कार्य में लगाने के लिए बहुत जतन से साधना पड़ता है। इसलिए आवश्यकता है एकाग्रता को बढ़ाने की। जहां छात्र का मन एकाग्र हुआ, वह कुछ पाठ याद करता है और उसे लम्बे समय तक बनाए रखता है। सकारात्मक सोच से व्यक्ति कितने ही महान कार्य सम्पन्न करता है, संघर्षों पर विजय प्राप्त करता है और जीवन में विजेता बनता है। विश्व के सफल व्यक्तियों का इतिहास गवाह है जो कुछ भी पाया जा सकता है, वह सकारात्मक चिंतन से ही पाया जा सकता है। थॉमस ऐल्वा एडीसन 999 बार असफल होने पर 1000वां प्रयोग बल्ब के आविष्कार करने से विश्व के समक्ष एक क्राँति के रूप में आया। कल्पना करो कि यदि बिजली का आविष्कार नहीं हुआ होता तथा विद्युत बल्ब का आविष्कार नहीं हुआ होता तो दुनिया कैसी होती, आज भी लैम्प और लालटेन से दुनिया टिमटिमा रही होती और तेल की कुप्पियां और मसालें आज भी विश्व के प्राचीन इतिहास की झलक दिखा रही होतीं। यह एडीसन के सकारात्मक दृष्टिकोण का ही कमाल है, जो कि इतनी

असफलताओं के बाद भी उत्साह को नहीं छोड़ा। आज इस वैज्ञानिक को दुनिया उसके अद्भुत साहस और कठोर परिश्रम के लिए याद करती है। जेम्सवाट ने भाप के इंजन का आविष्कार किया जिसकी परिणति रेल का इंजन बना, जिससे आज विश्व की महत्त्वपूर्ण यातायात व्यवस्थाएं सुचारु रूप से चल रही हैं। यदि जेम्सवाट ने यह इंजन नहीं बनाया होता तो क्या इतनी बड़ी बिजली से चलने वाली सुपरफास्ट ट्रेनें दुनिया में चल रही होतीं तथा करोड़ों की आबादी एक स्थान से दूसरे स्थान पर पहुँचाती? क्या इतनी बड़ी सुगम यात्राएं सम्भव थी? शायद नहीं। यह कमाल हुआ जेम्सवाट के सकारात्मक दृष्टिकोण से जिसने केतली के ऊपर रखे ढक्कन को भाप से ऊपर उठाते हुए देखा और अनुमान लगाया कि भाप में बड़ी शक्ति होती है, क्या इस शक्ति से इंजन बनाया जा सकता है? 'हाँ, बनाया जा सकता है,' इसी एक विचार ने दुनिया को रेल का इंजन दिया, जिसने बैलगाड़ी, घोड़ागाड़ी, ऊँटों, रथों की धीमी यात्राओं से निजात दिलाई और आरामदायक यात्राओं का लुत्फ़ दुनिया उठा रही है। सोते हुए हज़ारों किलोमीटर की यात्राएं बड़े ही आरामदायक तरीके से हो रही हैं।

मैडम क्यूरी एवं पेयरी क्यूरी ने पिच ब्लैण्ड से थोरियम और यूरेनियम का आविष्कार किया और रेडियम का आविष्कार किया। इन आविष्कारों ने विश्व की दशा और दिशा बदल दी। किस कदर विपरीत परिस्थितियों में भी गरीबी से जूझते हुए प्रयोगशालाओं में प्रयोग करते जीवन बीत गया और इसी आशा व विश्वास में कि एक दिन दुनिया हमारे कार्य की प्रशंसा करेगी तथा मानवता का भला होगा। यह उनके सकारात्मक सोच का ही परिणाम था कि उन्होंने अभावों के बावजूद भी कभी प्रयोग बंद नहीं किए और जैसे-तैसे प्रयोगों के लिए कच्चा माल उपलब्ध कराया और सफलता प्राप्त की।

डायनामाइट के आविष्कारक अल्फ्रेड नोबल जिसके नाम पर दुनिया का प्रतिष्ठित नोबल पुरस्कार दिया जाता है, वे अपने सकारात्मक दृष्टिकोण से ही इतना बड़ा आविष्कार कर पाये थे। उन्होंने स्वीडन की रॉयल सोसायटी को इतनी रकम दान कर दी थी कि आज भी चिकित्सा, साहित्य, शांति, रसायन शास्त्र, भौतिकी के क्षेत्र में दुनिया को यह प्रतिष्ठित पुरस्कार प्रतिवर्ष उसके ब्याज से ही दिया जाता है।

युवाओं के लिए और प्रत्येक क्षेत्र में प्रतियोगिता करने वाले छात्रों, उद्यमियों के लिए आवश्यक है कि प्रतिक्षण सकारात्मक दृष्टिकोण अपनाए

जिससे ऊर्जा का संचार होता रहे। इस सकारात्मक ऊर्जा से ही प्रत्येक कठिन से कठिन कार्य सम्भव है। मन को हमेशा प्रफुल्लित रखें तथा विचारों का प्रवाह हमेशा उच्च धरातल पर प्रखर और उदात्त भावना वाला होना चाहिए। इन्हीं वर्णित भावनाओं से विचारों का स्तर ऊँचा होता चला जाता है और भाव सुदृढ़ होते जाते हैं। कभी स्तरहीन सोच को मन-मस्तिष्क में जगह नहीं देनी चाहिए, नहीं तो ये कहीं न कहीं जाकर कष्ट देती है तथा बड़ा नुकसान कराती है। कभी भी लालच और स्वार्थ में नहीं फँसें, क्योंकि ये जीवन की सफलता के दो बड़े शत्रु हैं। इनमें फँसकर व्यक्ति भूल-भुलैया में फँस जाता है और इनसे निकलने का रास्ता बहुत दुर्गम है। इसके लिए सकारात्मक सोच ही वह हथियार है, जिससे इस संकट को काटा जा सकता है।

रामकृष्ण परमहंस से जब स्वामी विवेकानन्द ने पूछा कि क्या आपने ईश्वर को देखा है, तो परमहंस ने कहा कि हाँ, उसी तरह जैसे मैं तुम्हें देख रहा हूँ। यह उनके विश्वास और सकारात्मक सोच का ही परिचायक था कि वे काली माँ के साक्षात दर्शन करते थे तथा उनसे साक्षात् बातें करते थे। इतनी आत्मविश्वास से भरी बात पहली बार किसी के मुख से सुनकर नरेंद्र हतप्रभ रह गया। परमहंस ने जब उन्हें काली माँ के दर्शन कराए तो स्वामी विवेकानंद की आँखें उस तेज से परिपूर्ण हो गईं और मस्तिष्क झंकृत हो गया। उस संस्मरण को विवेकानंद ने अद्‌भुत तथा अपनी आध्यात्मिक भूख को शांत करने वाला क्षण बताया। विवेकानंद जी ने सकारात्मक सोच से समाज सेवा का व्रत लिया और मानवता के कल्याण के लिए जीवनपर्यन्त कार्य किए। इसी आत्मविश्वास के सहारे वे 1893 के विश्व धर्म सम्मेलन में भाग लेने पहुँचे, जो कि अमेरिका के शहर शिकागो में हुआ था, जिसमें स्वामी जी को प्रवेश बहुत कठिनाई से एक भद्र अंग्रेज महिला के सहयोग से मिला था। एक बार जब उन्होंने अपने सकारात्मक चिंतन से भरा संबोधन 'मेरे अमेरिकी भाइयों एवं बहनों' से किया तो तीन दिन तक भारत के इस युवा संन्यासी को ही पूरा विश्व सुनता रहा, पूरी दुनिया के अखबारों ने इस भाषण को अपने समाचार-पत्रों में प्रमुखता से छापा। पूरी दुनिया भारत के इस संन्यासी के आध्यात्मिक विचारों से इस कदर प्रभावित थी कि उनकी प्रशंसा में पूरा विश्व पलक बिछाए खड़ा था। जब भारत से इस शिकागो सम्मेलन में भाग लेने विवेकानंद जी चले थे तो उन्हें कोई जानता तक नहीं था, किंतु अपने एक ही भाषण से एक ही विश्व धर्म सम्मेलन से पूरी दुनिया

स्वामी विवेकानंद से परिचित हो गई। हिन्दू धर्म की पताका को विश्व में उन्होंने लहराया तथा अपने विचारों से भारत की संस्कृति एवं सशक्त आध्यात्मिक ज्ञान से पूरी दुनिया को परिचित कराया एवं ज्ञानार्जन भी किया और मार्गदर्शन भी दिया।

दुनिया में जितनी भी साहसिक खोजें हुई हैं, वे सभी सकारात्मक सोच का ही परिणाम हैं। यदि आज के दौर में जीना है और कुछ करके दिखाना है, तो अपने तरकश को सकारात्मक सोच की आस्थाओं तथा तीरों से भरा रखिए, जिससे जब चाहे तब धनुष पर प्रत्यंचा चढ़ाकर किसी भी कठिनाई के वक्त इस्तेमाल किया जा सके और प्रत्येक युद्ध को जीता जा सके। सकारात्मक सोच एक ऐसा नायाब तरीका है जिससे व्यक्ति अमीर बनता है तथा नकारात्मक सोच से गरीब बनता है, अतः अपनी सोच हमेशा सकारात्मक रखिए। इसके लिए आपको एक पाई भी खर्च नहीं करनी पड़ती, यह मुफ्त में मिलती है तथा जीवन में बहुत आनंद देती है। जीवन को सकारात्मक सोच ही प्रफुल्लित और हँसी-ठहाकों वाली बनाती है। हास्य-व्यंग्य, काव्य, सेंस ऑफ ह्यूमर यानी विनोदी स्वभाव सब सकारात्मक सोच का ही परिणाम है। यदि बड़ा आदमी बनना है तो अपनी सोच को हमेशा बड़ा रखो और ऊँचा सोचो, बड़ा हौसला रखो, दिल बड़ा रखो। कहा जाता है कि अमुक व्यक्ति बहुत बड़े दिल वाला है, इसका आशय यह है कि वह बड़ी सोच वाला है, क्षुद्र मानसिकताएं उसे परेशान नहीं कर सकतीं तथा कोई भी छोटी सोच उसके विचारों की शुद्धता तथा सकारात्मक ऊर्जा को प्रभावित नहीं कर सकती। वह मस्त कलंदर अपने-आप में मस्त अपनी धुन में जीता हुआ, अपने किसी न किसी अच्छे कार्य में लगा रहेगा। उसके जेहन में हमेशा रचनात्मक कार्य ही आते हैं। यही है सकारात्मक सोच का कमाल कि साधारण व्यक्ति भी इससे महान बन जाता है, उसे पता भी नहीं चलता और वह रचनात्मक कार्य प्रतिदिन करता हुआ अपने एकाउण्ट को बहुत मज़बूत कर लेता है, लोग जब तक समझ पाते हैं, तब तक वह अपना कार्य समाप्त कर चुका होता है। जब तक लोग सुबह जागकर उठते हैं, तब तक वह जीवन के बहुत से महत्त्वपूर्ण कार्य कर चुका होता है, तभी वह औरों से आगे निकल जाता है। कछुआ चाल से निरंतर चलने वाला इंसान किसी खरगोश की चाल से चलने वाले को परास्त कर सकता है, क्योंकि धीमे किंतु निरंतर चलने वाला ही रेस जीतता है। जीवन की सफलताओं की रेस

भी वही जीतता है, जिसके पास सकारात्मक सोच के साथ निरन्तर कार्य करने की क्षमता होती है। अपनी शक्तियों का वह निरन्तर सदुपयोग कर पाता है और जीवन के महासंग्राम में विजेता का खिताब हासिल करता है। बुझे मन से आज तक कभी कोई महान कार्य नहीं हुआ है, जितने भी महान कार्य हुए हैं, उनके लिए जोश आता है सकारात्मक सोच से ही। इंसान कितना भी दु:खी हो ले, अपने को कोस ले या फिर अपनी असफलताओं का ठीकरा दूसरों पर फोड़ ले, लेकिन इससे कोई लाभ नहीं है, क्योंकि प्रत्येक असफलता के लिए वह स्वयं ही जिम्मेदार है। रोजाना की दिनचर्या में वह नकारात्मकता से प्रभावित था, यही नकारात्मक सोच उसकी असफलताओं का कारण है क्योंकि यह इंसान के अंदर घुन लगा देती है, दीमक लगा देती है, इंसान जोश और उत्साह विहीन हो जाता है, जिससे उसके मन में सफलता के प्रति संशय पैदा हो जाता है, यही भ्रम उसके विनाश का कारण बनता है। 'हिम्मते मर्द मदद ए खुदा' वाली कहावत यहाँ चरितार्थ होती है। ईश्वर उसकी सहायता करता है, जो अपनी स्वयं सहायता करता है तथा हमेशा हिम्मत रखता है।

महाराष्ट्र के रालेगण सिद्धि गाँव का एक रिटायर्ड फौजी समाज सुधारक एवं आर.टी.आई. ऐक्टीविस्ट अन्ना हज़ारे जिसने भारत में भ्रष्टाचार रोकने व जन लोकपाल बिल हेतु एक बड़ा आंदोलन और भूख हड़ताल शुरू की है, यह सरकार के विरोध में उठाया गया एक बड़ा कदम है। पूरे देश में लगातार कई दिनों से धरना, प्रदर्शन, केन्द्र सरकार, साँसदों और जन-प्रतिनिधियों के विरोध में हो रहे हैं। केन्द्र सरकार पूरी तरह से इस गाँधीवादी फकीर के समक्ष नतमस्तक है, लेकिन पूरे देश में कहीं भी हिंसा नहीं हो रही तथा दंगे-फसाद नहीं हो रहे। यह पूरी दुनिया के लिए एक मिसाल है। यह अंग्रेजों को भारत छोड़ने के लिए अर्थात् भारत की आज़ादी के लिए महात्मा गाँधी ने अहिंसात्मक तरीके से आंदोलन करने का तरीका भारतवासियों को बताया था। क्योंकि इससे संविधान का उल्लंघन नहीं होता और सरकारों को अपनी धाराएं लगाने के लिए कोई मौका नहीं मिलता, क्योंकि भारत के संविधान में अहिंसात्मक आंदोलन को कानूनन वैध बताया गया है। यह सत्याग्रह का एक अनूठा प्रयोग था, जिसे सबसे पहले गाँधी ने दक्षिण अफ्रीका में अंग्रेजों द्वारा वहाँ बसे भारतीयों पर भेदभावपूर्ण कानून थोपने पर अपनाया था, आखिरकार अंग्रेजों को वह कानून बदलना पड़ा। यह सत्य पर प्रयोग तथा सकारात्मक चिंतन का ही प्रभाव था कि गाँधीजी हमेशा अनशन करते थे

और सरकार हिल जाती थी तथा अविलम्ब उनकी माँगें मान ली जाती थीं। भारत की आज़ादी में महात्मा गाँधी के सकारात्मक चिंतन के नवीन प्रयोगों का बड़ा हाथ था, जिसके तहत वे अंग्रेजों से घृणा नहीं करते थे, बल्कि उनकी गलत, भेदभावपूर्ण नीतियों से घृणा करते थे। वे कहा करते थे कि पापियों से नहीं बल्कि पाप से घृणा करो। मानवीय आधार पर गाँधीजी ने प्रथम विश्वयुद्ध में अंग्रेजों का साथ दिया तथा भारतवासियों का आह्वान किया था कि वे अंग्रेजों का साथ दें। यह सकारात्मक सोच का ही प्रभाव था कि संकट और आपत्ति में फँसे शत्रु की भी मदद करने से उसका हृदय परिवर्तन होता है तथा उसको हमारी अच्छाइयों व उदारता का पता चलता है, जिससे दुश्मन के भी दिल में हम स्थान बना लेते हैं। यह गाँधीजी की सकारात्मक सोच का ही परिणाम था। उनके निष्कर्ष हमेशा सटीक और दिल पर एक जादू जैसा प्रभाव छोड़ते थे व हृदय परिवर्तन का चमत्कार करते थे। यह उनकी सादगीपूर्वक दिल से कही गई बातों का ही असर था, जिससे पूरा भारत ही नहीं बल्कि पूरा विश्व प्रभावित है। आज पूरी दुनिया में महात्मा गाँधी के विचारों पर चलकर तमाम देशों में अहिंसक विरोध प्रदर्शन, सरकारों से अपनी वैधानिक मांगों के लिए होते हैं और सफलतापूर्वक सम्पन्न होते हैं। सरकारों को झुकना पड़ता है तथा मांगों को मानना पड़ता है। यह महात्मा गाँधीजी के प्रयोगों तथा सकारात्मक सोच का ही परिणाम है।

भारत के मिसाइल मैन तथा ईमानदार, राष्ट्र के प्रति समर्पित पूर्व राष्ट्रपति डॉ. ए.पी.जे. अब्दुल कलाम भारतीय एयरफोर्स में फाइटर पायलट बनना चाहते थे, लेकिन असफल रहे। किन्तु सकारात्मक सोच के साथ लगे रहे और भारत के मिसाइल कार्यक्रम के जनक बने, बाद में भारत के राष्ट्रपति बने। जिन्होंने पूरे भारत में युवाओं को जागृत करने का अद्‌भुत एवं अनूठा कार्य करके दिखाया और दावा किया कि 2020 तक भारत महाशक्ति बन जाएगा, यदि युवा शक्ति अपनी पूरी ताकत के साथ सकारात्मक चिंतन कर ऊर्जा का भरपूर सदुपयोग कर पाये। भारत के कोने-कोने में विश्वविद्यालयों के दीक्षांत समारोहों में उन्होंने युवाओं को प्रोत्साहित किया। आज भारत के युवाओं के मन में इस महान व्यक्तित्व की बड़ी छाप है, जिससे वे प्रेरणा और सकारात्मक ऊर्जा प्राप्त करते हैं।

ईसा मसीह का मानवतावादी उदार दृष्टिकोण जिसमें वे हमेशा पाप से दूर रहने की प्रेरणा देते थे तथा दुश्मनों को भी क्षमा करने की शक्ति, उनकी

महानता का प्रतीक थी। यह उनके सकारात्मक विचारों का ही परिणाम है कि आज करोड़ों ईसाई उन्हें श्रद्धा और सम्मान की दृष्टि से देखते हैं।

मोहम्मद साहब के विचारों का प्रचार-प्रसार व उनके तत्कालीन अरब के संघर्षों में उनकी सकारात्मक भूमिका के कारण मुसलमान उन्हें पैगम्बर अर्थात् खुदा का दूत मानते हैं। उनकी मक्का से मदीना तक की यात्रा को हाज़ी कहलाने में गौरव का अहसास करते हैं। यह उनके उदार एवं मानवतावादी दृष्टिकोण का ही प्रभाव था, जिसने उस वक्त इतने अनुयायी बनाए, जो आज भी करोड़ों मुसलमानों की श्रद्धा का प्रतीक हैं।

सिख धर्म के प्रवर्तक गुरु नानक की सादगी तथा फ़क़ीरी उनके द्वारा किए जाने वाला साधु-मण्डली के भोजन पर खर्च करना एक परोपकार और मानवता का उदाहरण था। जो रुपया पिता ने व्यापार के लिए दिया था, यह साधुओं की मण्डली पर खर्च, एक सच्चा व्यापार था। गुरु नानक जी के चमत्कारों और मानवतावादी परोपकारी कार्यों ने उनके अन्दर एक सकारात्मक ऊर्जा का सृजन किया था, जिसने सिक्ख पंथ की स्थापना की। आज भी उनके बताए हुए रास्ते पर चलकर दुनिया के करोड़ों सिक्ख गुरु ग्रंथ साहिब में श्रद्धा रखते हैं तथा दयालुता एवं अहंकार रहित विनम्रता के साथ गुरुद्वारे में श्रद्धालुओं के जूते तक उठाकर रखने में गौरव का अहसास करते हैं और सेवा भावना की अनूठी मिसाल पेश करते हैं। अमीरी-गरीबी का भेदभाव भुलाकर भाईचारे, प्रेम को प्रमुखता देते हैं। कितना ही अमीर क्यों न हो, गुरुद्वारों में पहुँचकर भक्तों और दर्शनार्थियों के जूते-चप्पलें साफ करते हैं और अपनी अहंकार की भावना को समाप्त करते हैं, इसी को सेवा कहते हैं। लंगर में ज़मीन पर बैठकर सभी के साथ प्रसाद ग्रहण कर समानता और भाईचारे का उदाहरण प्रस्तुत करते हैं। जाति-पांति रहित, भेदभाव रहित इस सिख धर्म की व्यवस्था, स्वाभिमान की भावना ने सिखों को विश्व में मेहनती कौम के रूप में प्रतिष्ठा दिलाई है। यह उनके सकारात्मक चिंतन से अपना आत्मविश्वास बढ़ाने के कारण ही सम्भव हो सका है। आज सरदारों को सम्मान की दृष्टि से देखा जाता है। अच्छा खानपान, जंगलों को तथा बंजर भूमि को भी उर्वरा बनाकर भारत के बहुत बड़े भू-भाग को हरा-भरा बनाने में इस पंजाबी समाज का बहुत बड़ा योगदान है। यदि खुशहाली देखनी हो तो पंजाब की देखो तथा खेती-किसानी और उन्नत फसलों का उत्पादन देखना हो तो पंजाब का देखना चाहिए। जिन्दादिली और मेहनतकश इंसानों को देखना हो तो पंजाबियों, सिखों, सरदारों को देखना चाहिए

जो कि आन-बान-शान और पगड़ी की लाज के लिए जान तक देने के लिए तैयार रहते हैं।

कम्प्यूटर और सॉफ्टवेयर के क्षेत्र में दुनिया की सबसे बड़ी कम्पनी माइक्रोसॉफ्ट के मालिक बिल गेट्स का नाम विश्व के सबसे धनी व्यक्तियों में गिना जाता है। इंजीनियरिंग करने में फेल हो गए तो आज इतने बड़े विशाल एम्पायर के मालिक बन बैठे। यह बिल गेट्स की लगन और सकारात्मक सोच के साथ निरंतर प्रयास करने के कारण ही सम्भव हो पाया और दुनिया के सबसे बड़े रईस बने।

भारत में टाटा, बिड़ला, डालमिया और सिंघानिया-ये चार रईस और सबसे धनी परिवार थे। पिछले 30 वर्षों में सबसे ज्यादा पूँजी अर्जित की, वह धीरूभाई अम्बानी थे जिन्होंने अपनी मेहनत और लगन से तथा सकारात्मक सोच से गरीबी में पलने के बावजूद निराशा को पास नहीं फटकने दिया और दुनिया के सबसे अमीरों में अपनी गिनती कराई। रिलायंस कम्पनी आज उनके बेटे मुकेश अम्बानी एवं अनिल अम्बानी में बँट गई है, फिर भी दोनों भाई दुनिया के सबसे अधिक धनी व्यक्तियों में शामिल हैं तथा प्रतिदिन तरक्की और विकास कर रहे हैं। धीरूभाई ज़ब कपड़ों के बंडल बेचते थे, तब सूती कपड़ों की मिलों के मालिक बनने का सपना देखते तथा पेट्रोल पम्प पर पम्पमैन के रूप में लोगों के वाहनों पर पेट्रोल भरते वक्त रिफाइनरी का मालिक बनने का सपना देखते थे। आज वे सभी सपने हक़ीक़त में बदल चुके हैं। धीरूभाई की किस्मत और मेहनत तथा सकारात्मक सोच से यह संभव हो पाया। उनके विचार इतने मज़बूत थे, जिन्होंने उनके सपनों और इरादों को पंख लगाए तथा जनता को लाभांश से जोड़कर विश्वसनीय कम्पनी बनाई एवं सर्वाधिक शेयर होल्डर बनाने का रिकार्ड बनाया। अपने कर्मचारियों को कम्पनी का शेयर होल्डर बनाकर दुनिया की पहली कम्पनी बनी। धीरूभाई अम्बानी की मेहनत और सकारात्मक नज़रिये की जितनी भी तारीफ की जाए वह कम है, क्योंकि बेहद गरीब परिवार में जन्म लेने के बावजूद अपने हौसले हमेशा बुलंद रखे। कम्पनी से करोड़ों लोगों को जोड़ा और विश्वसनीयता का मापदण्ड बनाया। सरकार से मधुर रिश्ते बनाने में महारत हासिल थी। सभी छोटे-बड़े कर्मचारियों को बराबर सम्मान देते थे, हर बड़े अधिकारी से जितना लगाव था, उतना ही छोटे बाबू से भी था। तभी तो वे स्वयं भी इतना सम्मान व सबका सहयोग प्राप्त करने में सफल हुए।

सामान्य आदमी से इतना बड़ा धनी बनने की यात्रा के पड़ावों में उन्होंने हमेशा मन लगाकर कार्य किया। जितने भी निर्णय लिए वह सकारात्मक विचारधारा के थे, इसलिए सभी में उन्हें सफलता प्राप्त हुई। शुरुआती दौर में एक कम्पनी में टाइपिस्ट की भी नौकरी की और जाने कितना कठोर परिश्रम किया। आज पूरा विश्व धीरूभाई अम्बानी की तरक्की और विकास से अचंभित है। पूरी दुनिया के प्रबंध संस्थानों के एम.बी.ए. के छात्रों को उनकी जीवनी पढ़ाई जाती है तथा तरक्की और विकास का जीवनवृत्त समझाया जाता है। वह पाठ्यक्रम का विषय बन गए हैं। यह थे धीरूभाई अम्बानी के तरक्की और विकास के सोपान जिनको आज दुनिया के प्रतिष्ठित संस्थानों के छात्र पढ़ रहे हैं तथा नई सोच और व्यवहार सीख रहे हैं। धीरूभाई अम्बानी के पुत्र मुकेश अम्बानी तथा अनिल अम्बानी भी अपने पिता से विरासत में बिंजनेस के गुण सीखकर आज अपनी-अपनी कम्पनियों को उन्नति और विकास के पथ पर अग्रसर कर रहे हैं। दोनों ही लायक पुत्र हैं तथा कम्पनियों में हमेशा नयापन लाकर अच्छे निर्णय कर शेयर होल्डर्स के हित में निर्णय करते हैं तथा कर्मचारियों को अच्छा वेतन तथा कम्पनी में हिस्सेदारी का, पिता का फण्डा उन्होंने भी बरक़रार रखा है और दुनिया के सबसे बड़े रईसों में शुमार हैं।

हाल ही में जब टाटा ने भारत में एक लाख की नैनो कार लॉन्च की तो सारी दुनिया इस सस्ती कार से अचंभित हो गई, आज यह नैनो कार भारत की पसंदीदा कार बन चुकी है। मारुति के बाद यदि कोई कार इतनी लोकप्रिय हुई है, तो वह नैनो ही है। संजय गांधी के प्रयास से 80 के दशक में मात्र 50 हजार की मारुति कार भारत में लॉन्च हुई थी। जिसने कारों की दुनिया में क्राँति ला दी और 82 प्रतिशत बिजनेस मारुति-800 का हो गया। तीस वर्षों के बाद 1 लाख की नैनो कार भारत के लिए ही नहीं बल्कि दुनिया के लिए एक आश्चर्य का विषय है।

स्टेट बैंक ऑफ इंडिया ने एटीएम मशीन से रुपये निकालने के लिए भारत में मशीनें लगाईं। बाद में अन्य सभी बैंकों ने एटीएम व्यवस्था लागू की तो वह दुनिया में पहले से चर्चित और प्रचलित प्रावधान कि विदेश में रुपये मशीनों से निकलते हैं, इस व्यवस्था को भारत में भी लागू किया गया। इससे व्यवस्था इतनी सुचारु हो गई कि अब बैंक जाने की ज़रूरत नहीं, लाइन में लगने की ज़रूरत नहीं और कहीं भी किसी भी बैंक के एटीएम में कार्ड

डालो और रुपये निकाल लो तथा खूब ख़रीददारी करो, क्रेडिट कार्ड से बिल भरो और रुपये चुकाओ। ऐसी सुगम व्यवस्था सकारात्मक सोच का ही परिणाम है। आज यदि यह एटीएम पद्धति लागू नहीं होती तो बैंकों पर भीड़ का बोझ नहीं सँभलता और भारतीय जनता को बहुत तकलीफें उठानी पड़तीं। कहीं घूमने जाओ तो कैश ले जाने की ज़रूरत नहीं और जितना चाहो उतना वहीं पर निकाल लो। यही नहीं कैश, सोने के जेवर, हीरे-जवाहरात और अन्य कीमती ज्वैलरी भी बैंक के लॉकर में रखो और तनावमुक्त होकर घर में सोओ। न चोरी का डर, न बदमाशों का भय और न डकैती का ही डर रहता है। इस प्रकार बैंकिंग सिस्टम का लाभ लेकर किसान, गरीब मजदूर वर्ग बहुत सस्ते ब्याज पर लोन लेकर घर, ऑटो तथा अन्य वाहन एवं खेती-किसानी के लिए व्यवस्था कर सकता है और व्यक्ति निश्चिन्त ज़िंदगी जी सकता है। यह सकारात्मक व्यवहार से ही सम्भव हुआ है, क्योंकि इतना बड़ा सिस्टम बिना सकारात्मक सोच के सम्भव नहीं है। पति-पत्नी में से यदि दोनों सकारात्मक सोच के हैं, तो सोने में सुहागा होता है और उनका दाम्पत्य जीवन सुखद बीतता है। यदि एक भी सकारात्मक है तो भी काम चल जाता है क्योंकि वह अपने जीवनसाथी को अपनी सकारात्मक चिंतन की बातों से सँभाल लेता है और यदि दोनों नकारात्मक सोच के हुए तो गृहक्लेश अवश्यंभावी होता है, उसे कोई रोक नहीं सकता। इसी से परिवार बिखर रहे हैं। दाम्पत्य जीवन में क्लेश और कर्कश आवाज़ों से घर नर्क बन जाता है। रोज आत्महत्या और तलाक के मामले अखबारों की सुर्खियां बनते हैं। समाज में परिवारों की थू-थू हो जाती है। यह सब कुछ आशावादी एवं सकारात्मक दृष्टिकोण के अभाव के कारण होता है। दाम्पत्य जीवन को सफलतापूर्वक बिताने के लिए आवश्यक है, एक-दूसरे का अस्तित्व मन से स्वीकार करें और प्रशंसा योग्य बातों की हमेशा तारीफ करें। निंदनीय बातों की हमेशा भर्त्सना के अंदाज में बुराई करने के बजाय अच्छे मूड में समझाने के दृष्टिकोण से पहल करें तो जीवनसाथी की बुद्धिमानी और समझदारी का कायल होकर उसका पार्टनर आभार व्यक्त करने के अंदाज में इज़्ज़त करने लगेगा। अपने जीवनसाथी से इज़्ज़त और प्यार पाना, जीवन की सबसे बड़ी सफलता है क्योंकि रोज़ साथ रहने से सारी अच्छाइयाँ और बुराइयाँ एक-दूसरे के सामने होती हैं। एकरसता की ज़िंदगी से ऊब हो जाती है, अतः चार्म पैदा करने के लिए एक-दूसरे की मुक्त कंठ से प्रशंसा करें और

जीवन के संघर्ष के दिनों की भावनात्मक मज़बूती और प्यार के पलों को हमेशा याद रखें, तभी घर-परिवार को बचाया जा सकता है तथा जीवन को पूरे आत्मविश्वास के साथ बिंदास अंदाज में इत्मीनान से जिया जा सकता है। इससे दिल को बहुत तसल्ली मिलती है और आत्मसंतुष्टि के साथ हँसते-खेलते हुए पूरे विश्वास के साथ जीवन का लुत्फ़ उठाया जा सकता है। जीवनसाथी पर पूरा भरोसा करें और मन में किसी प्रकार का शक पैदा नहीं होने दें। ऐसे ही घरों की संतानें भावनात्मक रूप से मज़बूत होती हैं तथा एकाग्रता के साथ कुछ नाम रोशन करने वाले महान कार्य कर जाती हैं। इसलिए यदि संतानों को योग्य बनाना है तथा समाजोपयोगी एवं राष्ट्रप्रेमी बनाना है तो दाम्पत्य जीवन को यत्नपूर्वक सुधारना चाहिए। हँसी-खुशी का प्यार भरा वातावरण संतानों में जोश पैदा करता है। मन की शांति बहुत ज़रूरी है, इससे कुछ रचनात्मक विचार आते हैं जो कि प्रत्येक महान एवं कलात्मक कार्य कराते हैं। सकारात्मक सोच का सबसे बेहतरीन पहलू होता है कि हम ईश्वर को उसके द्वारा दिये जाने वाले अच्छे जीवन के लिए दिल से धन्यवाद दें और सारी परेशानियों और कष्टों के लिए भी उसे धन्यवाद दें, क्योंकि इससे हम उस परमपिता परमेश्वर को सच्चे दिल से याद करते हैं। यदि हमारे मन का हो तो अच्छा है और हमारे मन का नहीं हो तो और भी अच्छा है, क्योंकि वह ईश्वर की इच्छा का होता है जो कि खराब हो ही नहीं सकता, जब इस दृष्टिकोण से हम जीवन में सोचते हैं और उसे जीते हैं, तो परेशानियां अपने-आप भाग जाती हैं। तनावमुक्त निश्चिंतता का उन्मुक्त जीवन जिया जा सकता है। यही भारतीय संस्कृति की विशेषता है। भारतीय जीवन दर्शन में गरीब से गरीब किसान अपने जुते हुए खेत के डेलों पर कड़ी मेहनत के बाद पसीना बहाकर भूखा-प्यासा और आधे पेट, कर्जों की मार झेलता हुआ भी चैन की नींद सो सकता है, जबकि अमीर लोग भारत और पाश्चात्य संस्कृति के भोग-विलासी देशों में बिना नींद की गोली खाए सो नहीं पाते हैं, तो क्या धन से जीवन का सुख-चैन बनता है? शायद नहीं। सकारात्मक सोच से ही जीवन आनंददायक बनता है और उसकी कीमत अनमोल है। यह बाजार में ख़रीदने-बेचने की वस्तु नहीं है, कोई कितनी ही अरबों-खरबों की बोली लगा ले, लेकिन व्यक्ति की क्षमता इसे धन से प्राप्त करने की नहीं है।

छोटी-छोटी उदार भावनाओं से व्यक्ति महान बनता है, स्वयं सुखी रहता है और अपने परिवारजनों, निकट सम्बंधियों व मित्रों का सहयोग कर उन्हें

सुखी बनाता है। धन भी ईश्वर की कृपा से किए गए पुरुषार्थ से प्राप्त होता है। धन सकारात्मक सोच, बड़ी सोच, बड़े दिल से कार्य करने से आता है। ऐसे व्यक्ति पर सभी भरोसा करते हैं। उसकी जुबान की कीमत होती है। सभी विश्वास करके ऐसे व्यक्ति के साथ तन, मन, धन, लगा देते हैं। यह विश्वास पैदा होता है ईमानदारी से, प्रेम से। अत: जीवन का आधार, प्रेम और विश्वास है जिससे इज़्ज़त बनती है और इज्जत से सारे कार्य होते हैं और ईश्वर के बताए हुए रास्ते पर चलकर ईमानदारी से धन आता है और ईश्वर प्रदत्त शक्तियों से ही टिकता है। यदि मानव के मन की अद्‌भुत शक्तियों का सकारात्मक दृष्टिकोण के साथ सदुपयोग किया जाए तो धन की वर्षा होती है और व्यक्ति नवसृजन करता है। भविष्य की इन्वेस्टमेंट की योजनाएं बनाता है, शांत मन में ही रचनात्मक विचार आते हैं। उसे कहीं भी क्लेश नहीं करना चाहिए, इससे मानसिक शक्तियों का ह्रास होता है और व्यक्ति तनावग्रस्त होकर मनोविकारी हो जाता है। क्रोध समस्त विकास और तरक्की का दुश्मन होता है, क्रोध आते ही मति भ्रमित हो जाती है, इसी से बुद्धि का विनाश होता है। अभिव्यक्ति की स्वतंत्रता के लिए आवश्यक है कि हम स्वयं लोकतांत्रिक बनें और लोकतांत्रिक मूल्यों एवं सिद्धांतों को अपने जीवन में लागू करें। अपनी स्वतंत्रता का गला नहीं घुटने दें और न ही किसी की इज़्ज़त और स्वतंत्रता से खिलवाड़ करें। स्वयं तरक्की और विकास करें तथा दूसरों के विकास की सम्भावनाओं के दरवाजों को बंद नहीं करें, तभी इज़्ज़त और सम्मान मिलता है। समस्त विकास के पथ तैयार होते हैं और सम्भावनाओं के द्वार खुलते हैं। इन द्वारों को बंद नहीं करना चाहिए, सारे रास्ते खुले रखने चाहिए, तभी धन की वृद्धि सम्भव है। यदि धन ज़रूरत से अधिक आ गया और बौद्धिक क्षमता का विकास नहीं किया तो धन को संरक्षित नहीं रखा जा सकता। अत: बौद्धिक प्रखरता को बढ़ाना बहुत ज़रूरी है, तभी धन को परोपकारमय समाज हित और विकासगामी बनाया जा सकता है अन्यथा धन की गति विनाश की ओर हो जाती है।

सकारात्मक विचारधारा से बड़े-बड़े चमत्कार होते हैं, मन हल्का रहता है, हमेशा आशावादी सोच और विचार श्रृंखला में नवीन सृजनात्मक चिंतन वाले विचार आते हैं, जिनसे सारे कार्य सम्पन्न होते हैं। विचारों का प्रवाह सकारात्मक सोच से बढ़ता है तथा एकाग्रता भी बढ़ती है, उसी से बुद्धि निष्कर्ष पर पहुँचती है अन्यथा बुद्धि भ्रमित ही रहती है, निर्णय लेने की

क्षमता का विकास भी एकाग्रता से ही होता है। सचिन तेन्दुलकर की एकाग्रता भी बड़ी ग़ज़ब की चीज़ है, जिसके कारण वे बल्ले और बॉल की टाइमिंग सटीक रखकर क्रिकेट के मैदान में चौके-छक्के की बरसात पिछले 20 वर्षों से कर रहे हैं। वह दुनिया के सर्वाधिक शतक और रन बनाने वाले खिलाड़ी बन चुके हैं। तेन्दुलकर का ध्यान इतना ग़ज़ब का है कि उन्हें 'मास्टर ब्लास्टर' और 'वंडर बॉय' कहा जाता है। यह उनकी सकारात्मक सोच द्वारा बढ़ाई गई एकाग्रता का ही कमाल है कि आज सचिन की कलाइयों का कलात्मक प्रयोग और मैदान के हर कोने में जानदार शॉट लगाने का रिकार्ड इसी क्रिकेट खिलाड़ी के नाम है। मैदान के अन्दर वह जितना मंजा हुआ खिलाड़ी है, उतना ही बेहतरीन इंसान है परिवार और समाज के लिए। वह एक रोल मॉडल है तथा भारतीय जनता उसके क्रिकेट के खेल में उनके योगदान एवं मानवीय गुणों के कारण उन्हें भगवान का दर्जा देती है। सही मायने में वह भारत रत्न है। उन्होंने अपने धैर्य, निर्विवाद व्यक्तित्व और उदार हृदयता के कारण भारतीय जनता के साथ-साथ विश्व की जनता के दिलों में भी एक महत्वपूर्ण स्थान बना लिया है, इसलिए सचिन भारत रत्न पुरस्कार के सही हकदार हैं। अब सरकार द्वारा खेल के क्षेत्र में भी यह पुरस्कार देने का संशोधन कर लिया गया है, अतः निकट भविष्य में कभी भी सचिन तेन्दुलकर को भारत रत्न पुरस्कार प्रदान किया जा सकता है।

प्रेरणादायी विचार

प्रेरणा वह ज्योति है जो कि मनुष्य को ऊर्जित करती है तथा हमेशा कुछ नया करने की शक्ति प्रदान करती है। इससे इंसान की कार्यक्षमता और लगन बढ़ जाती है। कोई कार्य बिना प्रेरणा के नहीं होता है, जितने भी सफल उद्यमी और महान व्यक्ति इस दुनिया में हुए हैं, उनके पीछे कोई न कोई प्रेरणा ज़रूर होती है। यह कहावत बहुत प्रचलित है कि हर सफल इंसान के पीछे एक समझदार नारी की प्रेरणा कार्य कर रही होती है। वह प्रेम की प्रेरणा हमेशा उत्थान के उत्साहपूर्ण विचारों को ज़मीन पर सार्थक करने में उत्प्रेरक का कार्य करती है। जैसे किसी भी रासायनिक क्रिया को कैटेलिस्ट और सक्रिय कर देता है व उत्प्रेरक कहलाता है, उसी प्रकार का रोल प्रेरणा का जीवन की उपलब्धियों और सफलताओं में होता है।

कार्य के प्रति समर्पण, जुनून और जज़्बा पैदा करना, प्रेरणा के महत्त्वपूर्ण कार्य हैं, जो कि मानव को जोश से भर देती है और उसके अन्दर कार्य के सफलतापूर्वक सम्पन्न करने के प्रति दीवानगी पैदा करती है। एक चिंगारी का कार्य करती है, जो कि ज़मीन के अन्दर भरे पड़े सोने, चाँदी, हीरे-जवाहरातों के अयस्कों को कुन्दन, अंगूठी तथा महिलाओं के गले के हारों में पिरोए जाने वाले नगीनों में बदलती है। यह मनुष्य के अन्दर की भटकन को दूर करती है, प्रेरणा प्राप्त कर मनुष्य कामयाब और सफलतम इंसान बन जाता है। लोग उसकी सफलताओं की कहानियां कहते हैं। प्रेरणा मनुष्य के जीवन में उत्साह का संचार करती है और उत्साह को जीवनपर्यन्त निरन्तर बनाए रखने का कार्य करती है, प्रेरणा इंसान के व्यक्तित्व को बहुआयामी बनाती है और आशावाद का संचार करती है।

प्रेरणा का जन्म सफलतम इंसान बनने की इच्छा से होता है, बिना सफलता के जीवन में न तो आनन्द आता है और न ही निश्चिंतता आती है।

इत्मीनान की बिंदास ज़िंदगी केवल बुलन्दियों को छूने वाले इंसान ही जी पाते हैं। उनके जीवन में रोमांच होता है। वह जीवन को खेल भावना से लेते हैं। महत्त्वाकांक्षी व्यक्तियों के लिए प्रेरणा सोने में सुहागे का कार्य करती है, अतः जितने भी आलसी और संतोषी व्यक्ति हैं, उनके लिए प्रेरणा का कोई महत्त्व कभी भी नहीं हो सकता है। यह उत्साही युवाओं के लिए एक वरदान है कि आज के युग में तरक्की और विकास के झंडे गाड़ो, मन में उत्साह के लिए कोई न कोई प्रेरणा अवश्य होनी चाहिए।

बिना प्रेरणा के जीवन सूना और शुष्क मरुस्थल के समान होता है, जीवन की बगिया हरी-भरी होती है प्रेरणा रूपी फूलों से और मन का उपवन भी प्रेरणा से ही प्रफुल्लित और उत्साहपूर्ण होता है।

महत्त्वाकांक्षी युवाओं के लिए प्रेरणा एक यज्ञ, हवन की लौ के समान होती है, जितनी उसमें समिधा और घी डालते जाते हैं, लौ की तीव्रता और बढ़ती जाती है। इसी प्रकार महत्त्वाकांक्षाओं को पूरा करने के लिए उत्साह भी प्रेरणा से ही बढ़ता है। संसार का हर सफल व्यक्ति किसी न किसी से प्रेरित होता है। अपने माता-पिता, गुरुओं, पौराणिक चरित्रों, धार्मिक ग्रन्थों, प्रेरणास्पद ग्रन्थों, कथाओं, अपने पूर्वजों, पितरों, हमसफ़र, प्रेमी या प्रेमिका आदि से कहीं न कहीं प्रेरणा व्यक्ति को अवश्य मिलती है, जिसका सदुपयोग कर व्यक्ति प्रतिकूल परिस्थितियों को अनुकूल बनाता है और कामयाबी का रास्ता तैयार करता है। यदि व्यक्ति को कोई प्रेरणा नहीं मिल रही है, तो समय से पहले ही उसकी प्रतिभा का दीपक बुझ जाता है और वह चूक गया होता है, असमय ही उसके उत्साह का झरना सूख जाता है। वह सूखी झील और शुष्क सरिता के समान हो जाता है।

दुनिया का सबसे बड़ा प्रेरक (motivator) योगीराज श्रीकृष्ण को माना जाता है, क्योंकि कौरवों की 18 अक्षौहिणी (चतुरंगिनी) की सेना का विध्वंस मात्र पाँच पाँडव और कुछ गिने-चुने महारथियों से ही करवा दिया था क्योंकि पाँडवों का पक्ष धर्म और पुण्यकर्मों वाला था। अर्जुन जब अपने सगे-सम्बन्धियों पर बाण चलाने में मोह से ग्रसित हुआ तो दुनिया को कर्म का उपदेश देने वाली गीता का उपदेश श्रीकृष्ण ने कुरुक्षेत्र के मैदान में महाभारत के युद्ध में दिया था, जिससे अर्जुन का मोह भंग हुआ और पितामह भीष्म, गुरु द्रोणाचार्य, कृपाचार्य, कर्ण, चचेरे भाई दुर्योधन और दुःशासन से युद्ध कर पाया था और विजय प्राप्त कर अग्रज धर्मराज युधिष्ठिर

को हस्तिनापुर का राजा बनाया। श्रीकृष्ण की प्रेरणा से ही महाभारत के युद्ध में पाँडव विजयी हुए थे।

शेरशाह सूरी ने जब चौसा और विलग्राम के युद्ध में मुगल सम्राट हुमायूं को हराया था तो क्या कोई कल्पना कर सकता था कि शेरशाह सूरी जैसा छोटा-सा सामंत और सेनापति मुगल सम्राट को हरा सकता है। इसके पीछे शेरशाह सूरी के जीवन के संघर्षों की प्रेरणा कार्य कर रही थी। उसकी विमाता द्वारा षडयंत्रपूर्वक पिता से उसे देशनिकाला दिलवा दिया था, तब उसने चुनार के राजा के यहाँ एक साधारण से सिपाही के रूप में भर्ती होकर तलवार के एक प्रहार से शेर को मारने के कारण शेरशाह की उपाधि प्राप्त की थी। फ़रीद से शेरशाह सेनापति और मुगल सम्राट अकबर के पिता हुमायूं को हराकर राजा बना और इतिहास में अमर हो गया। उसने विपरीत परिस्थितियों की चुनौतियों को स्वीकार किया और अपमानों की चरमसीमा तक की जाने वाली बेइज़्ज़तियों से प्रेरणा प्राप्त कर, इतिहास पुरुष बनने तक का सफ़र तय कर गाथाएं लिख दीं। उसका हक छीनने वालों को एक सबक सिखाया कि कभी किसी असहाय को इतना कमजोर और नगण्य नहीं समझना चाहिए, क्योंकि वह भी एक दिन इतना ऊँचा उठकर दिखा सकता है कि सम्राट हुमायूं को हराकर खुद राजा भी बन सकता है, शेरशाह ने सिद्ध किया था।

चित्तौड़ के शासक राणा साँगा ने इब्राहिम लोदी को हराने के लिए बाबर को आमंत्रित किया था। 1526 के पानीपत के प्रथम युद्ध में इब्राहिम लोदी को हराकर बाबर ने राणा साँगा पर भी चढ़ाई कर दी और फ़तेहपुर सीकरी के निकट खानवा के मैदान में 1527 में दोनों का युद्ध हुआ, जो कि इतिहास का निर्णायक मोड़ था। उसमें विशाल और मज़बूत राजपूत सेनाओं को बाबर के कुछ हज़ार सैनिकों ने परास्त कर दिया और भारत में मुगलवंश की नींव रखी।

जब बाबर ने देखा कि उसके सैनिकों का हौसला पस्त हो रहा है, तो उसने मैदान में ही सैनिकों को युद्ध की पूर्व संध्या पर संबोधित किया और शराब के प्यालों को तोड़कर फेंक दिया तथा जीवन-भर शराब नहीं पीने की कसम खाई। सैनिकों से कहा कि हम अपने वतन से इतनी दूर हैं। यदि युद्ध नहीं किया या युद्ध में नहीं जीते तो मारे जाएंगे, इतिहास हमें कभी क्षमा नहीं करेगा। काफ़िरों को मारना हमारा धर्म है, दारूल हर्ब से दारूल इस्लाम

बनाना है, इसलिए विजय हर हालत में हासिल करनी है। इसे 'जिहाद' का नाम दिया गया। इस युद्ध में उसके सैनिकों ने पूरे जोश से युद्ध किया, विजय प्राप्त की तथा बाबर ने ग़ाज़ी की उपाधि धारण की। इस युद्ध की विजय बाबर की प्रेरणा को समर्पित है। बाबर ने बहुत अच्छी तरह से अपने सैनिकों को प्रेरित किया। मुगलवंश जिसने लगभग 350 वर्ष इस देश पर शासन किया, उसकी नींव बाबर के खानवा के मैदान के प्रेरक भाषण ने रख दी थी। यदि उस वक्त वह चूक जाता तो इस मुगलवंश का नामोनिशान मिट जाता और राणा साँगा का सिसोदिया वंश इस देश पर शासन करता और इतिहास बदल जाता। बाबर के प्रेरक भाषण ने वह कमाल कर दिया जिससे उसके सैनिकों ने प्रेरित होकर युद्ध में विजय प्राप्त की।

पृथ्वीराज चौहान की विजयों की प्रेरक कहानियाँ आज भी भारतीय जनमानस के दिलो-दिमाग पर छाई हुई हैं। उसने मोहम्मद गौरी को परास्त किया, सन् 1191 के तराईन के प्रथम युद्ध में और उसे ज़िंदा छोड़ दिया। जयचंद, कन्नौज के शासक ने मोहम्मद गौरी को आमंत्रण दिया था, पृथ्वीराज चौहान से अपनी पुत्री संयोगिता से प्रेम करने और स्वयंवर से उठाकर ले जाने का बदला लेने के लिए, जबकि संयोगिता ने ही पृथ्वीराज चौहान को आमंत्रण दिया था। यदि मोहम्मद गौरी ने पृथ्वीराज को मार दिया तो नाना अनंगपाल तोमर द्वारा दिया गया दिल्ली का राज्य तथा अजमेर का राज्य भी जयचंद को मिल जाएगा, यह जयचंद की सोच थी। 1192 के तराइन के दूसरे युद्ध में गौरी ने पृथ्वीराज चौहान को परास्त किया और मार दिया, लेकिन बाद में धोखेबाज़ और गद्दार जयचंद का राज्य भी अपने राज्य में मिलाकर इस इतिहास प्रसिद्ध गद्दार को सजा दी। अपने गुलाम कुतुबुद्दीन ऐबक को दिल्ली की गद्दी पर बिठाकर गुलाम वंश की नींव डाली, जिसमें इल्तुतमिश, रजिया सुल्तान, बलवन आदि प्रसिद्ध सुल्तान हुए। यदि जयचंद ने पृथ्वीराज चौहान से गद्दारी नहीं की होती तो भारत पर गुलाम वंश का शासन नहीं होता। एक ओर जहां मोहम्मद गौरी हर बार हारने के बाद भी जीतने की प्रेरणा से बार-बार भारत पर आक्रमण कर रहा था और अन्ततः उसने भारत पर विजय प्राप्त कर ही ली, वहीं देशी राजा आपसी वैमनस्यता, प्रतिस्पर्धा एवं ईर्ष्या में एक-दूसरे के राज्य को हड़पने के कुचक्रों और षडयंत्रों में लगे थे। विदेशी आक्रान्ताओं को आमंत्रित कर एक-दूसरे को कमजोर कर रहे थे और मरवा रहे थे। भारतीय इतिहास में दो गद्दारों का

नाम प्रमुखता से लिया जाता है, एक कन्नौज का राजा जयचंद, दूसरा बंगाल के नवाब सिराजुद्दौला का गद्दार सेनापति मीरजाफर जो कि लार्ड क्लाइव से मिल गया था। 1757 के प्लासी के युद्ध में सिराजुद्दौला की हार हुई व अंग्रेजी शासन की नींव पड़ी थी। उस मीरजाफर को भी अंग्रेजों ने 1763 के बक्सर के युद्ध में हराकर उसके दामाद मीरकासिम को राजा बनाया और उसे भी अंग्रेजों ने धोखे से मार दिया। अंग्रेजों ने आपसी फूट का फायदा उठाकर भारत पर 190 वर्षों तक शासन किया, इसकी नींव प्लासी का वह युद्ध था जिसमें मीरजाफर ने गद्दारी की थी। इस युद्ध में क्लाइव ने 'फूट डालो और शासन करो' की नीति को अपनाया था जो कि अंग्रेजों के 190 वर्ष के शासन की ठोस आधारशिला सिद्ध हुई। आज भी यदि कहीं 'फूट डालो शासन करो' की नीति अपनाई जाती है, तो अंग्रेजों का उदाहरण दिया जाता है कि बड़े अंग्रेज बन रहे हो। ईस्ट इण्डिया कम्पनी जो भारत में केवल व्यापार करने के लिए आई थीं, वही इस देश की रियासतों के छोटे-छोटे राजाओं की आपसी फूट और वैमनस्यता की कमजोरी के कारण इस देश पर लगभग 200 वर्ष तक शासन कर गई। लार्ड क्लाइव को इसकी प्रेरणा भारतीय रियासतों की आपसी लड़ाई-झगड़ों की कमजोरी से मिली। यदि ये राजा आपस में नहीं लड़ते तो अंग्रेज भारत को गुलाम नहीं बना पाते और भारतीय इतिहास तरक्की व विकास का इतिहास होता और दुनिया का सबसे ताकतवर देश भारत होता। ये अंग्रेज जितना सोना-चाँदी, हीरे-जवाहरात लूटकर ले गए, यदि नहीं ले जा पाते तो भारत की अर्थव्यवस्था और अधिक मज़बूत होती व भारतीय जनता का जीवन स्तर 50 वर्ष पूर्व ही पश्चिमी राष्ट्रों की जनता से ऊपर होता। भारत एक सोने की चिड़िया थी, जिसे 712 ई. से विदेशी आक्रांताओं ने जैसे प्रथम मुस्लिम आक्रमणकारी मोहम्मद बिन कासिम, महमूद गजनवी, मोहम्मद गौरी, तैमूर लंग, अहमदशाह अब्दाली और दुर्रानी ने लूटा और 15 अगस्त 1947 तक लगभग 1200 वर्ष, इस देश को लूटा नहीं गया होता और देशवासी क्षुद्र मानसिकता के साथ छोटे-छोटे स्वार्थों में लगे नहीं होते व अपनी अहंकारी सोच के कारण ग़फ़लत में नहीं रहे होते तो आज भारत से गरीबी, भुखमरी, बेरोजगारी पूरी तरह समाप्त हो गई होती और भारत दुनिया में नम्बर एक पर आर्थिक दृष्टि से सुदृढ़ राष्ट्र होता। अरबों-खरबों का कर्ज विदेशी पश्चिमी राष्ट्रों को दे रहे होते व मज़बूत अर्थव्यवस्था का आनंद उठा रहे होते। आज हम अरबों-खरबों रुपये, विदेशों

से लिए गए कर्ज का ब्याज दे रहे हैं, फिर हम अरबों रुपये ब्याज के विदेशी राष्ट्रों से वसूल कर रहे होते और जीवन स्तर को ऊँचाई प्रदान कर रहे होते। दुनिया के वो देश जो हमारा ही माल लूटकर ले गए, हमें आँख नहीं दिखा पाते। हमारे सामने कर्जों के लिए गिड़गिड़ा रहे होते और हम अपनी शर्तों पर जैसे वो आज कर्ज हमें दे रहे हैं, वैसी ही शर्तों पर हम उल्टे उन्हें कर्ज दे रहे होते। भारतीय पूरी दुनिया में विशिष्ट दर्जा रखते और वी.आई.पी. बनकर आन-बान-शान से जीते।

राष्ट्रपिता महात्मा गाँधी अपने राजनीतिक गुरु गोपाल कृष्ण गोखले से प्रेरणा लेते थे। गोखले की सादगी और राष्ट्र के प्रति समर्पण से गाँधीजी ने प्रेरणा प्राप्त की थी। शिवाजी महाराज अपनी माँ जीजाबाई से प्रेरित थे जिसने चरित्रवान और निष्ठावान बनने की प्रेरणा दी थी। स्वाभिमान और मराठा राज्य के विस्तार तथा अपमानों का बदला लेने की प्रेरणा माँ जीजाबाई ने शिवाजी को घुट्टी में पिलाई थी। स्वामी विवेकानन्द रामकृष्ण परमहंस के साक्षात काली के दर्शन कराने के चमत्कार से प्रेरित थे। महाकवि कालीदास अपनी विदुषी पत्नी विद्योत्तमा से प्रेरित थे अन्यथा जीवन-भर उट्र-उट्र ही करते रहते- अभिज्ञान शाकुंतलम्, मेघदूतम, कुमारसम्भवम् जैसे कालजयी महाकाव्य नहीं लिख पाते। तुलसीदास अपनी पत्नी रत्नावली से प्रेरित हुए जिसने 'अस्थि चर्म मय देह मम जामें' ऐसी प्रीति श्रीराम में हो तो भवसागर से पार हो जाओगे, की प्रेरणा दी। रत्नावली के प्यार की आसक्ति में रस्सी को साँप समझकर ससुराल पहुँचने से संबंधित ऐसे कामी और पत्नी के प्रति आसक्त तुलसीदास को रत्नावली की दो पंक्तियाँ, जिसमें कहा कि इस हड्डी और माँस की इस देह से इतनी प्रीति है, ऐसी प्रीति यदि श्रीराम से हो जाए तो भवसागर से पार हो जाओगे। इन दो पंक्तियों को सुनकर तुलसीदास के ज्ञान चक्षु खुल गए और वे उलटे पाँव लौट आए, फिर उन्होंने अवधी में 'रामचरितमानस' जैसा ग्रन्थ रच डाला जो छः शास्त्र, दस पुराण और चारों वेदों का सार कहा जाता है। ऐसी थी रत्नावली की प्रेरणा जिसने तुलसीदास को महात्मा तुलसीदास बना दिया। काशी के विश्वनाथ भगवान ने त्रिशूल से मुहर लगाकर इस ग्रन्थ की प्रमाणिकता को सिद्ध किया था व तुलसीदास के रामचरितमानस का विरोध करने वालों का मुँह बंद कर दिया था। तुलसीदास जी ने महात्मा नर हरिदास की प्रेरणा भी प्राप्त की और अपना आध्यात्मिक गुरु बनाया। ऐसा माना जाता है कि साक्षात हनुमान जी

ने यह ग्रन्थ स्वयं प्रकट होकर तुलसीदास का सहयोग कर लिखवाया था। रामतनु पाण्डे जो कि इतिहास में संगीत सम्राट तानसेन के नाम से प्रसिद्ध हुए और अकबर के नवरत्नों में से एक थे, वह स्वामी हरिदास से प्रेरित थे। स्वामी हरिदास का संगीत इतना कर्णप्रिय था कि पेड़-पौधे, पशु-पक्षी सभी इस ईश्वरीय संगीत का आनंद लेते थे। जब अकबर ने स्वामी जी को बुलाने का तानसेन से आग्रह किया तो स्वामी हरिदास ने कहा कि वे किसी दरबार में आकर संगीत नहीं सुनायेंगे, उनको यदि सुनना है तो उन्हीं की कुटिया में आना होगा, तो अकबर ने जंगल में छिपकर इस महान संगीतकार स्वामी हरिदास का गायन और संगीत सुना तो मंत्रमुग्ध हो गए और अकबर के उद्‌गार थे कि ऐसा संगीत मैंने अपने पूरे जीवन में नहीं सुना। इतना ईश्वरीय कर्णप्रिय संगीत था स्वामी हरिदास जी का, जिनकी प्रेरणा पाकर तानसेन संगीत सम्राट बनकर इतिहास में प्रसिद्ध हो गए।

पंडित जवाहरलाल नेहरू महात्मा गांधी जी से प्रेरित थे और उन्हीं की प्रेरणा से देश सेवा का व्रत लिया था व भारत की आज़ादी के बाद प्रथम प्रधानमंत्री बने।

कुछ लोग अपने साथ हुए दुर्व्यवहार से और अपमानों से भी प्रेरणा लेते हैं तथा इन अपमानों को जीवन में चुनौती के रूप में स्वीकार कर कठोर परिश्रम द्वारा जीवन में कुछ कर जाते हैं। कम प्रतिभाशाली, कम आई.क्यू. और कम कुशाग्रता होने पर भी वे इन अपमानों और दुर्व्यवहारों से जोकि परिवारजनों या नज़दीकी रिश्तेदारों या मित्रों द्वारा किया गया होता है, उसे प्रेरणा के रूप में लेते हैं और जीवन-भर सम्मान व इज़्ज़त बनाने में अपनी पूरी ताकत और ऊर्जा लगा देते हैं। एक दिन कामयाब होकर दुनिया में अपना नाम रोशन कर महान बन जाते हैं। यह नकारात्मक प्रेरणा होती है, यदि कोई किसी छात्र को यह कहे कि तुम यह कार्य नहीं कर सकते और आई.ए.एस. या पी.सी.एस. में चयनित नहीं हो सकते तो वह छात्र इसे प्रतिष्ठा का प्रश्न बनाकर चयनित होकर दिखाता है। यह नकारात्मक प्रेरणा होती है। जब घर का वातावरण सकारात्मक सोच का होता है तो बच्चे के परीक्षा में अच्छे अंक लाने पर माता-पिता उसे शाबाशी देते हैं तथा उसे जीवन में आगे बढ़ने का आशीर्वाद देते हैं। यह सकारात्मक प्रेरणा उसके उत्साह को बढ़ाती है और कभी-कभार यदि उसके कम अंक भी आए तो भी कहें कि कोई बात नहीं, आगे अच्छे आएंगे और मेहनत करो और अपनी

कमियों में सुधार करो, एक दिन ज़रूर कामयाब बनोगे और हमारे कुल का नाम रोशन करोगे, तो वह बच्चा ज़रूर एक दिन कामयाब इंसान बनकर दिखाता है तथा अपने माता-पिता तथा कुल का दीपक बनकर दुनिया में ध्रुवतारे की तरह चमकता है। यह सकारात्मक प्रेरणा का उदाहरण है, यदि स्वाभिमानी व्यक्ति को जान-बूझकर झूठ का सहारा लेकर लोग नीचा दिखाने की कोशिश करते हैं, तो वह अपनी मेहनत और ईमानदारी के बल पर ऊँचा उठता जाता है, ईश्वर भी उसकी मेहनत और स्वाभिमान परक ईमानदार कोशिश में सहायता करता है तथा व्यक्ति को महान ऊँचाइयों पर पहुँचाता हैं। यह ईश्वरीय विधान है कि जो अपनी सहायता स्वयं करते हैं और ऊँचाइयों पर पहुँचना चाहते हैं, तो ईश्वर उनकी पूरी सहायता करता है।

जब आत्मसम्मान से परिपूर्ण व्यक्ति के स्वाभिमान को चोट पहुँचाई जाती है, तो वह प्रेरणा बनकर कामयाबी का आधार बनती है। सभी प्रेरणाओं से महत्त्वपूर्ण प्रेरणा, आत्मप्रेरणा है। धक्के से चलने वाली गाड़ियों की अपेक्षा सेल्फ स्टार्ट गाड़ियाँ हमेशा शीघ्रता से रफ्तार पकड़ लेती हैं तथा उनके लिए दो-चार लोगों द्वारा धक्का लगाने अर्थात् सहायता की ज़रूरत नहीं पड़ती और किसी की ओर मुँह करके ताकना नहीं पड़ता। ये गाड़ियाँ आवश्यकता के अनुसार स्वतः बंद और स्टार्ट हो जाती हैं। हमारा विश्वास ही हमारी सबसे बड़ी प्रेरणा है। जब छात्र जीवन से ही विद्यार्थी के अंदर अपनी छिपी हुई शक्तियों के प्रति आत्मविश्वास पैदा हो जाता है, तो वह विद्यार्थी सर्वोच्च अंक प्राप्त करता है और कामयाबी के झंडे गाड़ देता है। यह विश्वास ही सबसे बड़ी स्थायी प्रेरणा का कार्य करता है, अतः आत्मविश्वास से परिपूर्ण व्यक्ति ही सफलतम इंसान बनता है। प्राचीनकाल में जब संचार, यातायात के साधन नहीं थे, तब घोड़े, ऊँट, हाथी, रथ, बैलगाड़ियों से सवारी की जाती थी, महीनों-बरसों एक स्थान से दूसरे स्थान पर पहुँचने में लग जाते थे, कितने दुर्गम मार्गों, बर्फ़ीले पहाड़ी दर्रों को पार करके सेनाएं युद्ध करने जाती थीं और व्यापार के लिए लोग एक देश से दूसरे देश नावों और पानी के जहाजों से जाते थे। समुद्री लुटेरे जीवन-भर की कमाई पलभर में लूटकर ले जाते थे। रेगिस्तानों की भीषण लू और गर्मी की लपटों से रास्तों में ही मर जाते थे, तब जीवन कितना कठिन और संघर्षपूर्ण था, फिर भी अनेक योद्धाओं ने विश्व विजय का सपना साकार किया और दुनिया के बहुत बड़े भू-भाग पर कब्जा किया। आज की परिस्थितियाँ तो

बहुत अनुकूल हैं, आज दुनिया को जीतना बहुत आसान है। कुछ घंटों में हवाई जहाज से दुनिया के किसी भी कोने में पहुँचा जा सकता है। रेलगाड़ियों, कारों, बसों का जाल फैल गया है। आज दुनिया बहुत छोटी हो गई है, यातायात के साधन गाँव-गाँव तक पहुँच गए हैं। संचार के साधनों ने दुनिया मुट्ठी में कर ली है, पल-भर में कहीं भी बात की जा सकती है।

आज का दौर ग्लोबलाइजेशन का दौर है। आज के युग में यदि इंसान ठान ले तो कुछ भी प्राप्त कर सकता है और कामयाबी की बुलंदियों पर चढ़ सकता है। दुनिया में अपना नाम रोशन कर सकता है, प्रिंट मीडिया, इलेक्ट्रॉनिक मीडिया हर कार्य और गतिविधि पर नज़र रखे हुए हैं, वह आपके कार्य को पलभर में दुनिया में फैला सकता है। आवश्यकता है केवल अपने कार्य को ऊँचाइयों पर पहुँचाने की। आवश्यकता है अपनी सुसुप्तावस्था में पड़ी छिपी हुई शक्तियों को जाग्रत करने की और इन शक्तियों को पहचानने से ही विश्वास पैदा होता है। विश्वास से आत्मप्रेरणा उत्पन्न हो जाती है, यही स्थायी रूप से व्यक्ति के मन-मस्तिष्क में बसने वाली स्थायी प्रेरणा होती है, जो कि वक्त ज़रूरत इंसान को ऊर्जित करती रहती है।

यदि इंसान में स्वाभिमान की कमी हुई तो वह प्रेरणा प्राप्त नहीं कर सकता और उद्देश्यहीन व्यक्ति के रूप में जीवन जीता हुआ काल-कवलित हो जाता है। अपनी शक्तियों को पहचानने की क्षमता बहुत ज़रूरी है। आत्मसम्मान का भाव यदि नहीं है तो वह जीवन में सम्मान प्राप्त कर ही नहीं सकता, जो अपना स्वयं का सम्मान नहीं करता तो दूसरे उसका सम्मान कभी नहीं करेंगे। सबसे पहले ज़रूरी है स्वयं के अन्दर झाँककर देखें और अपने गुणों और शक्तियों को पहचानकर स्वयं सन्तुष्ट होकर अपना सम्मान करना सीखें। अपने कार्यों का पूर्ण विश्वास के साथ खुद ही आकलन करें, फिर समाज के सामने उन्हें ठोस आधार के साथ प्रस्तुत करें, इसके लिए दूरदृष्टि का होना अतिआवश्यक है कि जो हम कर रहे हैं उसके परिणाम क्या होंगे, इस पर ज़रूर विचार करें। यदि हम सफलताओं, धन प्राप्ति या कामयाबियों से सन्तुष्ट हो गए तो आगे बढ़ने के रास्ते अवरुद्ध हो जाते हैं और प्रेरणा प्राप्त नहीं की जा सकती क्योंकि मन में सुस्ती आ जाती है कि अब बहुत प्राप्त कर लिया, अब क्या करेंगे बहुत धन कमा लिया जो कि आवश्यकता अनुसार बहुत है। अब क्या करना, ऐसी भावना और विचार आते ही प्रेरणाशक्ति मन में नहीं आती और उत्साह का अभाव हो जाता है

व व्यक्ति जोशविहीन होकर नीरस-आलस्य भरी ज़िंदगी जीने लगता है, उसकी स्फूर्ति गायब हो जाती है, वह सुस्त पड़ा-पड़ा घंटों सोने में बिता देता है और अवसाद का शिकार हो जाता है। असफलताओं का डर भी व्यक्ति की प्रेरणा शक्ति को क्षीण कर देता है। व्यक्ति यह सोचता है कि यदि सफल नहीं हुए तो बड़ी जगहँसाई होगी, ऐसा विचार आते ही आत्मप्रेरणा काफ़ूर हो जाती है और व्यक्ति की स्थिति नीरस व उदासीन हो जाती है। वह संशय में पड़ जाता है कि अमुक कार्य को करें या नहीं करें और इस अनिर्णय की स्थिति में समय निकल जाता है। अतः महत्त्वपूर्ण समय को व्यर्थ ऊहापोह में नहीं खराब करना चाहिए, तुरंत निर्णय लेकर कार्य प्रारम्भ कर देना चाहिए। यदि किसी ने अनावश्यक आलोचना कर दी तो उत्साह विहीनता की स्थिति आ जाती है और मानव प्रेरणाहीन हो जाता है, मन खराब होकर खिन्नता का अहसास करने लगता है, किसी भी कार्य में मन नहीं लगता है और एकाग्रता भंग हो जाती है। यदि व्यक्ति अच्छे-अच्छे कार्य करता है और उसे उसके लिए सम्मान या पुरस्कार नहीं मिलता जिसका कि वह हकदार है, जिसकी वह अपेक्षा कर रहा था। यह अपेक्षा करना ही प्रेरणा में बाधा उत्पन्न करता है और व्यक्ति अनमनस्क हो जाता है, जोश कम हो जाता है। यदि जीवन में लक्ष्य का अभाव हो तो व्यक्ति किससे प्रेरणा प्राप्त करेगा, अतः हमेशा एक लक्ष्य ज़रूर सामने होना चाहिए जिस पर पहुँचने की उत्कट इच्छा उसके अन्दर जिजीविषा पैदा करती है और उस लक्ष्य को प्राप्त करने की अभिलाषा उसके अन्दर आशावादी विचारों का संचार करती है और व्यक्ति की प्रेरणा जागृत अवस्था में रहती है वह सुस्त नहीं पड़ती व निरंतर कार्य में लगाए रखती है।

यदि इंसान को सार्वजनिक रूप से अपमानित कर दिया जाए तो व्यक्ति का उत्साह भंग हो जाता है, अतः प्रेरणादायी विचारों के लिए आत्मसम्मान पूर्वक व्यक्ति को पहले सद्व्यवहार करके उसकी मानसिकता को प्रेमपूर्वक मीठे शब्दों से ग्रहण योग्य बनाना ज़रूरी है। अतः कभी भी प्रेरक को छात्रों या युवाओं को डांटकर कोई बात मानने के लिए नहीं कहना चाहिए, जब कोई बात उसे प्रेरणास्पद लगेगी और उसका मन स्वीकार करेगा तभी वह उस कार्य के प्रति प्रेरणा को ग्रहण करेगा। किसी को भी जोर-जबरदस्ती से हम किसी कार्य के प्रति प्रेरित नहीं कर सकते और न ही किसी बात को मानने के लिए बाध्य कर सकते हैं।

जब भी बालक छोटी-छोटी सफलताएं प्राप्त करे तो उसे मुक्तकंठ से प्रोत्साहित करना चाहिए, जिससे उसे प्रेरणा मिले और ज्यादा जोश से कार्य करने की ओर उन्मुख हो। इसी तरह कार्यालय प्रमुख और अधिकारियों को अपने अधीनस्थों की तारीफ करके क़ुछ मीठे वचनों से प्रशंसात्मक व्यवहार करके प्रेरित करना चाहिए, तब वह कठिन से कठिन कार्य को भी मन लगाकर आसानी से पूरा कर डालता है। यदि उसे हतोत्साहित किया जाए तो वह आसान से कार्य को भी करने के लिए मन से तैयार नहीं होता और कुछ न कुछ गड़बड़ी कार्य करने में हो ही जाएगी।

यदि हम अपने से जुड़े व्यक्तियों, टीम के सदस्यों, बच्चों, छात्रों व युवाओं से उनके आत्मसम्मान को बढ़ाने वाले शब्द कहते हैं, तो वे अतिशीघ्र प्रसन्न होकर किसी भी कार्य को करने के लिए प्रेरित हो जाते हैं। अत: किसी की भावनाओं को और स्वाभिमान को कभी भी ठेस नहीं पहुँचानी चाहिए, इससे अस व्यक्ति का उत्साह भंग हो जाता है। यह पशु-पक्षियों में भी देखने को मिलता है कि वे भी प्यार की भाषा को खूब समझते हैं। उदाहरण के तौर पर, महान साहित्यकार एवं कहानी सम्राट प्रेमचंद ने दो बैलों की कथा में हीरा और मोती नाम के दो बैलों को अपने मालिक के प्रति वफ़ादारी का उत्कृष्ट उदाहरण प्रस्तुत किया है जिसमें उसके मालिक का प्रेम बैलों के लिए प्रेरणा थी।

फिल्म 'मुन्ना भाई एम.बी.बी.एस.' में संजय दत्त ने प्यार की जादू की झप्पी और मीठे वचनों से सभी का मन मोह लिया था और जबरदस्त प्रेरक के रूप में सभी के दिलों में जगह बनाई थी। यह वाकई एक प्रेरणास्पद हृदयस्पर्शी फिल्म है जिससे आम जीवन में सद्व्यवहार और दूसरों की भावनाओं का सम्मान करने तथा सभी को बराबर सम्मान देने की प्रेरणा मिलती है। जब मुरली प्रसाद मुन्ना भाई अस्पताल के स्वीपर को गले लगाता है तो स्वीपर की आँखें तो नम हो ही जाती हैं, साथ ही सभी फिल्म देखने वाले दर्शकों की आँखें भी नम हो जाती हैं और छोटे से छोटे कर्मचारियों, मजदूरों, मेहनतकश इंसानों को सद्व्यवहार द्वारा उनके दिलों को जीतने की प्रेरणा दे जाती है। हमें आम जीवन में किसानों, बेलदारों, कामगारों, ईमानदारी-इ़ज़्ज़त से दो वक्त की रोटी खाने वालों को प्यार, हमदर्दी और सम्मान के भाव से देखना चाहिए, क्योंकि इन्हीं के कंधों पर भारत की अर्थव्यवस्था का बहुत बड़ा बोझ है। आज भी भारत की 76 प्रतिशत आबादी

कृषि पर आधारित है। किसानों ने लाल बहादुर शास्त्री जी की प्रेरणा से 1965 के भारत-पाक युद्ध के वक्त, एक वक्त का व्रत रखकर भी खाद्यान्न में भारत को आत्मनिर्भर बनाया था। पूरे देश ने शास्त्री जी के साथ उनसे प्रेरणा लेकर सप्ताह में एक वक्त का खाना छोड़कर व्रत किया था, इतने से ही भारत कुछ माह में आत्मनिर्भर हो गया था और विदेश से हाथ फैलाकर गेहूँ आयात नहीं करना पड़ा था। यह थी तत्कालीन प्रधानमंत्री लाल बहादुर शास्त्री जी की आत्मप्रेरणा, जिसने भारत की खाद्यान्न समस्या को चुटकी में हल कर दिया था। संपूर्ण देशवासियों ने शास्त्री जी को व्रत करते देखकर स्वप्रेरणा से सप्ताह में बिना किसी के आग्रह और जोर-जबरदस्ती के खाना त्यागकर व्रत किया था। आज भी लोग सोमवार या मंगलवार का व्रत या सप्ताह में किसी एक दिन का एक समय का भोजन त्यागकर व्रत करते हैं तो उनका लीवर सही रहता है, पाचनक्रिया दुरुस्त रहती है। लीवर पर सप्ताह में अतिरिक्त बोझ नहीं पड़ता और वह सुचारु रूप से जीवनपर्यन्त कार्य करता रहता है, दूसरी ओर देश की खाद्यान्न समस्या का भी हल हो जाता है। हरित क्राँति से उन्नत फसलें उगाकर भारत को खाद्यान्न की हाइब्रिड प्रजातियों के शंकर बीजों का उत्पादन कर पैदावार को कई गुना बढ़ाकर वर्तमान में देश गेहूँ का निर्यात करता है। हमारे कृषि वैज्ञानिकों ने भुखमरी और गरीबी से प्रेरणा प्राप्त कर भारत को खाद्यान्न के क्षेत्र में आत्मनिर्भर कर दिया है, साथ ही श्वेत क्रांति द्वारा दुग्ध उत्पादन में भी भारत दुनिया में अपना महत्त्वपूर्ण स्थान रखता है। यह अच्छी नस्लों की गाय-भैंसों के कारण सम्भव हो पाया है कि आज भारत दुग्ध, पनीर, मिठाइयाँ और दुग्ध उत्पादों का निर्यात करता है। इसके लिए प्रेरणा मिली उन किसान भाइयों से जिन्हें शरीर सौष्ठव के लिए और अखाड़ों में पहलवानी के दांव-पेचों के लिए दूध की आवश्यकता थी। उन्होंने दुग्ध उत्पादन को बढ़ावा दिया और आज भारत के किसान भाई एक गाय या एक भैंस ज़रूर पालते हैं तथा चारा, भूसा, रातब की व्यवस्था कर व कठोर परिश्रम कर इन दुधारू पशुओं की देखभाल कर, दुग्ध उत्पादन को बढ़ाकर भारत के शहरों में दूध पहुँचा रहे हैं तथा नौनिहालों की सेहत को उत्तमता प्रदान कर भारत को मज़बूत कर रहे हैं। दूध को सम्पूर्ण आहार कहा जाता है इसमें समस्त पोषक तत्त्व मौजूद होते हैं। बच्चों की सेहत के लिए गाय और बकरी का दूध बहुत सेहतमंद होता है जो कि बच्चों की पाचन क्रिया को मज़बूत कर उन्हें शक्तिशाली बनाता है।

गाय, भैंसों के गोबर से ग्रामीण क्षेत्रों में गोबर गैस प्लांट लगे हैं जिनसे भोजन पकाया जाता है तथा उजाला भी हो रहा है। साथ ही खेतों के लिए देशी खाद भी बन रही है, जो कि रासायनिक खादों से बहुत ही ज्यादा उन्नत किस्म की खाद है जिससे पैदावार के साथ-साथ फसलों की गुणवत्ता भी बहुत अच्छी हो जाती है, पौष्टिकता बढ़ जाती है। रासायनिक खादों का केमिकल प्रभाव इस देशी खाद के इस्तेमाल से कम हो जाता है। इन सब कसरती पहलवानों और दूध से शरीर ताकतवर बनता है, यह समस्त भारतीयों की आम धारणा है। इसने बहुत बड़ी प्रेरणा दी जिससे इतनी बड़ी श्वेत क्रांति भारत में सफल हो पाई।

किसान भाई अपनी जर (जेबर), जोरू और ज़मीन को बचाने के लिए ताकत को बढ़ाना चाहते हैं। इसके लिए परिवार के लठैत तैयार करते हैं ताकि विरोधियों को शारीरिक बाहुबल में परास्त कर सकें। मनोवैज्ञानिक दबाव बनाने के लिए कबड्डी, अखाड़ों में कुश्ती, बॉलीबाल टूर्नामेंट आदि का आयोजन कराया जाता है। भारत के गाँव-गाँव में दंगलों की परम्पराएं जिनमें शारीरिक शक्ति का प्रदर्शन कर सभी को अपनी शक्तियों का अहसास कराया जाता है कि हमारी आन-बान-शान की तरफ देखा तो हम ज़मीन में इसी तरह धूल चटा देंगे, जैसे विपक्षी पहलवान को चित्त करते हैं। इस शक्ति के प्रदर्शन की प्रेरणा से कसरत, दण्ड-बैठक, प्रातः काल की दौड़ तथा पौष्टिक भोजन कर शारीरिक दृष्टि से मज़बूत होने की प्रेरणा प्राप्त करते हैं और शक्तिशाली बनते हैं। किसान नेता महेन्द्र सिंह टिकैत किसानों के हित में दिल्ली के रामलीला मैदान में केन्द्र सरकार को अपने एकजुट शक्ति प्रदर्शन से कई बार हिला चुके थे। अपने जीवन काल में चार-छः बार किसानों के हित में प्रदर्शन कर माँगें मनवाकर कृषकों का हित कर चुके थे, इसमें प्रेरणा थी शोषण और किसानों के साथ भेदभाव व अन्यायपूर्ण स्थिति, जिसमें उपज का वाजिब मूल्य नहीं मिलना प्रमुख थी। उन्होंने कई बार गन्ना, गेहूँ, सरसों की उपज का केन्द्र सरकार से समर्थन मूल्य बढ़वाकर किसानों की माली हालत सुधारी थी। भारत की यह विडम्बना है कि यहाँ किसान जीवन के महत्त्वपूर्ण 50 वर्ष जी-तोड़ मेहनत में लगाता है और कर्जों में जीता है तथा कर्जों में ही मर जाता है। बिटिया की शादी के लिए कर्ज लेता है, फसलों में खाद, बीज, सिंचाई, जुताई, कटाई, निराई के लिए कर्ज लेता है और जीवन-भर उसको ब्याज देता हुआ मूल कर्ज अपनी संतानों के ऊपर छोड़कर मर जाता है। इसके लिए जिम्मेदार हैं वे नीतियाँ, जो गरीबों, किसानों

को कभी भी ऊपर नहीं उठने देतीं, फलस्वरूप भुखमरी, कर्जों का बोझ सहन करते हुए ये लोग आत्महत्या को विवश हो रहे हैं। आवश्यकता है इनकी सुख-सुविधाओं का ख्याल रखने की, इसी से प्रेरणा लेकर सरकार ने हाल के लोकसभा चुनाव से पूर्व पिछले 10 वर्ष तक के कर्जे माफ किए तथा सस्ती दरों पर खाद, बीज के लिए किसान क्रेडिट कार्डों को उपलब्ध कराया। कर्ज देने की यह नीति कारगर रही है, इससे गरीब किसान बहुत जल्दी सूदखोरों और साहूकारों के चंगुल से मुक्त हो जाएंगे। किसान खुशहाल और आर्थिक दृष्टि से मज़बूत होगा तो दोगुने उत्साह से अपनी फसलों के उत्पादन से प्रेरणा लेकर खेतों में मेहनत कर कई गुना उत्पादन बढ़ाने की ओर अग्रसर होगा, तभी देश-दुनिया की सबसे बड़ी महाशक्ति बनेगा। यह तभी सम्भव होगा, जब 60 से 70 प्रतिशत मेहनतकश किसानों, मजदूरों और गरीबों के उत्थान की योजनाएं बनाई जाएंगी तथा भारत की नींव सुदृढ़ होगी, क्योंकि यही तो वे लोग हैं जो कि देश के चारों महानगरों और छोटे-बड़े शहरों में भवन निर्माणों में लगे हैं। दुग्ध उत्पादक, डिब्बावाले, बेलदार, राजमिस्त्री, टायर पंचर जोड़ने वाले, स्कूटर-मोटर बाइक तथा कार जीपों के मैकेनिक, डेंटर, पेंटर, डेकोरेटर तथा छेनी-हथौड़े से तराशी गई भवनों की नक्काशी करने वाले तथा मूर्तिकार हैं जो भारत की तस्वीर को साक्षात और जीवन्तता का साकार रूप दे रहे हैं। वो विकास की धमनियाँ हैं जो कि सड़कों पर मिट्टी और डामर डाल रहे हैं तथा रेलवे ट्रैक पर पटरियाँ बिछा रहे हैं। हवाई पट्टियों के निर्माता यही मजदूर मेहनतकश लोग हैं। इनको मज़बूत और खुशहाल कर भारत को खुशहाल करने की प्रेरणा राजनेताओं को ग्रहण करनी चाहिए, जिससे वोट बैंक की राजनीति छोड़कर सचमुच देश के विकास का मॉडल हर वक्त उनके जेहन में रहे तथा बिना पक्षपात के हर वर्ग का विकास करने के लिए स्व-प्रेरणा से प्रति क्षण कार्य कर सकें। यह तभी सम्भव होगा जब शुद्ध मानसिकता और संकीर्णता को छोड़कर भारत के राजनेता सही मायने में कमजोर वर्गों के विकास के लिए सच्चे दिल से कार्य करेंगे और साम्प्रदायिकता तथा जातिवाद जैसी क्षुद्र मानसिकता को सदैव के लिए त्याग देंगे। अपनी जाति के लोगों का भला, अपने धर्म के लोगों का भला करने की तुच्छ भावना को अब हमेशा के लिए छोड़ने का वक्त आ गया है। भारत में शिक्षा के क्षेत्र में बहुत प्रगति हुई है तथा जागरूकता बहुत बढ़ गई है। अब बच्चों की तरह झुनझुने

दिखाकर जनता को बहलाया नहीं जा सकता, अब ठोस नीतियाँ बनाकर ईमानदारी से प्रयास करने की ज़रूरत है, तभी भारत का विकास सम्भव हो पायेगा और हम तभी भारत को दुनिया का सबसे बड़ा लोकतांत्रिक देश कहलाने का गौरव हासिल कर पायेंगे। इसके लिए प्रत्येक राजनीतिक पार्टी को अपने ज़मीनी कार्यकर्ताओं को ट्रेनिंग देने की आवश्यकता है जिससे प्रेरणा लेकर वे जीवनपर्यन्त ईमानदार, निष्ठावान और भारत के प्रति समर्पित होकर देश सेवा का व्रत ले सकें। उन्हें संगठन की शक्ति तथा ऊर्जा के विषय में बताकर प्रेरणा देना अति आवश्यक है। युवाओं को सफल लोगों के विषय में कहानियाँ सुनाकर प्रेरित किया जा सकता है कि हमारे पूर्वजों ने कितनी कठिनाइयों में से रास्ता बनाया और अपनी मंजिलें प्राप्त कीं, अर्जित कीं। वे विकास को यहां तक ले आए, यहां से आगे ले जाने की जिम्मेदारी अब आपके कंधों पर है, यह समझाने की आवश्यकता है ताकि प्रतियोगी छात्र तथा युवा अपनी जिम्मेदारी समझकर अपनी छिपी शक्तियों को पहचानकर, उभारकर नव सृजन कर सकें।

प्रेरणा से स्थायी ऊर्जा मिलती है। ऊर्जा से शक्ति और शक्ति से दुनिया चल रही हैं। यदि कोई भी प्रतियोगी छात्र या कल्पनाशील उद्यमी नौजवान अभी भी प्रेरित नहीं हुआ है, तो ऊर्जित लोगों की शरण में पहुँच जाओ। वहाँ से आपको ऊर्जा मिलेगी और आप अपने लक्ष्य को प्राप्त करने में सफल हो जाएंगे। पूर्ण समर्पण और प्रेरणादायी विचारों को रोज आत्मसात करने की ज़रूरत है, जिसमें रोज प्रातः वेला में जगने पर नवीन ऊर्जा का सृजन हो और नये जोश के साथ कुछ प्रतिदिन नया करने की प्रेरणा शक्ति मिलती रहे। यह निरंतरता जीवनपर्यन्त चलती रहे और ऊर्जा का भंडार भरा रहे, स्रोत सूख न पाये, ऐसी प्रेरणा युवाओं को प्रतिक्षण मिलती रहे तभी सफलेता सम्भव है।

धैर्य की शक्ति

जब हीरे की खानों को खोदा जाता है तो उसमें शुरू में कोयला और कचरा ही निकलता है। जब धैर्यपूर्वक पूरी लगन से खोदते हुए चले जाते हैं, तब बहुत नीचे काफी गहराई में जाकर हीरे प्राप्त होते हैं। एक कॉन्ट्रेक्टर ने लीज पर सरकार से हीरों की खदान ली और रॉयल्टी चुका कर मजदूर खोदने के लिए लगाए और जब काफी खोदने के बाद भी हीरे नहीं निकले तो निराश हो गया और धैर्य खो बैठा। उसने वह खदान अपने मित्र को दे दी, मित्र ने पुनः मजदूर लगाए और कुछ फीट खोदने पर खदान में हीरे ही हीरे थे। यदि वह कॉन्ट्रेक्टर कुछ धैर्य और रखता तो उसके मित्र की जगह उसकी किस्मत चमक जाती तथा हीरों का मालिक होकर अरबों की सम्पत्ति का मालिक होता।

आई.ए.एस., पी.सी.एस., आई.आई.टी. ये भारत के ही नहीं बल्कि दुनिया में प्रतिष्ठित और बौद्धिक क्षमताओं को परखने वाली परीक्षाएं हैं, जिनसे आई.क्यू. की जाँच होती है। इनमें वे ही विद्यार्थी सफल होकर टॉप करते हैं जो निरंतर धैर्यपूर्वक अध्ययन में लगे रहते हैं। जो हताश और निराश होकर बीच में तैयारी छोड़ देते हैं, वे असफल छात्र कहलाते हैं। जीवन-भर हताश होकर अवसादग्रस्त और कुंठाग्रस्त हो जाते हैं। जब रस्सी कुएं की बाल्टी को रोज़ खींचती है तो पत्थर पर भी निशान बना देती है। यह धैर्यपूर्वक निरंतर कार्य करने से ही सम्भव है कि हम वक्त की चट्टानों पर अपनी छाप छोड़ जाएं, यह हमारे धैर्य की ही शक्ति होती है जो हमें निरंतर कार्य में लगाये रखती है। समुद्र की लहरें किनारों की चट्टानों को चकनाचूर कर देती हैं, जबकि कहाँ पानी की लहरें और कहाँ कठोर पत्थर की चट्टानें, लेकिन धैर्यपूर्वक निरन्तर लगे रहने से ही चट्टानें टूटकर बिखर जाती हैं।

सर्वेक्षणों से आँकड़ा मिला है कि किसी परीक्षा में प्रतियोगी छात्र भाग लेते हैं तो उनमें से मात्र 5 प्रतिशत लोग ही सफल हो पाते हैं। ये सफल

छात्र कोई अधिक कुशाग्र बुद्धि के नहीं होते हैं और न ही बौद्धिक, शारीरिक, मानसिक और आर्थिक रूप से सुदृढ़ होते हैं और न अधिक प्रतिशत अंक प्राप्त करने वाले ही होते हैं। इनका सबसे मज़बूत और सुदृढ़ आधार होता है—इनका ग़ज़ब का धैर्य, क्योंकि धैर्यपूर्वक निरन्तर प्रयास करने से ही कछुए ने खरगोश को दौड़ की प्रतियोगिता में हरा दिया था। अतः प्रतियोगी छात्रों, उद्यमियों और कामयाबी की ओर कदम बढ़ाने वाले युवाओं को अपनी ज़िंदगी की रेस कछुआ चाल की भांति धैर्यपूर्वक निरन्तरता से पूरी करनी होगी, तभी वे विजेता बनेंगे और अच्छे से अच्छे अंक प्राप्त करने वालों को परास्त कर देंगे और प्रतियोगी परीक्षा में सफल होकर दिखाएंगे।

धैर्य से एकाग्रता की शक्ति बढ़ती है और आप प्रत्येक समस्या का हल शान्त मन से निकाल सकते हैं। जब नाव पानी में चलती है, तो विपरीत दिशा से तेज बहाव में हिचकोले खाने पर भी नाविक कभी धैर्य नहीं खोता और सभी सवारियों की जान बचाकर पार उतार देता है और जो मल्लाह बीच मंझधार में धैर्य खो देते हैं, वे खुद तो डूबते ही हैं, साथ ही नाव की सारी सवारियों को भी डुबो देते हैं। नाविक की तरह कामयाबी चाहने वालों को धैर्य और संयम का परिचय देना चाहिए।

बच्चा जब छोटा होता है तो माता-पिता को यह अहसास नहीं होता कि हमारा बालक कितनी कुशाग्र बुद्धि का है, इसकी शक्तियाँ कितनी अधिक हैं, धैर्यपूर्वक बच्चे को बड़ा करते हैं और इंतजार करते हैं। 25 वर्षों के कठोर तप के बाद बालक के कैरियर का निर्माण होता है। उसमें उन माता-पिता के धैर्य का कितना बड़ा योगदान होता है, इसे स्वाभाविक रूप से समझा जा सकता है जो माँ स्वयं गीले में सोकर अपने बच्चों को सूखे में सुलाती है। उसको शुरू के पाँच वर्ष कठिन परिश्रम से पालती है, एक-एक क्षण बच्चे पर लगा देती है, यह उस माँ के धैर्य की शक्ति ही होती है जो कि उसके बच्चे स्वस्थ और बुद्धिमान बनते हैं। माँ उनको पौष्टिक भोजन देती हैं। पिता अपनी ज़रूरतों को कम कर, अपने बच्चों के लिए बेहतर सुख-सुविधाएं जुटाता है, धैर्यपूर्वक जीविकोपार्जन में लगा रहता है, अपनी संतानों को बेहतर ज़िंदगी देने के लिए लोग पिता के रूप में संतानों से बेइन्तहा प्रेम करने के कारण अपनी पूरी ज़िंदगी खपा देते हैं। भारतीय संस्कृति में ऐसे माता-पिता सम्मान के हकदार हैं जो अपना सर्वस्व न्यौछावर करके भी धैर्यपूर्वक अपनी संतानों के कल्याण के लिए कार्य करते हैं। ऐसे

माता-पिता की संतानें एक दिन बहुत कुछ करके दिखाती हैं, कुल का नाम रोशन करती हैं और बुढ़ापे में सेवा करती हैं। जिनकी संतानें अयोग्य और गैर जिम्मेदार हों तो उनसे बड़ा गरीब माता-पिता कोई नहीं होता, अतः समय रहते अपनी संतानों को अच्छे संस्कार और प्रेम की शक्ति से अर्जित करें। अच्छे कार्यों के प्रति प्रोत्साहित करते रहें, तभी जीवन सफल होता है।

विद्यार्थियों में धैर्य की कमी के कारण अत्यंत तेज छात्र भी अति आत्मविश्वास का शिकार होकर अपना कैरियर चौपट कर लेते हैं। पढ़ाई में लापरवाही करते हैं, निरन्तर मेहनत से जी चुराते हैं और सोचते हैं कि हमारी याद्दाश्त बहुत अच्छी है, हम तो बहुत तेज हैं, थोड़ा पढ़कर भी अच्छे अंक ले आएंगे और किसी भी परीक्षा में ऐसे ही टॉप कर लेंगे। एक दिन इसी अति आत्मविश्वास के कारण औंधे मुँह गिरते हैं और असफल हो जाते हैं। वहीं इनकी तुलना में कम प्रतिशत अंक वाला छात्र धैर्य की शक्ति के साथ पूरे मन से मेहनत करता है और एक दिन सफल होकर अच्छी जगह चयनित हो जाता है।

भारतीय सभ्यता और संस्कृति पूरी दुनिया में अपना महत्त्वपूर्ण स्थान रखती हैं, इसमें किसानों, मजदूरों और मेहनतकशों का बहुत बड़ा योगदान है। वे धैर्यपूर्वक कार्य करते रहते हैं और इतनी प्राचीन संस्कृति को यहाँ के युवाओं ने पूरी दुनिया में अपनी प्रतिभा, लगन और धैर्य से कार्य करने की क्षमता का लोहा मनवा लिया है। पिछले दो दशकों में जहाँ पश्चिमी देश विशेषकर अमेरिका में अभिभावक अपने बच्चों से कहते थे कि खाना खा लो वरना भारत के लोग तुम्हारा खाना छीनकर ले जाएंगे। वहीं अमेरिकी अपने बच्चों से कह रहे हैं कि बच्चों पढ़ लो, नहीं तो भारतीय तुम्हारी नौकरी छीनकर ले जाएंगे। आस्ट्रेलिया में वहाँ के युवा भारतीय छात्रों पर हमले कर रहे हैं, क्योंकि भारतीय छात्रों ने आस्ट्रेलिया में सभी विश्वविद्यालयों में अपने धैर्य और लगनशीलता से सभी कोर्सों में टॉप किया है। आस्ट्रेलियाई छात्रों की नौकरी और रोजगार अपनी मेधा और बुद्धिमत्ता से प्राप्त कर रहे हैं। वे हतोत्साहित होकर भारतीय युवक-युवतियों पर जानलेवा हमला कर रहे हैं। पिछले 20 वर्षों में भारतीय छात्रों के धैर्य और निरन्तर कार्य करने, कठोर परिश्रम के साथ पूर्ण समर्पण से लगे रहने का ही परिणाम है कि आज पूरी दुनिया में इंजीनियर, वैज्ञानिक, टेक्नोक्रेट, ब्यूरोक्रेट, प्रबन्धक, सीईओ के रूप में छा गए हैं और बेहतर परफॉरमेन्स दे रहे हैं। अमेरिका में बस कर

वहाँ के लोगों का दिल जीतकर बॉबी जिंदल अमेरिकी प्रांत के गवर्नर निर्वाचित हुए हैं, यह कम आश्चर्य की बात नहीं है। ओबामा के प्रशासन में भारतीयों की नियुक्ति बहुतायत में होना, भारतीयों की प्रतिभा, धैर्य, लगनशीलता का परिचायक है, साथ ही भारतीयों की विश्वसनीयता भी अमेरिकियों में बढ़ी है। इतने बिगड़े हुए आपसी संबंधों को धैर्य के साथ निरन्तर मानवता के कार्य तथा लोकतांत्रिक उदारवादी नीतियों पर चलने का ही परिणाम है कि अमेरिका को अपने कट्टर समर्थक पाकिस्तान का साथ छोड़कर भारत का पक्ष लेने के लिए विवश होना पड़ा है। आज पाकिस्तान की आतंकवादी और कट्टरवादी अलोकतांत्रिक नीतियों के कारण तथा कथनी-करनी में अन्तर के कारण पूरी दुनिया के देश पाकिस्तान पर भरोसा नहीं कर रहे हैं। भारत की साख बढ़ी है और विदेशी पूँजी निवेश बढ़ने से आर्थिक रूप से देश ने बहुत तरक्की की है। पिछले एक दशक में प्रवासी भारतीयों और विदेशी कम्पनियों ने बहुत पैसा भारत में निवेश किया है। यदि भारत धैर्य खोकर पाकिस्तान से युद्ध कर बैठता तो ईरान, ईराक, पाकिस्तान और अफगानिस्तान की तरह कमजोर होकर भुखमरी के कगार पर पहुँच जाता। 120 करोड़ की आबादी का भारत देश युद्ध की विभीषिका नहीं झेल पाता, अत: धैर्य से पिछले एक दशक से युद्ध टल रहे हैं, तो विकास हो रहा है, लड़ाई-झगड़ों से प्रगति रुकती है, विकास का पहिया जाम हो जाता है। अत: घर, परिवार, समाज और देश में कभी भी लड़ाई-झगड़े, दंगे-फसाद नहीं होने चाहिए। इन्हें धैर्य से टाल देना चाहिए और मुस्करा के आगे बढ़ने के बारे में सोचना चाहिए। धैर्य की शक्ति सबसे बड़ी शक्ति है, अत: धीरज रखना चाहिए क्योंकि 'धीरज, धर्म, मित्र और नारी आफ़त काल परखेहुँ ये चारी।' इनकी पहचान आपत्ति काल में ही होती है, विजयी वही होते हैं जिनके पास धैर्य होता है। भारत में लोग धैर्यपूर्वक गरीबी में जीवन काट लेते हैं और निरंतर प्रयास करके किसी भी असहज स्थिति को झेल लेते हैं और उफ! तक नहीं करते। व्यापार में बड़े से बड़े घाटे को भी हँसकर सह लेते हैं। भूखे पेट रहकर भी अपनी ईमानदारी, हास-परिहास और बिन्दासपने को नहीं छोड़ते, खुद खुश रहते हैं और अपने घर-परिवार, पड़ोस को भी सुखी देखना चाहते हैं।

महात्मा गाँधी जी ने अपने ऊपर दक्षिण अफ्रीका में किए गए अंग्रेजी सरकार के जुल्मों, अपमानों को बड़े धैर्य से सहा और सत्याग्रह कर अहिंसक आन्दोलन छेड़ा, अपनी बातों से वहाँ रहने वाले भारतीयों में अपनी

स्पष्ट, न्याय के लिए लड़ने वाली नैतिकतावादी छवि बनाई और भाषणकला से प्रभावित कर पहले हज़ारों लोगों को जोड़ा, फिर लाखों को, बाद में भारत में करोड़ों को जोड़ा और धैर्यपूर्वक अनुयायी बनाया। लगभग 20 वर्ष दक्षिण अफ्रीका में रहकर गाँधीजी को गोरी सरकार की कथनी-करनी का अन्तर पता चला। उन्होंने अनेक भेदभावपूर्ण, अनीतिपूर्ण कानूनों का, जो वहाँ बसने वाले गिरमिटिया मजदूरों, भारतीयों, एशियाई एवं काले लोगों पर थोपे गए थे, का धैर्यपूर्वक अध्ययन कर अपनी स्वयं की प्रेस चलाई, अखबार निकाला। खुद रात-भर जाग-जागकर फौनिक्स आश्रम में लिख-लिखकर समाचार-पत्रों के माध्यम से लोगों को अपने अधिकारों के लिए सजग किया और जागरूक बनाकर लड़ने लायक, विरोध में खड़े होने का साहस पैदा किया। सदियों से गुलामों का-सा जीवन जीने के आदी हो चुके लोगों को गाँधीजी में एक मसीहा दिखा, इस मार्गदर्शक के साथ वे धैर्यपूर्वक अधिकारों की माँगों के लिए लगे रहे तो अंग्रेजी सरकार को सभी कानूनों में संशोधन करना पड़ा, सभी कानूनी लड़ाइयाँ जीतकर उनका पूरी दुनिया में प्रचार-प्रसार करके भारत लौटे। 1914 से 1947 तक भारत की आज़ादी अहिंसक आंदोलनों के माध्यम से सत्याग्रह, ज्ञापन, धरना, अनशन, प्रदर्शन करके तत्कालीन वायसरायों और गर्वनर जनरलों को झुका दिया था। धैर्य और लगन से कार्य करने का नतीजा था कि साबरमती आश्रम स्वावलम्बी आश्रम था। आश्रम में सूत कातना अनिवार्य था, किसी भी जाति और धर्म के व्यक्तियों को रहने की आज़ादी थी, अछूतोद्धार का कार्य, सामाजिक समरसता का कार्य, साम्प्रदायिक सौहार्द का कार्य आदि एक साथ इतने रचनात्मक कार्य करने के बाद ही वे भारतीयों के दिलों में बसे और भारतीयों ने उन्हें राष्ट्रपिता माना। आइन्सटीन जैसे महान वैज्ञानिक ने इनके सम्पूर्ण व्यक्तित्व और कृतित्व पर टिप्पणी की थी कि दुनिया भरोसा नहीं करेगी कि ऐसा हाड़-माँस का इंसान इतने अद्‌भुत चमत्कारी कार्य करने वाला कभी धरती पर जन्मा था।

1857 का प्रथम भारतीय स्वतंत्रता संग्राम भी धैर्य का परिणाम था। इसमें झाँसी की रानी, मंगल पाण्डे, ताँत्या टोपे जैसे महान क्रान्तिकारी शहीद हुए थे। इन्होंने धैर्य और लगन से अपनी शक्ति बनाए रखी और अंग्रेजों के विरुद्ध सेना को संगठित किया। क्रान्तिकारियों की फौज इकट्ठी कर ली। रोटी और कमल का फूल इनका प्रतीक चिन्ह थे। अन्तिम मुगल बादशाह बहादुरशाह जफर को नेतृत्व सौंपा और धैर्यपूर्वक अपने कार्य में लगे रहे।

असफल रहने के बाद भी 1947 तक संघर्ष और धैर्य तथा बलिदानों का परिणाम था कि अंग्रेजी दासता से भारत को आज़ादी मिली। इस आज़ादी के लिए कितनी कुर्बानियाँ दी गयीं और किसी ने उफ तक नहीं की। हिन्दू और मुसलमान जैसी कोई भावना इस संघर्ष में नहीं थी। सभी ने कंधे से कंधा मिलाकर कार्य किया। राम प्रसाद बिस्मिल, अशफाक उल्ला खाँ, राजेन्द्र लाहिड़ी को काकोरी कांड में दोषी मानकर एक साथ फाँसी की सजा दी। सांडर्स हत्याकाण्ड तथा असेम्बली बम कांड में दोषी मानकर राजगुरु, भगत सिंह और सुखदेव को एक साथ फाँसी दी गई। खुदीराम बोस प्रथम क्रान्तिकारी थे, जिन्हें किंग्सफोर्ड मर्डर केस में फाँसी की सजा हुई थी। लाखों शहीद हुए, असंख्य माँगों का सिन्दूर उजड़ा, तब जाकर 15 अगस्त 1947 को भारत आज़ाद हुआ। यह भारतीयों के धैर्य की शक्ति का ही परिणाम था।

यदि परीक्षा में छात्र अपनी कमी से, धैर्य और लगन से पढ़ाई न करने के कारण असफल हो जाता है तो उसे परिस्थितियों को दोषी न ठहराते हुए अपना आत्मविश्लेषण करना चाहिए तथा पुनः धैर्य और लगन से अध्ययन में जुट जाना चाहिए। जो चुनौती स्वीकार करते हैं, वे ही इस प्रतियोगिता के इम्तिहान में पास होते हैं, असफलताओं से घबराकर भागना नहीं चाहिए, बल्कि दुगने उत्साह से कार्य में जुट जाना चाहिए। प्रत्येक असफलता सफलता की पहली सीढ़ी है उसका स्वाद चखकर ही सफलताएं मिलती हैं। डायरेक्ट सफलता आज तक किसी को नहीं मिली। कई सालों की कठोर साधना, तपस्या के बाद व्यक्ति आई.आई.टी. का इंजीनियर, डॉक्टर और आई.ए.एस. बनता है। धैर्य से समर्पित भाव से निरन्तर रात-दिन कठिन परिश्रम के बाद, यह सब एक दिन का खेल नहीं है। ये सभी धैर्य के इम्तिहान हैं। जो जीता वही सिकन्दर की तरह विश्व विजेता में धैर्य की शक्ति से आत्मविश्वास उत्पन्न होता है। यही आत्मविश्वास जीवटता और जिजीविषा पैदा करता है जो कि आगे बढ़ने की शक्ति का स्रोत है।

'उतिष्ठ, जाग्रत, प्राप्य बरोन्निबोधत्' अर्थात् 'उठो जाग्रत होओ और लक्ष्य को प्राप्त करने तक चैन से नहीं बैठो।' स्वामी विवेकानन्द के ये शब्द आज भी युवाओं की प्रेरणा के स्रोत हैं। 1893 के विश्व धर्म सम्मेलन में जाने के लिए रुपये नहीं थे। कोई वैध अधिकार पत्र भी भारत की किसी धार्मिक संस्था का नहीं था फिर भी जैसे-तैसे धन की व्यवस्था व कठिन यात्रा कर शिकागो पहुँचे। एक भद्र महिला के सहयोग से मात्र

पाँच मिनट का समय इस भारतीय संन्यासी को मिला था, किन्तु धैर्य और लगन की शक्ति के कारण विवेकानन्द जी के ज्ञान चक्षु रामकृष्ण परमहंस जी की कृपा से खुल चुके थे। उन्होंने जैसे ही 'भाइयों और बहनों' कहकर सम्बोधित करना शुरू किया तो जादू का सा असर हुआ और अमेरिकी लोग तथा दुनिया से एकत्रित हुए विभिन्न धर्मों के प्रतिनिधि तीन दिन तक इस भारतीय युवा संन्यासी को ही सुनते रहे। अमेरिका और ब्रिटेन के अखबारों ने लिखा कि हम आध्यात्मिक रूप से इतने सम्पन्न देश में जिसमें एक युवा संन्यासी स्वामी विवेकानन्द ने पूरी दुनिया की धर्म संसद के प्रतिनिधियों की शंकाओं का समाधान अपने वेदांत दर्शन से कर दिया है, ऐसे देश में धर्म प्रचार के लिए हम ईसाई मिशनरी भेजते हैं, यह हास्यास्पद और मूर्खतापूर्ण कृत्य है। भारत धर्म और अध्यात्म के रूप में पूरी दुनिया में सबसे समृद्ध है। भारत में शिकागो जाने तक जिन्हें कोई जानता और पहचानता तक नहीं था, वही विवेकानन्द यूरोप, ब्रिटेन, फ्राँस में भी छा गए और भारत में इस युवा संन्यासी का जोरदार स्वागत हुआ। ब्रिटेन में भगिनी नवेदिता इनकी शिष्या बनीं। मात्र 39 वर्ष की अवस्था में देह त्यागने वाले विवेकानन्द जी ने इतना साहित्य और ज्ञानवर्धक पुस्तकें लिखीं थीं, जो कि आज भी भारतीयों के साथ-साथ पूरी दुनिया के धर्म, संस्कृति एवं अध्यात्म के संशयों को दूर कर रही हैं। यदि विवेकानंद जी शिकागो यात्रा के कष्ट से घबराकर यात्रा अधूरी छोड़कर आ जाते अर्थात् धैर्य खो देते तो क्या भारत का इतना मान बढ़ता? क्या दुनिया को 120 वर्ष पूर्व भारतीय अध्यात्म के बारे में इतनी समृद्ध जानकारी मिल पाती? शायद नहीं। अतः विद्यार्थियों में धैर्य विकसित करने के लिए सफल और कामयाब लोगों की कहानियाँ सुनानी चाहिए। जिस व्यक्ति में जितनी मात्रा में धैर्य होगा, वह उतने ही लम्बे समय तक संघर्ष करता रहेगा और सफलता के मोती चुनता रहेगा, कामयाबियों का आनन्द लेता रहेगा और सफलताओं को पुष्पित व पल्लवित करता रहेगा। विपरीत परिस्थितियों को झेलता रहेगा, उफ तक नहीं करेगा, कोई शिकायत भी नहीं करेगा। चींटी जब ऊपर दीवार पर चढ़ती है तो कई बार गिरती है फिर भी चढ़ने लगती है ऐसा सैकड़ों बार होता है और अन्त में वह चढ़कर ही मानती है। जब बड़ा चीनी या गुड़ का टुकड़ा एक चींटी नहीं उठा पाती तो कई चींटियाँ उसे धकेल-धकेलकर मंजिल की ओर ले जाती हैं।

मकड़ी जब जाल बुनती हैं तो कई बार टूट कर गिर जाती हैं, लेकिन दोबारा उठकर खड़ी हो जाती हैं और पुनः जाल बुनने लगती हैं। बड़े धैर्य और लगन से यह कार्य किया जाता है। मकड़ी के जाले बुनने से ही मोहम्मद साहब ने भी संघर्ष की प्रेरणा ली थी, जब जान बचाने के लिए भागकर एक गुफा में छिप गए थे, तो उन्होंने देखा कि मकड़ी बार-बार असफल होकर फिर जाला बुनने लग जाती है। इसी धैर्य से प्रेरणा लेकर पुनः संघर्ष किया और विजय पाई।

मधुमक्खियाँ जब सरसों के फूलों की पंखुड़ियों से शहद लेकर छत्ते तक आती हैं तो कितना कठोर परिश्रम करती हैं, पूरे-पूरे दिन धैर्य से अपने कार्य में लगी रहती हैं। इनमें भी एक सिस्टम के अनुसार रानी मक्खी, सैनिक मक्खी व मजदूर मक्खी इत्यादि होती हैं। इनका धैर्य और अपने कार्य के प्रति लगाव व समर्पण शिक्षाप्रद है जो कि देखते ही बनता है। इंसानों को कीड़े-मकोड़े, पशु, पक्षी, जानवर, पेड़-पौधों से शिक्षा लेनी चाहिए और धैर्य के साथ अपने लक्ष्य की प्राप्ति तक पूर्ण निष्ठा और समर्पण से कार्य करना चाहिए।

कामयाब होने के लिए न तो आपको शारीरिक बल की आवश्यकता है, न धन बल की और न ही मानसिक बल की आवश्यकता है। कामयाबी के लिए बस आपको धैर्य की आवश्यकता है। धैर्यवान लोग चींटी की तरह हिम्मत नहीं हारते, सफलतम व्यक्तियों की कामयाबी के पीछे धैर्य की शक्ति छिपी रहती है।

आप जीवन में एक दिन अवश्य ही कामयाब होंगे और आपकी सफलताओं का राज धैर्य ही होगा। आपकी कामयाबी भी इतनी ही बड़ी होगी, जितना बड़ा आपका धैर्य होगा। मन में संकल्प करने के साथ दृढ़ प्रतिज्ञ होकर धैर्य से निरन्तर कार्य करते रहने की आवश्यकता है। कठोर परिश्रम, साहस, धैर्य, बुद्धि, शक्ति, पराक्रम, जिन व्यक्तियों के पास होते हैं, उनकी सहायता करने के लिए देवता भी उत्सुक रहते हैं तथा सहायता करते भी हैं। माँ सरस्वती ऐसे धीर वीरों के कंठ में विराजमान हो जाती हैं, माँ लक्ष्मी इनके ऊपर बरसकर कृपा करती हैं, माँ भवानी हमेशा इनको शक्ति और साहस देती हैं तथा सहायता करती हैं। ब्रह्मा, विष्णु, महेश एक साथ ऐसे व्यक्तियों पर कृपा करते हैं। ऐसे लोग निरन्तर तरक्की और विकास करते हैं तथा जीवनपर्यन्त मानवीय मूल्यों और लोकतांत्रिक मूल्यों को आगे बढ़ाने हेतु तत्पर रहते हैं।

अजनबी शहर है ये दोस्त बनाते रहिये,
हाथ मिले या ना मिले दिल मिलाते रहिये।

जो भी काम करो दिल से करो और इस अजनबी दुनिया में मित्र बनाते रहो। सच्चे दोस्त हमेशा संकट में काम आते हैं और एक-दूसरे की दिल से सहायता करते हैं। हमेशा दूसरों के प्रति उदार रहिए और सहयोगपूर्ण रवैये को अपनाए रखिए। इससे आपकी एक सकारात्मक इमेज बनेगी जो कि जीवन-भर आपको इ़ज़्ज़त और दूसरों की नज़रों में सम्मान दिलाती रहेगी। हमेशा स्वच्छ छवि बनाकर रखिए, वह जीवन-भर आपके बिगड़े काम बनाती है तथा विश्वास पैदा करती है और विश्वास से ही सारे कार्य सम्पन्न होते हैं। हौसला हमेशा बुलंद रखिए, मंजिल तभी प्राप्त होती है।

आप जब छोटे स्तर का व्यापार या कार्य प्रारम्भ करते हैं, तब आपकी तमन्ना होती है राष्ट्रीय एवं अंतर्राष्ट्रीय स्तर पर पहुँचना, तो आपके इस ऊँचे सपने पर लोग हँसेंगे और लोगों को लगेगा कि चींटी पहाड़ को चुनौती दे रही है और नदी की धारा चट्टानों को चुनौती दे रही है। लेकिन आप निरंतर प्रयास में लगे रहिए, हिम्मत न हारें। निश्चित ही एक दिन आप पहाड़ जैसे कठिन लक्ष्य को भी प्राप्त कर लेंगे, यह प्रत्येक क्षेत्र में लागू होता है। छोटे से बड़े लक्ष्य की यात्रा की जा सकती है। इसके लिए धैर्यरूपी महान अस्त्र चाहिए। सभ्यता और संस्कृति का विकास एक दिन में नहीं हुआ है, इसके लिए हज़ारों वर्षों तक कठोर परिश्रम और विकास की एक सम्पूर्ण शृंखला कार्य करती है, तब आज की विकसित परिस्थिति के दर्शन होते हैं। सामान्य गरीब परिवारों के बहुत से धैर्यवान, कर्मठ और कर्मशील उद्यमियों ने दुनिया में बहुत बड़ा एम्पायर खड़ा किया। यह सब धैर्य और लगन का ही कमाल है, इनमें धीरूभाई अम्बानी, जमशेदजी टाटा, घनश्यामदास बिरला, बिल गेट्स, अजीम प्रेमजी, डालमिया व मोदी नाम आते हैं, जिन्होंने धैर्य से काम में लगे रहने से भारत में ही नहीं बल्कि पूरी दुनिया में नाम कमाया और अपनी भावी पीढ़ियों के लिए बहुत बड़ा उद्योग का संसार खड़ा कर दिया। लक्ष्मीनिवास मित्तल, दुनिया का स्टील किंग, भारत से कुछ नहीं ले गए थे, लेकिन आज पूरी दुनिया में 'स्टील सम्राट' के नाम से जाने जाते हैं। सभी प्रमुख स्टील की कम्पनियों का अधिग्रहण कर अपनी कम्पनी में मिला ली हैं। लार्ड स्वराज पॉल ने ग्रेट ब्रिटेन में जाकर व्यापार किया और एशिया के सबसे बड़े रइसों में गिनती कराई। पत्नी का इलाज कराने लंदन गए थे और वहीं के होकर रह गए, विशाल व्यापारिक

प्रतिष्ठानों का साम्राज्य खड़ा कर दिया। ब्रिटेन की सरकार ने 'लार्ड' से सम्मानित किया और सांसद नियुक्त किया। पंजाब से लाखों की संख्या में बेरोजगार युवक आज से 30–40 वर्ष पहले रोजगार की तलाश में ब्रिटेन, अमेरिका, फ्राँस और आस्ट्रेलिया गए थे। आज सभी खुशहाल हैं तथा करोड़ों–अरबों की सम्पत्ति बनाकर अच्छे बिजनेस चला रहे हैं। चटवाल ने अमेरिका में होटलों की शृंखला खड़ी कर दी है। ओबराय ग्रुप के कॉन्टिनेटल होटल विदेशों में बहुतायत में हैं, यह भारतीयों की धैर्य की शक्ति तथा लगन का ही कमाल है। इंदिरा नूई पेप्सी जैसी कोल्ड ड्रिंक कम्पनी की सीईओ हैं तथा फॉर्ब्स पत्रिका में दुनिया की सबसे ताक़तवर महिलाओं में पिछले एक दशक से लगातार स्थान बनाए हुए हैं। कल्पना चावला ने हरियाणा जैसे छोटे प्रान्त से अंतरिक्ष तक का सफ़र शुरू किया और अपनी जान देकर भी भारत का नाम बहादुर बेटी के रूप में अमर किया। इंदिरा गाँधी और सोनिया गाँधी अपने धैर्य और लगनशीलता से कार्य में लगे रहने के कारण ही भारत की ही नहीं, बल्कि दुनिया की ताकतवर महिलाओं में से एक बनी हैं। बाबा रामदेव ने अपने पैरालाइसिस जैसे असाध्य रोग पर योगासन और प्राणायाम से विजय पाई और भारत ही नहीं बल्कि पूरी दुनिया को योग की शक्ति से परिचित कराकर रोग मुक्त कर रहे हैं तथा विश्वशांति और भाईचारे का संदेश दे रहे हैं। पतंजलि दिव्य योग संस्थान हरिद्वार ने पूरी दुनिया में अपना आयुर्वेदिक औषधियों में स्थान बनाया है। करोड़ों लोग लाभ उठा रहे हैं। यह बाबा रामदेव के धैर्य और लगन का ही कमाल है कि अपने रोग को ठीक किया तथा 20 वर्ष की साधना के बाद लाखों प्रशिक्षकों की फौज तैयार कर दी है जो कि प्रातः ब्रह्ममुहुर्त में जागकर पार्कों में निःशुल्क योगासन और प्राणायाम की शिक्षा दे रहे हैं। इससे डायबिटीज, हायपरटेंशन, ब्लड प्रेशर, अल्सर, हृदय रोग और मस्तिष्क के रोग ठीक कर लोग शारीरिक रूप से स्वस्थ हो रहे हैं तथा मानसिक शांति भी प्राप्त कर रहे हैं। भारत प्राचीन ऋषि–मुनियों वाली संस्कृति के दौर में पहुँचता जा रहा है जिन रोगों का इलाज महंगी से महंगी दवाएं नहीं कर पा रही हैं, वहीं उनका इलाज मुफ्त में योगासन और प्राणायाम से हो रहा है, यह प्रकृति का और ईश्वर का चमत्कार ही है। योग सिखाते–सिखाते बाबा रामदेव नैतिक चरित्र, भारत निर्माण और राष्ट्र के प्रति समर्पण की भी शिक्षा देते हैं। पिछले एक दशक से आस्था चैनल पर रोज दो–तीन घंटे का कार्यक्रम प्रसारित कर भारतवासियों को लाभान्वित कर रहे हैं। यदि बाबा रामदेव ने

धैर्यशीलता और लगन से कठोर परिश्रम नहीं किया होता तो क्या वे इतने खतरनाक असाध्य रोगों पर विजय प्राप्त कर पाते? शायद नहीं और मानव जाति का इतना भला नहीं भी कर पाते। व्यक्ति को मौत के मुँह में से निकलकर ही आत्मज्ञान होता है, यही तत्त्वज्ञान व्यक्ति को परोपकार की ओर ले जाता है, यही नया जीवन बाबा रामदेव को मिला जिसके कारण वह करोड़ों रोगियों को नया जीवन दे रहे हैं। रोज प्रातः 3 बजे जागना और रात्रि को 9 बजे सो जाना, दिन-भर सक्रियता से योग शिविर लगाना, यह वर्षों से बाबा रामदेव की कठोर और नियमित दिनचर्या है।

सूरदास, मीराबाई, रसखान, रैदास, चैतन्य महाप्रभु जैसे भक्त कवियों ने धैर्य और लगन से कृष्ण की भक्ति और श्रेष्ठ पदों की रचना की। यह इन कवियों का प्रभु के प्रति प्रेम ही था जिसने धैर्य की शक्ति दी और इतना महान साहित्यिक काव्य का सृजन हुआ। जब कृष्ण की भक्ति में डूबकर सूरदास और मीराबाई पद गाते थे तो सुनने वालों की आँखों से आँसू निकल पड़ते थे। एक बार सूरदास जी के काव्य सृजन और कृष्ण की भक्ति में पद गाने की प्रसिद्धि मुगल शहंशाह अकबर के कानों तक पहुँची तो उन्होंने सूरदास जी के पास संदेशा भिजवाया कि वे मुगल दरबार में आकर फतेहपुर सीकरी में गाएं और इनाम पाएं। सूरदास जी ने कहलवाया कि 'संतन कौ का सीकरी सौ काम' अर्थात् संत पुरुष अपनी कुटिया छोड़कर किसी शहंशाह के दरबार में चाटुकारिता और भांडगीरी करने नहीं जाते हैं, वे अपने प्रभु भक्ति के रस में लीन हैं। ऐसे स्वाभिमानी संत थे उस युग में जो कि किसी पुरस्कार, धन-दौलत के लालच में कहीं भी गाने नहीं पहुँच जाते थे।

एक बार औरंगजेब के दरबार का वज़ीर भक्ति रस में लीन होकर परमपिता परमेश्वर से लौ लगा बैठा और आगरा में यमुना की रेत में लंगोटी लगाए लेट गया, जब दरबारी बुलाने आए कि शहंशाह औरंगजेब ने तुरंत बुलाया है, तो एक कागज पर लिखकर भिजवा दिया कि-

चाह गई, चिंता गई, मनवा बेपरवाह,
जिनको कुछ नहीं चाहिए वे शाहों के शाह।

ईश्वर से लगन ऐसी ही होती है जो कि मन को बेपरवाह कर देती है। फ़क़ीरी फ़ाक़ामस्ती में भी व्यक्ति पूरा आनन्द ले सकता है, बशर्ते चिन्तामुक्त हो, चिंतामुक्त अनासक्त हुए बिना हो नहीं सकता।

छोटे-छोटे स्वार्थ व्यक्ति को कमजोर कर देते हैं और लालच पैदा करते हैं, अतः आवश्यकताओं को सीमित कर अर्थव्यवस्था को मज़बूत रखें। आर्थिक कमजोरी ही व्यक्ति को अपमानित कराती है जिससे व्यक्ति हताशा का शिकार होकर अधीर हो जाता है तथा कामनाओं की पूर्ति नहीं होने पर क्रोध भड़कता है जिससे विवेक समाप्त हो जाता है। सही-गलत का ज्ञान नहीं रहता, केवल रह जाती है अहं की तुष्टि और ईगो की टकराहट। इससे मन अशांत रहता है, शरीर एवं मन में उत्साह विहीनता आती है, फिर व्यक्ति कोई भी कार्य सही तरीके से नहीं कर पाता है और निर्णय लेने की क्षमता का ह्रास हो जाता है, अतः किसी भी तनाव और दबाव से बचना चाहिए।

जीवन में अनेक बाधाएं आएंगी, तमाम झंझावात रोज़ सिर उठाए सामने खड़े होंगे, बिना किसी कारण के दैहिक, दैविक और भौतिक आपत्तियों का सामना करना होगा, उस वक्त सबसे आवश्यक हथियार काम आएगा तो वह होगा आपका धैर्य, जिसमें जितना बड़ा धैर्य होता है, वह उतनी ही सहजता से आपत्तियों का मुकाबला कर सकता है। तमाम लाइलाज समस्याओं का समाधान भी शांत मन और धैर्य से ही हो सकता है। धैर्य खोने से बने-बनाए काम बिगड़ जाते हैं और व्यक्ति की सारी तपस्या व मेहनत पर पानी फिर जाता है। केवल एक बार धैर्य खोने से ही सब करे-धरे पर पानी फिर जाता है, अतः जीवन में उपलब्धियों, सफलताओं और कामयाबियों को धैर्यपूर्वक सहेज कर रखना चाहिए क्योंकि अहंकार रूपी शत्रु प्रतिपल आपको धैर्य खोने के लिए विवश करने की कोशिश करता रहता है। जो भी प्रतिभाशाली कामयाब इंसान इसके लपेटे में आया तो समझो रसातल को गया। अतः कामयाबी के लिए जितनी मेहनत की आवश्यकता है, उससे कहीं अधिक धैर्य की, इसको सहेजकर रखने की ज़रूरत है।

असफलता में ही छिपा सफलता का द्वार

आज के भौतिकवादी युग में इंसान ने जितनी तरक्की की है और जीवन को सुगम बनाने के लिए जितने आविष्कार किए हैं, उन महान वैज्ञानिकों ने कई बार असफल रहने पर भी निरन्तर प्रयास जारी रखे और नये-नये आविष्कार किए तथा असफलताओं के रास्ते से सफलता की ओर बढ़े।

यदि हम अपनी क्षमताओं और संसाधनों का प्रयोग नहीं करेंगे तो असफल होना अवश्यम्भावी है। यदि अपनी कोशिशों में कमी रखेंगे तो सफलता कैसे अर्जित की जा सकती है। बार-बार असफल होने पर भी वैज्ञानिक प्रयास करने में लगे रहे, इसलिए आज यह दुनिया नये-नये आविष्कारों से भरी पड़ी है जिन्होंने ज़िंदगी की दिशा बदल दी। बिना बिजली के दुनिया कितनी अँधेरी थी। आज इलेक्ट्रिसिटी के बिना कोई रहने की कल्पना भी नहीं कर सकता है। सारे घरेलू उपकरण, उद्योग और समस्त मशीनें आज बिजली से चल रही हैं, जिनसे कार्य बहुत जल्दी सम्पन्न हो जाते हैं। पूरी दुनिया की एक-एक खबर डिश और केबल के माध्यम से टी. वी. द्वारा संचालित हो घर-घर में पहुँच जाती हैं और लोगों के मनोरंजन का बहुत बड़ा साधन टी.वी. के धारावाहिक, फिल्में तथा ज्ञानवर्धक कार्यक्रम हैं। इनका आविष्कार नहीं हुआ होता तो क्या आज हम भू-मंडलीकरण की कल्पना कर सकते थे? शायद नहीं। आज इन संचार माध्यमों के कारण टेलीफोन, मोबाइल के प्रयोग से पूरी दुनिया एक मुट्ठी में समा गई है। घर बैठे पूरी दुनिया में कहीं भी किसी से बात कर लो। तो क्या इनके आविष्कारकर्ताओं ने एक ही बार में सफल प्रयोग कर लिए थे? नहीं, बार-बार असफल हुए और फिर प्रयास में लगे रहे। आज प्रतियोगी छात्र एक-दो बार में ही हार मान लेते हैं, निराश होकर घर बैठ जाते हैं, जीवन-भर असफल होने का

तमगा लगाये घूमते हैं। जब जे. एल. बेयर्ड हजारों बार असफल होने के बाद टी.वी. का आविष्कार करने में सफल हो सकते हैं और थॉमस अल्वा एडीसन बल्ब बनाने में हजारों बार असफल होने के बाद सफलता प्राप्त कर मानव जाति के लिए नायाब तोहफा देते हैं तो प्रतियोगिताओं की तैयारी करने वाले छात्र क्यों बार-बार कोशिश नहीं कर सकते? ये महान वैज्ञानिक यदि जल्दी ही एक-दो असफलताओं से हार मान लेते, तो क्या दुनिया इतनी प्रकाशमय और जगमगा सकती थी? शायद नहीं। वही पुराना लालटेन और तेल की कुप्पियों का जमाना चलता रहता। यदि राईट ब्रदर्स हवाई जहाज का आविष्कार नहीं करते तो वहीं कोलम्बस की अमेरिकी खोज और वास्कोडिगामा की भारत की खोज जैसी महीनों-बरसों तक समुद्री यात्राएं चलती रहतीं, पूर्वी देश पश्चिमी देशों के सम्पर्क में नहीं आ पाते और उद्योग, नौकरियों आदि विभिन्न संस्कृतियों का आदान-प्रदान व पर्यटन तथा सभ्यताओं का विकास सम्भव नहीं था।

चार्ल्स बेवेज ने कम्प्यूटर के रूप में एक नायाब आविष्कार किया, वह भी हजारों बार असफल हुआ, लेकिन अंततः कम्प्यूटर बनाने में सफल रहा। आज इन्टरनेट से पूरी दुनिया की जानकारी आपकी टेबल पर कम्प्यूटर्स और लैपटॉप के रूप में आ गई है, जहाँ की भी जानकारी चाहिए, सेकेंड में आपके पास आ जाती है। फेसबुक और ट्विटर पर आप अपनी प्रतिक्रिया लॉगऑन करते हो, तो तुरन्त पूरी दुनिया में आपकी प्रतिक्रिया की चर्चा होती है, यह इन्टरनेट से ही सम्भव हो पाया है। क्या यह विकास एक दिन में हो गया? क्या तुरन्त सफलता मिल गई? शायद नहीं। क्योंकि इन आविष्कारों के करने में वैज्ञानिकों को कई बार असफल होना पड़ा था।

रिवाल्वर के आविष्कारक कोल्ट तथा सिलाई की मशीन के आविष्कारक इलियन होवे को कितनी बार असफलताएं मिलीं, लेकिन हार नहीं मानी। टेलीफोन के आविष्कारक ग्राहम बेल भी हज़ारों बार असफल होने के बाद परीक्षण करने में सफल हुए थे। प्रत्येक असफलता को सफलता की ओर बढ़ता हुआ कदम मानना चाहिए, क्योंकि असफलताओं के बाद बार-बार प्रयास करने पर सफलता का द्वार खुलता है और हम सफलता में गोते लगाते हैं। इनका श्रेय उन असफलताओं को ही जाता है, क्योंकि असफलताएं नहीं मिलती तो इतने प्रयास भी नहीं होते और न ही इतने बड़े आविष्कार ही होते। भारत के सबसे लोकप्रिय, ईमानदार, स्वच्छ छवि के विश्वविख्यात वक्ता के

रूप में प्रसिद्ध अटल बिहारी वाजपेयी अपने जीवन में कई बार असफल हुए। ग्वालियर चुनाव में असफल हुए, 1984 में माधवराव सिंधिया ने इंदिरा जी की हत्या के बाद उपजी सहानुभूति की लहर में उन्हें लाखों वोटों से हराया, जबकि ग्वालियर उनकी जन्मस्थली है, फिर भी निराश नहीं हुए और लखनऊ से आजीवन विजयी होकर तीन बार भारत के प्रधानमंत्री बने।

उत्तर प्रदेश जैसे विशाल प्रांत के मुख्यमंत्री रहे हेमवती नंदन बहुगुणा को इलाहाबाद में अमिताभ बच्चन ने रिकार्ड मतों से हराया था तो क्या बहुगुणा जी असफल हो गए? नहीं। इंदिरा गांधी जी को रायबरेली से 1977 में राजनारायण जैसे अदने से कार्यकर्ता ने इमरजेन्सी के बाद जेल में रहते हुए हरा दिया था और शाह कमीशन ने इंदिरा जी को जेल भेजने का फरमान सुनाया था, लेकिन 1980 में पुनः वे विशाल बहुमत से कांग्रेस की सरकार बनाने में सफल हुईं, यदि इंदिरा गाँधी 1977 की हार से निराश होकर घर बैठ जातीं तो क्या आज कांग्रेस का वजूद रहता? शायद नहीं। अमिताभ बच्चन सन 1995 से 2000 तक दिवालिया की स्थिति में पहुँच गए थे और ए.बी.सी.एल. कम्पनी पर भारी कर्ज हो गया था जिसे चुकाने के लिए उनका 'प्रतीक्षा' बंगला तक बिकने की स्थिति में आ गया था, लेकिन अमिताभ ने हार नहीं मानी और फिर उठ खड़े हुए। टी.वी. पर 'कौन बनेगा करोड़पति' सीरियल किया जो कि काफी लोकप्रिय हुआ और यश चोपड़ा के घर काम मांगने पहुँच गए, 'मोहब्बतें' फिल्म उसी की देन है जो कि काफी हिट रही उसके बाद अमिताभ का सितारा पुनः चमका और कई फिल्में मिलीं जो हिट रहीं जिनमें बागवान, सरकार जैसी फिल्में थीं। विज्ञापनों का सरताज बनकर उभरे और कई उत्पादों के तथा गुजरात राज्य के ब्रांड एम्बेसडर के रूप में कार्य कर रहे हैं। फिर तो जया बच्चन को भी काम मिलने लगा और पुत्र अभिषेक बच्चन भी हिट हो गए।

पुत्रवधू के रूप में विश्व सुंदरी ऐश्वर्या राय जैसी सुपरहिट अभिनेत्री का परिवार से जुड़ाव हुआ और यह बॉलीवुड का सुपर हिट स्टारों वाला सबसे धनाढ्य परिवार बन गया। यदि अमिताभ आज से 10-15 वर्ष पहले की असफलताओं से हार मानकर बैठ जाते तो क्या आज इतनी कामयाबी मिलती? शायद नहीं। छात्रों, व्यापारियों, उद्यमियों को असफलताओं को परीक्षण समझना चाहिए। इन्हीं असफलताओं से सफलता का दरवाजा खुलता है; उस दरवाजे पर पूरे मनोयोग से धैर्यपूर्वक दस्तक देते रहो जब तक

सोया हुआ भाग्य जागकर दरवाजा नहीं खोले। उस जागे हुए भाग्य का सामना कीजिए और उसे पूरी ताकत से बुलन्दियों पर पहुँचाइये तभी सफलताएं कदम चूमती हैं। मन को कभी निराश और हताश मत होने दीजिए, क्योंकि मन यदि बुझ गया तो फिर सफलताओं की आशा क्षीण हो जाती है।

अब्राहम लिंकन इतनी गरीबी में पले-बढ़े कि पढ़ने के लिए रोशनी का भी प्रबन्ध नहीं था। कोयले की अँगीठी की रोशनी में पढ़ते थे, फिर स्ट्रीट लाइट की रोशनी में खम्भे के नीचे पढ़ते थे, लेकिन हिम्मत नहीं हारी। सौतेली माँ का बेरुखापन, पक्षपातपूर्ण और अपमानों से भरा व्यवहार भी उनके मनोबल को नहीं तोड़ पाया, ग़ज़ब का आत्मविश्वास और ग़ज़ब की एकाग्रता थी, इसी के बलबूते कठोर परिश्रम कर लिंकन अमेरिका के राष्ट्रपति बने तथा ऐतिहासिक फैसला कर अमेरिका से दास प्रथा का अंत किया। यह गुलामी और अमानवीयता की पराकाष्ठा वाली कुप्रथा हमेशा के लिए समाप्त हो गई, जो इंसानों को ही इंसानों का गुलाम बनाने की बुरी परम्परा थी।

अमेरिकी स्वतंत्रता संग्राम में जार्ज वाशिंगटन को शुरुआत में असफल होना पड़ा था, लेकिन 1776 में अमेरिका को आज़ाद कराने में सफल हुए। जारशाही के शासन से 1917 की रूसी क्रान्ति के प्रारम्भ में असफलता हाथ लगी और जार ने लाखों की संख्या में क्रान्तिकारियों, विद्रोहियों का कत्लेआम कराया था। आखिरकार रूस में जारशाही समाप्त हुई तथा कम्युनिस्ट पार्टी का समाजवादी शासन स्थापित हुआ। माउत्सेतुंग को 1949 में चीन को आज़ाद कराने हेतु बहुत संघर्ष करने पड़े, लेकिन बाद में सफल हुए। माउत्सेतुंग कहा करते थे कि 'सत्ता बंदूक की नली से निकलती है', कई युद्धों में परास्त होने के बाद भी अन्ततः चीन को आज़ाद कराने में सफल हो गए थे। भारत के स्वतंत्रता संघर्ष में प्रारम्भिक असफलताओं के बाद भी गाँधीजी के नैतिक सत्याग्रह, अहिंसक आन्दोलनों, सुभाषचन्द्र बोस की आज़ाद हिन्द फौज, भगत सिंह, राजगुरु, सुखेदव की शहादत और हजारों-लाखों शहीदों की कुर्बानियों के बाद 1857 से 1947 तक अनवरत 90 वर्ष के संघर्ष के बाद भारत को आज़ादी मिली। यह सफलता 90 वर्ष की असफलताओं की परिणति थी, कितनी बार प्रयास हुए और असफल रहे। 1857 में यदि कुछ राजा झाँसी की रानी लक्ष्मीबाई और क्रान्तिकारियों का सहयोग, पूरी ताकत और पूर्ण मनोबल से कर देते तो भारत 90 साल

पहले ही आज़ाद हो जाता, लेकिन ये असफलताओं के परीक्षणों का दौर चलना था। यह अवश्यम्भावी था, इतनी कीमत चुकाने के बाद ही आज़ादी की सफलता मिलनी थी। सफलता यदि सहजता से प्राप्त हो जाती है तो उसकी कोई क़ीमत नहीं रहती, कठिन प्रयासों के बाद पूरी लगन और मेहनत से यदि सफलता मिलती है तो उसका आनन्द ही अलग होता है।

एक दुर्घटना में दोनों पैर गंवा चुकी प्रसिद्ध नृत्यांगना सुधा चंद्रन ने कृत्रिम पैर जयपुर फुट लगवाकर 'नाचे मयूरी' सुपरहिट फिल्म में बेहतरीन नृत्य किया। कत्थक नृत्य में कई राष्ट्रीय पुरस्कार जीते व टेलीविजन के कई धारावाहिकों में बेहतरीन अदाकारी की और राष्ट्रीय स्तर के कई पुरस्कार जीते। यदि सुधा चंद्रन दुर्घटना में पैर खोने के बाद हताश-निराश होकर अपने घर बैठ जातीं तो क्या इतनी सफलताएं अर्जित कर पातीं? शायद नहीं। यह सभी सफलताएं उनकी असफलताओं और विपत्तियों से डटकर मुकाबला करने और धाराओं के विपरीत संघर्ष करने के फलस्वरूप प्राप्त हुई हैं।

सचिन तेंदुलकर अपने कैरियर में कई बार शून्य पर आउट हुए हैं और उसके बाद कई शतक भी लगाए हैं। उन्होंने असफलताओं का बहुत बुरा दौर भी झेला है, बुरी फॉर्म में रहने के कारण कई बार बहुत कम रन बन पाए, लेकिन अपने आत्मविश्वास से पुनः खोई हुई फॉर्म प्राप्त की तथा एकाग्रता से बहुत सारे रन बटोरकर भारत ही नहीं पूरी दुनिया की वाहवाही लूटी। सौरव गांगुली, अजहरुद्दीन, भारत के सफलतम कप्तानों में रहे, लेकिन इन दोनों ने भी बुरी फॉर्म और बुरे दौर को झेला है। उसके बाद सफलताएं अर्जित की हैं।

महान बल्लेबाज और भारत के सफलतम कप्तान रहे क्रिकेट के 'लिटिल मास्टर' सुनील गावस्कर ने भी असफल होकर पुनः सफलताएं अर्जित की हैं तथा फॉर्म की वापसी लगन और मेहनत से एकाग्रता तथा अभ्यास को बढ़ाकर की थी। पूना में एक एयरफोर्स का ऑफिसर था, उसे ब्लड कैंसर था। सारी जाँच रिपोर्ट में ब्लड कैंसर साबित हो गया। उसे भी डॉक्टर ने बता दिया कि तुम बहुत कम दिन के मेहमान हो, तो उसे बड़ा धक्का लगा। लेकिन वह बड़ा ही जिन्दादिल इंसान था, उसने सोचा कि अब कुछ महीनों में मरना ही है, तो क्यों न निश्चिंतता का इत्मीनान भरा जीवन जिया जाए। वह बुलेट मोटरसाइकिल लेकर निकल जाता व तमाम गरीब बच्चों के साथ समय बिताता था। वह सभी से संजीदगी से पेश आता था।

उसका क्रोध समाप्त हो गया और सभी से प्रेम भरा व्यवहार करने लगा। इतनी सकारात्मक सोच और प्रेम दिल में बस गया कि जैसे अभी छलक पड़ेगा। उसकी आत्मीयता और प्रेम-भरे व्यवहार से सभी उसकी ओर खिंचे चले आते थे, सभी को पता था कि यह ब्लड कैंसर का मरीज है और सिर्फ़ चंद दिनों की ही इसकी साँसें बची हैं। लोगों की सहानुभूति और दुआएं एक साथ उमड़ पड़ती थीं, छः महीने तक सैर-सपाटा, अच्छा खानपान और परोपकारी कार्य के द्वारा अर्जित पुण्य-कर्मों का प्रभाव उसके व्यक्तित्व पर साफ़ नज़र आने लगा और वह निखरता चला गया। लोगों के अपार स्नेह और लाड़-प्यार ने उसके अन्दर जीने का इतना उत्साह पैदा कर दिया कि वह हर वक्त जीने की कल्पना करने लगा। इसी अन्तर्मन की जिजीविषा ने एक ऐसा चमत्कार किया कि पूना शहर के नागरिक आश्चर्यचकित रह गए। जब छः माह के बाद उस एयरफोर्स के अफसर ने अपने कैंसर की जाँच कराई तो ब्लड कैंसर गायब था और वह मौत के मुँह से बाहर आ चुका था, उसने कैंसर पर विजय प्राप्त कर ली थी। यह चमत्कार किया उसके स्वच्छन्द विचरण, सकारात्मक सोच, हँसी-ठहाके, लोगों के प्यार और उसके परोपकारी कार्यों ने। उसका मन शुद्ध और पवित्र हो गया था। रोग-प्रतिरोध क्षमता बढ़ती चली गई। उसके जीवन में एक ईश्वरीय चमत्कार हुआ कि उसने कैंसर जैसी जानलेवा बीमारी पर विजय प्राप्त की। ज़िंदगी की हारी हुई बाज़ी को सफलतापूर्वक जीता और 96 वर्ष तक जिंदा रहकर पूना शहर में ढेर सारे परोपकारी कार्यों को सम्पन्न किया, मोटीवेशन की ढेर सारी सेमिनार आयोजित कीं और स्कूल-कॉलेज के छात्र-छात्राओं को जीवन-भर प्रोत्साहित किया।

डॉक्टर ए.पी.जे. अब्दुल कलाम एयरफोर्स में फाइटर पायलट बनना चाहते थे, लेकिन असफल हो गए, किन्तु अपनी लगन और मेहनत से महाभारत जैसे ग्रंथ से प्रेरणा प्राप्त कर मिसाइल बनाने की तकनीक के जनक बने। भारत के ही नहीं बल्कि दुनिया के महान वैज्ञानिक और भारत के महानतम राष्ट्रपति भी साबित हुए। राष्ट्रपति बनने के बाद भी उन्होंने पाँच वर्ष युवाओं, छात्रों, स्कूलों, कॉलेजों, विश्वविद्यालयों में भाषण तथा प्रेरणादायक लेक्चर देते हुए बिताए तथा 2020 तक भारत को दुनिया की महाशक्ति बनाने की कल्पना को साकार करने हेतु भारत के युवाओं का आह्वान

किया। उनके सारगर्भित और ओजस्वी प्रेरणास्पद भाषणों को सुनकर भारत के लाखों युवा राष्ट्र निर्माण में लग गए तथा अपना और अपने कुल का नाम रोशन कर रहे हैं। यदि डॉ. अब्दुल कलाम एयरफोर्स के फाइटर पायलट की परीक्षा में सफल हो गए होते तो भारत को इतना महान वैज्ञानिक और राष्ट्र के प्रति समर्पित ईमानदार राष्ट्रपति कैसे मिलता। इससे सिद्ध होता है कि असफलताओं में भी सफलता का इतिहास छिपा होता है, अतः प्रत्येक असफलता को खेल-भावना से लेना चाहिए, जैसे खेल के मैदान में हार और जीत, सफलता और असफलता लगी रहती है, इससे खिलाड़ी मायूस नहीं हो होते। उसी प्रकार प्रत्येक परीक्षा में असफलता मिलने पर दुगने उत्साह से सफलता के लिए प्राणपण से प्रतियोगी छात्रों को जुट जाना चाहिए। व्यापार में असफल व्यक्तियों को व्यापार के घाटे का सदमा नहीं लगना चाहिए, बल्कि अपनी असफलताओं के कारणों की सच्चे मन से विवेचना करनी चाहिए। आत्ममंथन करना चाहिए और गलतियों को सुधार कर दुगने उत्साह से व्यापार को खड़ा करने में लग जाना चाहिए। यदि असफलता का ही रोना रोते रहे तो नकारात्मक सोच कभी भी मानसिक अवसाद से बाहर नहीं निकलने देगी और व्यक्ति किंकर्त्तव्यविमूढ़ होकर भटकता रहेगा। अधिकांश लोग इसी संशय की प्रवृत्ति के कारण भ्रमित बुद्धि हो जाते हैं तथा विवेक को समाप्त कर अत्यधिक प्रतिभाशाली होने के बाद भी जीवन-भर कुछ नहीं कर पाते हैं। असफलताएं यह सिद्ध करती हैं कि कहीं न कहीं प्रयास करने में कमी रह गई। असफलताओं से बहुत कुछ सीखने को मिलता है। उन सफलताओं का स्वाद कुछ ज्यादा ही अच्छा होता है जो कि बहुत कठिन परिश्रम से मिलती हैं और बार-बार असफल होने के बाद मिलती है, वह कुछ ज्यादा सुख देती हैं। इनका जायका ज्यादा मजेदार और चटपटा रहता है, जैसे खाने का स्वाद अचार से बढ़ जाता है, इसी प्रकार सफलता का स्वाद असफलताओं से, संघर्ष तथा कठिनाई से और बढ़ जाता है। बहुत आसानी से प्राप्त होने वाली सफलताएं ज्यादा अहमियत नहीं रखतीं, क्योंकि वे उतना श्रम और कठिनाइयों की कसौटी पर कसकर कुंदन नहीं बनी होतीं। 24 कैरेट सोने की शुद्धता जैसे कसौटी पर कसकर पता चलती है, उसी प्रकार संघर्षों, असफलताओं की कसौटी पर कसकर सफलताएं और निखरती हैं। वे मजेदार और रोचक हो जाती हैं, जिनकी कहानियाँ सदियों तक कही जाती हैं। आज हम जिन संघर्षशील और सफल व्यक्तियों के जीवन से सर्वाधिक

प्रेरणा लेते हैं, वे पिछले 100 वर्ष में सबसे ज्यादा बार असफल हुए थे और संघर्ष कर कठिनाइयों और असफलताओं पर विजय पायी थी।

जिन महापुरुषों ने जितनी कठिनाइयों से ग्रस्त होकर भी सफलताओं का कीर्तिमान बनाया, उनकी उतनी ही अधिक सम्मान के साथ चर्चा होती है और पूरी दुनिया में उनका जीवन आदर्श उदाहरण के रूप में प्रस्तुत किया जाता है।

झाँसी की रानी लक्ष्मीबाई ने अंग्रेजों से जान पर खेलकर लोहा लिया था और जीते जी अपनी झाँसी को अंग्रेजी राज्य में नहीं मिलाने दिया। लार्ड डलहौजी की हड़प नीति के तहत जिन राज्यों में वारिस नहीं थे, उनको दत्तक पुत्र लेकर राज्य करने के अधिकार से वंचित कर, कई राज्यों को अंग्रेजी राज्य में मिला लिया। इस गलत नीति का लक्ष्मीबाई ने विरोध किया तथा अकेले अपने दम पर अंग्रेज सेना के छक्के छुड़ा दिए। उस वक्त यदि कुछ पड़ोसी राजाओं ने रानी लक्ष्मीबाई का साथ दिया होता तो भारत 90 वर्ष पूर्व ही आज़ाद हो गया होता। ताँत्या टोपे को फाँसी दे दी गई। बेरहमी से प्रथम भारतीय स्वतंत्रता संग्राम को कुचल दिया गया, लेकिन इस असफलता के बावजूद ब्रिटिश सरकार से राज्य, ईस्ट इण्डिया कम्पनी से छीनकर अपने हाथ में ले लिया और भारत में कई सुधार हुए। प्रथम स्वतंत्रता संग्राम की इस प्रथम असफलता के बावजूद भी भारतीयों को सफलता मिली तथा ब्रिटिश सरकार ने तमाम भेदभाव पूर्ण, अनीतिपूर्ण कानूनों को समाप्त कर दिया।

हालाँकि 15 अगस्त, 1947 को भारत आज़ाद हुआ, किन्तु इसकी नींव प्रथम भारतीय स्वतंत्रता आन्दोलन की असफलता में छिपी है। जिस प्रकार पूरे भारत ने एकजुट होकर अंग्रेजी हुकूमत का विरोध किया, उससे ब्रिटिश सरकार को अहसास हो गया कि देर-सवेर भारत को आज़ाद करना ही होगा, क्योंकि जनता जागरूक हो चुकी है।

जॉर्ज बर्नाड शा जैसा कालजयी अंग्रेजी लेखक और साहित्यकार की रचनाओं को सम्पादक बिना छापे ही वापिस कर देते थे। जब उनकी पहली पुस्तक बाजार में आयी तो स्वयं ही वह पुस्तक लेने पहुँच गए और बुक सेलर से कहा कि मुझे बर्नाड शा की पुस्तक चाहिए। बुक सेलर ने कहा कि इस नाम का भी कोई लेखक है? तो बड़ी मशक्कत के बाद पुस्तक लेकर स्वयं छदम नाम से उसकी प्रशंसा अखबारों में छपवाते थे। धीरे-धीरे तमाम असफलताओं और गुमनामी के बाद आखिर जॉर्ज बर्नाड शा अंग्रेजी साहित्य

की धरोहर सिद्ध हुए, तमाम लोकप्रिय साहित्यिक नाटक, उपन्यास तथा कहानियाँ लिखीं जो कि अंग्रेजी साहित्य की धरोहर हैं। विलियम शेक्सपीयर को भी प्रारम्भ में बहुत असफलताएं झेलनी पड़ी थीं, लेकिन बाद में वही अंग्रेजी साहित्य के सबसे उदीयमान ध्रुवतारे जैसे नक्षत्र साबित हुए। उनके अंग्रेजी के नाटक आज भी दुनिया के रंगमंचों पर अभिनय अदा करते हुए कलाकार गौरवान्वित महसूस करते हैं।

जयशंकर प्रसाद ने बनारस में तम्बाकू की पुश्तैनी दुकान पर तम्बाकू बेचते हुए कामायनी जैसा उत्कृष्ट महाकाव्य लिख डाला। सूर्यकांत त्रिपाठी निराला आजीवन अभावों में ही रहे तथा दो जून की रोटी बहुत मुश्किल से जुटा पाते थे। इलाहाबाद के टूटे-फूटे गंदगी युक्त घर में बीमारी से जूझते हुए इकलौती बेटी के देहान्त के बाद भी 'राम की शक्ति पूजा' और 'तोड़ती पत्थर' जैसे काव्य की रचना की। महादेवी वर्मा ने आजीवन अविवाहित रहकर छायावादी काव्य का सृजन किया। सुमित्रानंदन पंत ने अल्मोड़ा के कौसानी जैसे छोटे से कस्बे में पेड़ों के झुरमुट में प्रकृति के सान्निध्य में अपना काव्य सृजन किया। आजीवन अविवाहित रहकर छायावादी काव्य के प्रकृति चित्रण को जीवन समर्पित कर दिया। इन सभी कवियों ने भूख, गरीबी, अभावों में भी उत्कृष्ट और उच्चकोटि का काव्य सृजन किया। यदि अभाव, गरीबी, भूख से लड़ाई, असफलता, संघर्ष को किसी साहित्यकार के जीवन में देखना हो तो उपन्यास और कहानी सम्राट प्रेमचंद के जीवन में देखनी चाहिए। इतने अभाव, बीमारी, कष्टों के बावजूद इन्होंने गोदान, गबन, निर्मला आदि उत्कृष्ट रचना की। 'दो बैलों की कथा' में हीरा-मोती जैसे बैल तथा 'गोदान' में हरिया जैसे गरीब किसान का मर्मस्पर्शी चित्रण किया है। इनकी कहानियाँ और उपन्यास अमर हैं, तमाम असफलताओं पर विजय प्राप्त कर मन को एकाग्र कर इस महान साहित्यकार ने साहित्य साधना की।

धूमिल, गजानंद माधव मुक्तिबोध, नागार्जुन, हरिवंशराय बच्चन, सच्चिदानंद हीरानंद वात्स्यायन 'अज्ञेय' जैसे मूर्धन्य कवियों ने कठिनाइयों, अभावों में उच्चकोटि का काव्य लिखा। बच्चन की मधुशाला की तारीफ महात्मा गाँधी ने भी की थी। अज्ञेय जी के 'तार सप्तक' बहुत प्रसिद्ध हुए, साथ ही यायावरी की अथातो घुमक्कड़ जिज्ञासा भी काफी प्रसिद्ध रही है। ये सभी कवि और साहित्यकार पूरी तरह से चिंतन में डूबे हुए थे। इन्होंने कभी असफलताओं का चिंतन नहीं किया और न ही अहंकारी सोच ही रखी।

मानवीय दृष्टिकोण के साथ केवल साहित्य साधना करते रहे और इतिहास में अमर हो गए। यदि ये साहित्यकार अभावों से डरकर या गरीबी व असफलताओं से भागकर लिखना छोड़ देते तो क्या इतनी उत्कृष्ट कोटि की रचनाएं हमें पढ़ने को मिलतीं? शायद नहीं। इन कवियों और साहित्यकारों ने यह सिद्ध किया कि अभाव किसी सृजन और सफलता में बाधक नहीं है। साधना के पथ में असफलताओं से इन्होंने सीखा और अपने लेखन में और भी गहराई लाते चले गए। प्रतियोगी छात्र छोटी-छोटी कठिनाइयों और असफलताओं से निराशा के गर्त में डूब जाते हैं, अवसादग्रस्त होकर मानसिक संतुलन तक खो बैठते हैं और मेहनत करना, संघर्ष करना छोड़ देते हैं। अपनी प्रतिभा के साथ न्याय नहीं कर पाते। उन्हें इन संघर्षशील भारतीय साहित्यकारों, लेखकों, कवियों की जीवनी से सीख लेनी चाहिए कि कितने अभावों, कष्टों में तमाम असफलताएं झेलकर भी इन्होंने लिखना नहीं छोड़ा, साहित्य साधना नहीं छोड़ी, प्रयास नहीं छोड़ा और महाकाव्यों की रचनाएं करते रहे। रामधारी सिंह दिनकर और मैथिलीशरण गुप्त यूँ ही राष्ट्रकवि नहीं कहलाए, इनके साहित्य ने इन्हें इतनी ऊँचाइयों पर पहुँचाया। इनकी लेखनी में वो दम था जिसने स्वतंत्रता आन्दोलन में भी जान डाल दी। धनपत राय ने प्रेमचंद के 'छद्म' नाम से तथा सच्चिदानंद हीरानंद वात्स्यायन ने 'अज्ञेय' के रूप में अंग्रेजी हुकूमत के विरोध में साहित्य सृजन कर अंग्रेजी सरकार के छक्के छुड़ा दिए। भारतीय जनता ने स्वतंत्रता आन्दोलन हेतु इन साहित्यकारों से बहुत प्रेरणा ली। यह इनकी लेखनी का ही जादू था जिससे जनमानस उद्वेलित हुआ।

संघर्ष ही जीवन है – एक सूत्र वाक्य

दुनिया के महानतम सफल व्यक्तियों के जीवन को गहराई से देखने पर पता चलता है कि उनके अन्दर दूसरों से ज्यादा यदि कोई मानवीय गुण दिखाई पड़ता है, तो वह है उनके अन्दर संघर्ष करने की अद्‌भुत क्षमता जिससे निरन्तर वे जूझते रहते हैं और किसी भी कठिनाई के समक्ष झुकते नहीं हैं। चाहे आँधी आए या फिर तूफान, वे निरन्तर अपनी जिजीविषा से संघर्ष करते रहते हैं और अन्ततः मंजिल को पाकर ही रहते हैं।

गंगा जब हिमालय से निकलती है तो उसका हिमालय की चट्‌टानों से संघर्ष चलता है और साथ में पहाड़ी जड़ी-बूटियों के मिश्रण से वह निर्मल जल बनकर इतनी शुद्ध हो जाती है कि ऋषिकेश और हरिद्वार तक के पानी को बरसों भरकर रखने पर भी वह सड़ता नहीं है, क्योंकि संघर्ष करने से उसमें शुद्धता और पवित्रता आ गई तथा जड़ी-बूटियों के रस ने इसकी रोग-प्रतिरोधक क्षमता को और बढ़ा दिया। यदि वह संघर्ष नहीं करती तो साधारण नदी होती। गंगासागर तक पहुंचते-पहुंचते पानी स्थिर हो जाता है तो उसकी पवित्रता व शुद्धता इतनी नहीं रहती है। इससे सिद्ध होता है कि चलते रहने से, संघर्ष करने से ही विचारों में भी प्रवाह बना रहता है तथा शुद्धता और पवित्रता बढ़ती है। तालाब का पानी क्योंकि चलता नहीं है, इसलिए उसमें बदबू और सड़न प्रारम्भ हो जाती है, इसी प्रकार विचारों का प्रवाह यदि गतिमान नहीं रहा तो विचार भी नकारात्मक होकर गंदे हो जाते हैं और किसी काम के नहीं रहते।

पूजा करने के ताँबे के बर्तनों को जितना रगड़ा जाता है, उतनी ही चमक बढ़ जाती है। यदि इन बर्तनों को रगड़-रगड़ कर साफ नहीं किया जाएगा तो इनमें गन्दगी रह जाएगी, इसी प्रकार जीवन भी संघर्षों से सुन्दर, गतिमान और सफलताओं से परिपूर्ण बनता है। जिसके जीवन में संघर्ष नहीं, वो नीरस और उबाऊ होता है तथा जैसे-तैसे काटा गया जीवन होता है। उसमें सफलताओं की संभावना उतनी ही कम होती है।

जंगल में वे पेड़ सबसे ज्यादा मज़बूत और लम्बी उम्र के होते हैं, जो सबसे ज्यादा लू के थपेड़े और आँधी-तूफानों से संघर्ष करते हैं। आम जीवन में वे ही महान बनते हैं, जो अभावों, कठिनाइयों, कष्टों में भी संघर्ष जारी रखते हैं। अब्राहम लिंकन, महात्मा गाँधी, नेल्सन मंडेला, मार्टिन लूथर किंग जैसे महानतम व्यक्तियों का पूरा जीवन संघर्षों से भरा हुआ था। उन्होंने जीवन-भर विपरीत परिस्थितियों में संघर्ष किया और विजय पाई तथा इतिहास में अमर हो गए। यदि ये भी आरामतलब जीवन जीते तो इनके नामोनिशान नहीं होते, न ही मानवता की भलाई के लिए इतने बड़े-बड़े कार्य कर पाते। अब्राहम लिंकन ने उस युग में दास प्रथा का अंत किया जब अमेरिका में यह कुप्रथा सर्वाधिक प्रचलित थी। एक साधारण गरीब किसान परिवार से, संघर्ष कर अमेरिका के राष्ट्रपति के पद तक पहुँचना उनकी संघर्षशीलता और जीवटता का प्रतीक था। महात्मा गाँधी ने साधारण मध्यम वर्ग के गुजराती वैष्णव परिवार में जन्म लिया और अपनी संघर्ष क्षमता के बल पर अंग्रेजों के काले, भेदभावपूर्ण कानूनों को अपने संघर्षों से बदलवाया और ब्रिटिश हुकूमत को झुकने पर विवश कर दिया। अंग्रेजों को भारत छोड़ने पर मजबूर कर दिया।

दक्षिण अफ्रीका में गाँधीजी द्वारा किए गए सत्याग्रह, अहिंसक आंदोलन, उनके संघर्षों की गाथाएं स्वयं गा रहे हैं। इन संघर्षों के बल पर भारतीय एवं एशियाई मूल के नागरिकों को दक्षिण अफ्रीका में स्वाभिमान और आत्मसम्मान से जीने का बराबरी का हक दिलाया था। गोरी सरकार द्वारा जबरन थोपे गए भेदभावपूर्ण कानूनों को रद्द कराया। मानवता का इतिहास गाँधीजी के विपरीत परिस्थितियों में किए गए इन संघर्षों को कभी नहीं भूल सकता, इन्हीं के पदचिन्हों पर चलकर नेल्सन मंडेला ने अंग्रेजों से 27 वर्ष संघर्ष कर जेल में काट कर भी अफ्रीकी नेशनल कांग्रेस के आजीवन अध्यक्ष रहते हुए दक्षिण अफ्रीका को गोरी सरकार से आज़ादी दिलाई तथा सत्ता का हस्तांतरण अफ्रीकी नेशनल कांग्रेस के पक्ष में कराया।

म्यांमार में आँग सान सूकी ने वर्षों संघर्ष कर फौजी शासन को हिला कर रख दिया और नोबेल शांति पुरस्कार जीता है। यहूदियों ने संघर्ष के बल पर इजरायल का गठन किया और इतना ताकतवर बना दिया है कि चारों ओर से मुस्लिम राष्ट्रों से घिरे रहने के बावजूद भी कई बार युद्ध में एक साथ मिस्र, फिलिस्तीन, सीरिया जैसे ताकतवर राष्ट्रों को परास्त किया है। यह

इजरायलियों के संघर्षों का ही कमाल है कि आज इन स्वाभिमानी राष्ट्रभक्तों के ऊपर हमले का साहस कोई भी पड़ोसी मुस्लिम राष्ट्र नहीं कर पाता। इसके पीछे है इन इजरायलियों के 50 वर्षों की संघर्षशीलता, जब यह होम़लैण्ड के लिए दुनिया में इधर-उधर भटक रहे थे और अपनी ज़मीन की तलाश में पूरी दुनिया में जिल्लत झेलते थे। जर्मनी में हिटलर ने यहूदियों का कत्लेआम कराया, जर्मनी में हिटलर की मास्टर रेस थ्योरी के तहत यहूदियों को दोयम दर्जे का नागरिक माना जाता था तथा सभी घृणा और उपेक्षा की दृष्टि से देखते थे। आज वही दुनिया का एकमात्र यहूदी राष्ट्र जिसने अरब जगत में ही नहीं बल्कि पूरी दुनिया में अपनी शक्ति, ताकत, तकनीकी, युद्ध कौशल से सम्मान अर्जित किया है। यदि यहूदी इतने वर्ष संघर्ष नहीं करते तो 1948 में इजरायल का निर्माण नहीं होता। इस राष्ट्र के निर्माण में इनके पूर्वजों के सदियों के संघर्ष छिपे हैं।

वे अभिभावक अपनी संतानों का भला नहीं कर रहे हैं, जो लाड़-प्यार में उन्हें आरामतलब और आलसी बना रहे हैं तथा ज़रूरत से ज्यादा सुख-सुविधाएं देकर उन्हें जीवन के संघर्षों से दूर कर रहे हैं। अपने पैरों पर ख़ड़े होने की सीख तथा स्वयं निर्णय लेने की क्षमता का विकास करने देना चाहिए तथा संघर्ष कर आत्मनिर्भर बनने हेतु प्रेरित करना चाहिए।

वे टीचर अपने छात्रों का भला नहीं कर रहे हैं जो किताब के सभी प्रश्नों का हल स्वयं करके छात्रों को दे देते हैं। इससे छात्रों की स्वयं सवालों को हल करने की क्षमता में कमी आती है और जिस सवाल को हल करने में उन्होंने स्वयं माथापच्ची नहीं की होगी, उसे वे जल्दी ही भूल जाएंगे। जो पाठ आसानी से याद हो जाता है, वह उतनी ही जल्दी भूल भी जाता है और जिस पाठ को जितनी कठिनाई और संघर्ष से याद करते हैं, वह जीवन-भर याद रहता है और हमेशा के लिए हमारा हो जाता है।

पहलवान जो ज्यादा कसरत करते हैं, वे बलिष्ठ और ताकतवर बन जाते हैं, यह शरीर की माँसपेशियों के बीच संघर्ष से उत्पन्न रगड़ की शक्ति होती है जिससे शरीर मज़बूत बनता है तथा अखाड़े में विपक्षी पहलवान को धराशायी कर देता है। यही कार्य योगासन, प्राणायाम तथा ध्यान ऑक्सीजन को शिराओं और धमनियों के माध्यम से पम्प करके रोज सफाई करते हैं तथा कॉलस्ट्रॉल जमा नहीं होने देते तथा ब्लड प्रेशर को नियंत्रित रखते हैं। इसमें हृदय रोग से सम्बंधित समस्त समस्याओं की रोकथाम होती है जो रोज़ इस प्रक्रिया को

नियमित करते हैं उनको कभी भी हार्टअटैक नहीं होगा क्योंकि खून की रगड़ से रक्त नलिकाओं की रोज़ थक्का जमने की प्रक्रिया में रुकावट आती है, जो थक्के हार्टअटैक का कारण बन मृत्यु को आमंत्रित करते हैं। कमल का फूल कीचड़ में खिलता है और संघर्ष कर अपनी सुन्दरता को बनाए रखता है। जैसे ही साफ जगह पर रखते हैं तो वह मुरझा जाता है।

गुलाब के फूल काँटों से संघर्ष करके दुनिया में खुशबू बिखेरते हैं। देवी-देवताओं पर चढ़ने और मंदिर, मस्जिद जैसी पवित्र जगहों पर भी कुम्हला जाते हैं तथा दुर्गन्ध देने लगते हैं जिससे तुरन्त हटाने पड़ते हैं, अत: जीवन फूलों की सेज नहीं बल्कि संघर्षों का नाम है। जब तक संघर्ष नहीं होंगे तो सफलताएं नहीं मिलेगी क्योंकि उसमें प्रतिपल चुनौती रहती है जो कि हमेशा स्वप्रेरणा का कार्य करती है।

विरोध करने से, संघर्ष करने से तमाम राजनेता राष्ट्रीय क्षितिज पर सितारे बनकर चमके, इनमें से बहुत से नेता इन्दिरा गाँधी का और पं. जवाहर लाल नेहरू तथा कांग्रेस का विरोध करते हुए राष्ट्रीय स्तर के नेता बने। इनमें अटल बिहारी वाजपेयी, चन्द्रशेखर, चौधरी चरणसिंह, मोरारजी देसाई प्रधानमंत्री भी बने क्योंकि इन्होंने संघर्ष किया तथा धाराओं के विपरीत चलकर उस युग में काँटों भरा रास्ता चुना जिस युग में नेहरू जी या इन्दिरा जी का विरोध करना राजनैतिक कैरियर समाप्त होने जैसा था। कांग्रेस के भीतर से ही मोरारजी देसाई, चरणसिंह और चन्द्रशेखर ने संघर्षशीलता का परिचय दिया, गलत नीतियों का विरोध कर एक दिन भारत जैसे विशाल देश के प्रधानमंत्री बने।

मूर्तिकार जब मूर्तियाँ बनाता है तो वह छेनी और हथौड़े से विशाल पत्थरों पर प्रहार करता है, जो पत्थर जितनी मारक क्षमता से छेनी और हथौड़े की मार सहता है, वह मूर्ति उतनी ही अधिक सुन्दर बनती है। कुम्हार मिट्टी की मढ़ाई जितनी रगड़ से करता है उतने ही अच्छे मिट्टी के बर्तन, कुल्हड़, सकोरे बनते हैं और उस कुम्हार के बर्तन उतने ही महंगे दाम पर बिकते हैं। उस मूर्तिकार की मूर्तियों की माँग सर्वाधिक और बाजार में क़ीमत ज्यादा होती है जिसने छेनी और हथौड़े से अधिक प्रहार कर मूर्ति की फिनिशिंग अच्छी तरह से की हो।

मानव शरीर में कार्डियोलॉजी में ई.सी.जी. का ग्राफ हमेशा (हृदय की धड़कन का ग्राफ) ऊपर-नीचे बताता है। वह संघर्ष का प्रतीक है, संघर्ष है तो जीवन है।

समुद्र की लहरें ऊपर-नीचे होती हैं। उसी से नाव आगे बढ़ती है, पतवार की गति लहरों के ऊपर-नीचे होने पर ही बढ़ती है। यदि समुद्र शांत है तो समुद्री तूफान आने की सम्भावना होती है, चक्रवात आ जाते हैं, जलजले और भूचाल आ जाते हैं। इसे ही कहते हैं तूफान से पहले की शान्ति।

संघर्ष के पथ पर चलकर ही विवेकानन्द ने 1893 के विश्व धर्म सम्मेलन में शिकागो में हिन्दू धर्म, वेदान्त और भारतवासियों के धर्म की ध्वजा को विश्व में लहराया था और भारतीयों का मस्तक पूरी दुनिया में ऊँचा किया था। इससे पूर्व, हिन्दू धर्म को इतनी प्रतिष्ठा और सर्व-स्वीकार्यता तथा मान्यता नहीं मिली थी। पूरी दुनिया ने विवेकानन्द जी के माध्यम से हिन्दू धर्मशास्त्रों के दर्शन और गहराई को जाना।

नेताजी सुभाष चन्द्रबोस ने आई.सी.एस. में चयनित होकर भी आज़ाद हिन्द फौज बनाकर अंग्रेजों को भारत से भगाने का कार्य किया, संघर्ष का रास्ता चुना। उनकी एक आवाज पर भारतीयों ने अपना सर्वस्व न्यौछावर कर दिया था सोना, चाँदी, धन-दौलत, उनके आज़ाद हिन्द कोष में जमा कर फौज में भर्ती हो गए और मरते दम तक उनके संघर्ष में साथ दिया तभी दुनिया उनके संघर्ष क़ो आज भी सलाम कर रही है।

संघर्ष से ही जीवन महान बनता है। संघर्ष से जीने की चाह और जीवटता तथा जिजीविषा का निर्माण होता है, क्षमताओं का विकास होता है। संघर्ष विकास के पथ पर अग्रसर होने का प्रतीक है, दृढ़ इच्छाशक्ति वाले महान पुरुष अपनी जीवटता और दृढ़ता से इस पर विजय पाते हैं।

संघर्ष से इंसान की शक्ति कई गुना बढ़ जाती है और एकाग्रता तथा धैर्य बढ़ता है। इसी से सफलता की ओर कदम बढ़ते जाते हैं। कछुआ और खरगोश की कहानी सभी ने सुनी है। कछुआ निरन्तर संघर्ष करता रहा और खरगोश आराम करने के लिए सो गया, अन्ततः जीत निरन्तर संघर्षशील, प्रयासरत, कछुए की हुई, जबकि खरगोश उससे कहीं अधिक गति से दौड़ रहा था। इससे यही सीख मिलती है कि धीरे और निरन्तर गति से चलते रहने से ही रेस जीती जा सकती है, संघर्ष निरन्तरता चाहता है। सफलता के लिए नियमित प्रयास ज़रूरी है। यदि आप इससे डर कर मैदान छोड़ते हैं तो यह आप पर हावी हो जाएगा जैसे बेताल विक्रम की पीठ पर सवार हो जाता था और एक भी सवाल का निरन्तर जवाब नहीं देने पर पेड़ की डाल पर पहुँच जाता था। इसी तरह संघर्ष भी आप पर हावी हो जाएगा यदि आपने इससे

डरकर भागने की या पीछा छुड़ाने की कोशिश की। आँखों में आँखें डालकर प्रत्येक संघर्ष और चुनौती का सामना करो, प्रत्येक संघर्ष आपके लिए सरल और सुगम हो जाएगा। यदि संघर्ष देखने हों तो आर्मी सी.आर.पी.एफ, बी.एस. एफ. के जवानों को देखो कि किस तरह से 40 डिग्री सेन्टीग्रेड पर सीमाओं की चौकसी जान पर खेलकर कर रहे हैं। कारगिल में सेना के कितने ही जवान और अफसर शहीद हो गए। पाकिस्तान की सीमा पर जम्मू-कश्मीर में सेना के कितने ही अफसर और जवानों ने शहादत दी, विपरीत परिस्थितियों में भी इन जवानों ने संघर्षशीलता का परिचय दिया है और आतंकवादियों और दुश्मन देशों के मंसूबे सफल नहीं होने दिए हैं।

सी.आर.पी.एफ. की कोबरा बटालियन ने नक्सलवादी क्षेत्रों में जंगलों में भूखे-प्यासे रहकर। जान पर खेलकर बारूदी सुरंगों के बीच, जंगल के शेर, साँप, बिच्छुओं के बीच से रास्ता बनाकर नक्सलवादियों का सफ़ाया करने में संघर्षशीलता का परिचय दिया है, हज़ारों की संख्या में जवान और ऑफीसर शहीद हो गए हैं। हाल ही में ट्रेन से यात्रा करते वक्त दंतेवाड़ा क्षेत्र से सी.आर.पी.एफ. की कोबरा बटालियन के जवान से मिलने का मौका मिला, वह छत्तीसगढ़ क्षेत्र से अपने घर बिहार जा रहा था। जब उसने नक्सलवादी क्षेत्र के कठिन हालातों का ब्यौरा दिया और किस तरह से जवान हजारों की संख्या में शहीद हो रहे हैं, तो रोंगटे खड़े करने जैसा था। सेना के इन बहादुर जवानों का संघर्ष, त्याग और देशभक्ति की भावना से सीमा पर तैनात रहकर आतंकवादियों तथा देश के अन्दर नक्सलवादियों, माफिया डॉन से लड़ने के कारण ही हम चैन की साँस ले पाते हैं और सुख-सुविधापूर्ण जीवन जी पाते हैं। जवानों को सभी सिविलियनों द्वारा सैल्यूट किया जाना चाहिए और इज़्ज़त देनी चाहिए। फ्राँस में जॉन ऑफ आर्क, जर्मनी में विस्मार्क, रूस में लेनिन, इंग्लैण्ड में विंसेंट चर्चिल ने संघर्ष के बल पर अपनी राह बनाई। चीन में माओत्से तुंग ने संघर्ष का रास्ता अपनाकर चीन को आज़ादी दिलाई। जॉर्ज वाशिंगटन ने अमेरिका को स्वतंत्रता दिलाई। यह इन महापुरुषों के संघर्ष से ही सम्भव हो पाया। माँ जीजाबाई के स्वाभिमान और संघर्ष का ही प्रतिफल था कि माँ से संस्कार प्राप्त कर वीर शिवाजी जैसा चरित्रवान बेटा 'जीणता राजा' तथा 'हिन्दू पदपादशाही' का स्तम्भ बना। औरंगजेब से संघर्ष नहीं करते तो शिवाजी भी इतिहास पुरुष नहीं बन पाते तथा अपने पिता शाहजी

भोंसले की तरह इतिहास में गुम हो जाते। मराठा राज्य के संस्थापक नहीं बन पाते, यह उनके संघर्षों के कारण ही सम्भव हो पाया। यह शिवाजी की दृढ़ इच्छाशक्ति और संघर्षों की शक्ति का ही कमाल था कि अफजल खाँ जैसा ताकतवर सेनापति भी अपने हाथ के नाखूनों से चीर कर मार डाला, जो कि धोखे से शिवाजी की हत्या करना चाहता था।

सफलता का मोती निष्ठुरता और झंझावातों की सीपी में पलता है। सुविधाएं और भोग विलास की नींव पर कभी सफलताओं का महल खड़ा नहीं किया जा सकता है। जितना संघर्ष किया जाता है, सफलता भी उतनी ही बढ़ती जाती है, जीवटता भी बढ़ती जाती है, मनोबल बढ़ता जाता है ऊर्जा बढ़ती जाती है, सूरज से आँखें मिलाने का साहस बढ़ता जाता है। सफलतम व्यक्तियों की कहानी उनके कठिन परिस्थितियों में किए गए संघर्षों की कहानी है। इन सफलताओं को प्राप्त करने के लिए उन महापुरुषों ने कितना संघर्ष किया, यह हमें दिखाई नहीं देता। कठोर परिश्रम और निरन्तर साधना, तपस्यापूर्ण जीवन से ही सफलताएं अर्जित की जाती हैं। प्रतियोगी छात्र आई.ए.एस. टॉप करता है, उसकी लगन, मेहनत, निरन्तर संघर्ष दिखाई नहीं देता, जीवन के 25 वर्ष वह जिस एकाग्रता के साथ अभावग्रस्त रहते हुए भी संघर्ष करता है वह उसके जीवन को सफलता और खुशियों से भर देता है। जीवन को सार्थक बनाता है और अपने माता-पिता तथा कुल का नाम रोशन करता है।

परीक्षा से कभी नहीं घबराना

जन्म से मृत्यु तक प्रतिपल मनुष्य को परीक्षा से गुजरना पड़ता है, जब से होश सँभालता है मानव क ख ग से लेकर ए.बी.सी.डी. सहित परम्परागत परीक्षाएं पास करता जाता है और कब हाईस्कूल और इण्टर पास कर लेता है पता ही नहीं चलता और देखते-देखते बच्चे प्रतियोगी परीक्षाओं के मैदान में पहुँच जाते हैं। प्रतियोगी परीक्षाओं में सबसे प्रतिष्ठित और कठिन परीक्षा सिविल सर्विस की संघ लोक सेवा आयोग की आई.ए.एस., आई.पी.एस. की होती है, उसके बाद राज्य लोक सेवा आयोग द्वारा आयोजित प्रोविंसियल सिविल सर्विस की परीक्षा आती है। इन्टर तक के छात्रों के लिए आई.आई.टी., ए.आई.ई.ई.ई, पी.एम.टी., आती है। मेधावी छात्र आई.आई.टी से आई.ए.एस. तक का सफर तय करते हैं क्योंकि आई.आई.टी में उन्हें बेहतर माहौल मिलता है तथा गणित एवं भौतिकी के साथ-साथ एक इंजीनियरिंग का विषय मिल जाता है, सामान्य अध्ययन की तैयारी वह नियमित रूप से पुस्तकालय, समाचार-पत्र, बीबीसी या टी.वी. समाचारों से कर लेते हैं। इन परीक्षाओं में 90 प्रतिशत लाने पर भी निश्चित नहीं कहा जा सकता कि चयन हो ही जाएगा क्योंकि ऑल इंडिया की मैरिट बनती है, इसलिए ये परीक्षाएं बहुत कठिन होती हैं।

इन प्रतियोगी परीक्षाओं के लिए विशेष तैयारी की ज़रूरत होती है तथा कठिन परिश्रम व पूरी एकाग्रता से नियमित अध्ययन करना होता है। बिना बोर हुए और बिना थके हुए नियमित दस से बारह घंटे विषयों को तैयार करने में देने पड़ते हैं, साथ ही सामान्य अध्ययन के पेपर के लिए दो घंटे अलग से देना ज़रूरी है। स्वास्थ्य को सही रखने के लिए खानपान का ध्यान रखना चाहिए, साथ ही पुस्तकों का चयन सोच-समझकर करना चाहिए तथा सफल प्रतियोगियों एवं विद्वान प्रोफेसर्स या उत्कृष्ट कोचिंग संस्थानों से राय लेकर पुस्तकों का चयन करना चाहिए। अलग-अलग विषयों और टॉपिक्स

की अलग-अलग लेखकों की पुस्तकें विशेषताओं सहित उपलब्ध होती हैं इसलिए प्रत्येक प्रतियोगी छात्र को पुस्तकों के चयन में सावधानी बरतनी चाहिए तथा कंजूसी बिल्कुल नहीं करनी चाहिए क्योंकि छात्र की थोड़ी-सी कंजूसी कैरियर को समाप्त कर सकती है। अभिभावकों को चाहिए कि बच्चे में कभी भी गरीबी और आर्थिक अभाव का रोना रोकर हीनभावना या किसी प्रकार की कोई कमजोरी नहीं आने दें, जिससे प्रतियोगी छात्र कुंठित न हो पाए। हीनभावना का शिकार यदि छात्र हो गया तो उसके अन्दर वह आत्मविश्वास नहीं पैदा होगा जिसकी उसको ज़रूरत होती है। लुंज-पुंज, ढीला-ढाला, नैतिकताहीन, दबा कुचला-सा, मरियल-सा विद्यार्थी कभी अपने मस्तिष्क की पूरी ऊर्जा का सदुपयोग नहीं कर पाता, क्योंकि बहुत सारी ऊर्जा तनाव में ही निकल जाती है और चिंता में घुलकर घर-परिवार की आर्थिक, सामाजिक समस्याओं में उलझ जाता है, उसका कैरियर चौपट हो जाता है। फिर वह दोष देता है हालातों को, किताबों को, माता-पिता, गुरुओं, कोचिंग संस्थानों को, जबकि दोष उसका स्वयं का ही होता है। हाईस्कूल और इण्टरमीडिएट से ही अपना लक्ष्य निर्धारित करें और उसी के अनुरूप अपनी मानसिकता को सेट करें तथा गंभीरता से अध्ययन प्रारम्भ कर दें। सामान्य अध्ययन का पेपर एक दिन में तैयार नहीं होता है, इसके लिए निरन्तर वर्षों की साधना कार्य करती है। सामान्य ज्ञान के लिए खुली आँखों और दिमाग से हमेशा सजग रहने की आवश्यकता होती है। नियमित पुस्तकालय जाया करें तथा अच्छे मित्रों से विचार-विमर्श करें और अच्छे कोचिंग इन्स्टीट्यूट से गाइडेंस लें। सफल प्रतियोगी छात्रों से उनके अनुभव शेयर करें, कहाँ-कहाँ उनको कठिनाई आई और उन बाधाओं को उन्होंने कैसे पार किया, यह उनके अनुभवों से सीखा जा सकता है। वे उन्हीं पुस्तकों का अध्ययन करते हैं जिनसे परीक्षाओं में प्रश्न आते हैं, एक ही विषय की बाजार में ढेर सारी पुस्तकें होती हैं, लेकिन परीक्षापयोगी पुस्तकें और उनके लेखक गिने-चुने और विशेष योग्यता वाले होते हैं।

ईश्वर की बहुत बड़ी कृपा है कि उसने मनुष्य जन्म दिया और अच्छे सम्पन्न परिवार में जन्म दिया, शारीरिक और मानसिक रूप से स्वस्थ पैदा किया और पढ़ने का मौका मिला। अच्छे माता-पिता और गुरु प्रदान किए, अच्छे कॉलेजों में पढ़ने का अवसर मिला, फिर भी ईश्वर को और भाग्य को दोषी मानते हैं तथा अपनी कमजोरियों, कमियों का दोष दूसरों पर डाल देते

हैं। हमें रोज़ आत्ममंथन करना चाहिए कि हमने सफलता के मार्ग में कहाँ गलती की, जिससे समस्याएं आईं। विनम्रता से स्वीकार करें और अपनी कमियों को दूर करें, लेकिन अपराधबोध से ग्रसित नहीं हों अन्यथा मन विषाद से भर जाएगा और व्यथित मन का उत्साह भंग हो जाएगा। प्रसन्नता, उल्लास, जीवन के प्रति जोश, ओज और प्रबुद्धता बहुत ज़रूरी है। वाणी का संयम, क्रोध पर नियंत्रण आवश्यक है अन्यथा एक ही झगड़ा या अनायास की गई हिंसा आपका कैरियर हमेशा के लिए समाप्त कर देती है।

लेखन क्षमता का रोज़ विकास करना चाहिए। अखबारों के लिए विभिन्न समसामयिक विषयों पर लेख लिखकर सम्पादकों को भेजकर प्रकाशित कराते रहना चाहिए, जिससे आपके अनुभवों से अन्य लोग भी लाभ ले सकें। उत्कृष्ट कोटि के समाचार-पत्रों के सम्पादकीय नियमित रूप से रोज़ पढ़ें, अच्छे लेखकों की पुस्तकों और लेखों को निरन्तर पढ़ते रहें। डायरी में रोज़ संस्मरण लिखने की आदत से प्रतियोगी छात्रों की लेखन क्षमता का विकास होता है तथा अभिव्यक्ति और प्रस्तुतिकरण की क्षमता में वृद्धि होती है। जिस परीक्षा को पास करना चाहते हैं, उसके विगत वर्षों के प्रश्न पत्रों का बारीकी से अध्ययन करना चाहिए तथा ट्रेंड को समझना चाहिए कि अमुक परीक्षा में इस प्रकार के प्रश्न पूछे जाते हैं। पूरे पाठ्यक्रम का गहराई से अध्ययन करें, किसी भी टॉपिक को छोड़ें नहीं कि यह परीक्षा में नहीं आएगा। ऐसा प्राय: देखा गया है कि जिन सवालों या अभ्यासों को परीक्षार्थी अनुपयोगी समझकर छोड़ देते हैं और वही प्रश्न परीक्षा में आ जाते हैं तो पैरों तले ज़मीन खिसक जाती है और हम असफल हो जाते हैं। विषय के अच्छे गुरुओं की शरण में जाएं, क्योंकि उनका वर्षों का तजुर्बा छात्रों को मार्गदर्शन देने में काफी मददगार सिद्ध होता है।

यदि अच्छे मार्गदर्शक और अध्ययन के बाद भी आप जो पढ़ते हैं वह परीक्षा कक्ष तक पहुँचते-पहुँचते दिमाग से निकल जाता है, याद नहीं रह पाता तो याद्दाश्त को सुदृढ़ और तेज करने के लिए प्रयास करना चाहिए। विषयों के फामूर्लों को याद करने के लिए टिप्स बनाएं तथा लिख-लिख कर याद करें और अधिक समय तक स्थायी रूप से ज्ञान को संचित करने के लिए पूरी एकाग्रता से याद करें। अपने स्वयं के तरीके याद करने के लिए ईजाद करें और उन पर अमल करें, यही तकनीकियां आपको परीक्षा में सफल बना सकती हैं। जो भी विषय आपका बहुत अच्छा है और उनके

प्रश्नों के हल आप आसानी से कर सकते हैं तो उन्हें पहले हल करें और उसके बाद कठिन प्रश्नों को करें व सबसे कठिन प्रश्नों को छोड़ दें, जब आप 60–70 प्रतिशत प्रश्नपत्र पूरे आत्मविश्वास से हल कर लेते हैं तो शेष बचा 30 प्रतिशत भी आप अपने होश और उत्साह के साथ हल कर लेंगे क्योंकि तब तक आपका ऊर्जा का स्तर बढ़ चुका होता है और आत्मविश्वास भी बढ़ जाता है।

आर्थिक रूप से सुदृढ़ अर्थव्यवस्था के देश, अमेरिका के भी कई बैंक फेल हो गए हैं और कई कम्पनियों के कर्मचारियों की छंटनी करनी पड़ी। इसी प्रकार ब्रिटेन में भी आर्थिक मंदी का असर रहा। यूरोप के कई देश इस मंदी की चपेट में आ गए। भारत के मध्यम वर्ग की बचत की आदत के कारण ही भारत में इस विश्व आर्थिक मंदी का कोई असर नहीं रहा है। भारत, अमेरिका और चीन के बाद तीसरी सबसे बड़ी अर्थव्यवस्था बनने जा रहा है, जो जापान को अतिशीघ्र पीछे छोड़ देगा। यह भारतीयों की बचत की प्रवृत्ति तथा मितव्ययता का ही कमाल है कि आज भारत विश्व की उभरती हुई अर्थव्यवस्था में अग्रणी देशों की पंक्ति में खड़ा है। आज पूरी दुनिया भारत को गम्भीरता से ले रही है। यदि विद्यार्थी एक-एक मिनट का इसी प्रकार सदुपयोग करें और भारत के लगभग 40 करोड़ युवा राष्ट्र निर्माण की ठान लें तो बहुत जल्दी ही भारत महाशक्ति बन जाएगा। ऐसी कोई सफलता नहीं रहेगी, जिसे भारत के युवा प्राप्त नहीं कर सकें। आज अमेरिकी राष्ट्रपति ओबामा अपने देश के युवाओं को प्रेरित करते हुए भारत के युवाओं का उदाहरण दे रहे हैं, कह रहे हैं कि कोई 20 वर्ष पहले सोच भी नहीं सकता था कि भारत के युवा इतनी तरक्की करेंगे और भारतीय अर्थव्यवस्था को अपनी प्रतिभा व मेहनत के बल पर इतनी ऊँचाइयों पर पहुँचा देंगे। अमेरिकी छात्रों को सम्बोधित करते हुए विश्वविद्यालयों में अपने भाषणों में कह रहे हैं कि आप लोग गम्भीरता से मन लगाकर पढ़ो, नहीं तो ये मेधावी, प्रतिभाशाली भारतीय छात्र तुम्हारी सारी नौकरियाँ छीन ले जाएंगे। किसी भी परीक्षा से घबराना नहीं चाहिए, बहुत सारे छात्र जानकारी और योग्यता होने के बावजूद अपनी प्रतिभा को कम आँकते हैं और आई.ए.एस. तथा पी.सी. एस. की परीक्षा में बैठने का साहस नहीं जुटा पाते और जीवन-भर यही सोचते रहते हैं कि इन परीक्षाओं के लिए तो और ही विलक्षण प्रतिभा के लोग बने हैं। हम इन परीक्षाओं के लायक क्षमता और बुद्धि नहीं रखते। यहीं

से हीनभावना शुरू हो जाती है और जीवन-भर स्वयं को कमतर आँकने की आदत-सी पड़ जाती है जो कि अवसरों को निकाल देती है। यही भावना पूरे जीवन-भर अनिर्णय की ऊहापोह और भ्रम की स्थिति का निर्माण करती है जिससे प्रतिभाएं कुंठित हो जाती हैं तथा जीवन-भर किसी भी महान कार्य के लिए कदम नहीं बढ़ाने देती।

सामान्य और औसत बुद्धि के कम प्रतिभाशाली जो बहादुर और बिंदास होते हैं, जो किसी भी परीक्षा से नहीं घबराते, वे अपनी क्षमताओं से अधिक परफॉरमेन्स देते हैं तथा कोई भी जोखिम उठाने से नहीं डरते। वे जीवन की प्रत्येक परीक्षा में कम बुद्धिमान होने के बावजूद अधिक सकारात्मक प्रवृत्ति के कारण सफल होते हैं।

हमेशा जोखिम उठाओ, बिंदास रहो, इत्मीनान से तनाव मुक्त रहकर जीओ। छोटी-छोटी समस्याओं से मत घबराओ। एक दिन कामयाबी आपके कदम चूमेगी। आप प्रत्येक परीक्षा में टॉप करोगे, मन में ऐसा विश्वास हमेशा रखो। यही सकारात्मक ऊर्जा सफलता का कारण बनेगी।

लक्ष्य का भेदन ही जीवन का उद्देश्य

प्रत्येक प्रतियोगी छात्र को बड़ा लक्ष्य लेकर चलना चाहिए। आई.ए.एस. का लक्ष्य लेकर चलने पर उसी प्रकार की तैयारी और सफलता के सपने देखने चाहिए। एक जुनून की तरह लक्ष्य भेदन में लग जाएं। जब द्रोणाचार्य ने चिड़िया की आँख का लक्ष्य दिया और सभी कौरवों और पाण्डवों से पूछा कि तुम्हें क्या दिख रहा है, तो किसी ने पेड़ पर चिड़िया का दिखाई देना बताया तो किसी ने दूर एक पेड़ पर एक चिड़िया का दिखाई देना बताया। केवल एक अर्जुन ने ही कहा कि गुरुदेव मुझे तो केवल चिड़िया की आँख ही दिखाई दे रही है। अर्जुन ही चिड़िया की आँख को तीर से लक्ष्य भेदन कर सके, तभी से महाभारत काल से आज तक यह कहावत प्रचलित है कि जिस प्रकार अर्जुन की निगाह चिड़िया की आंख पर थी, उसी प्रकार अपने लक्ष्य पर निगाह रखनी चाहिए। प्रत्येक प्रतियोगी छात्र को अपनी परीक्षा का लक्ष्य कभी नहीं भूलना चाहिए। यह एक ख्याल है जिसे हकीकत में बदलना है। सपने वही साकार होते हैं, जो पूरा होने तक युवाओं को बेचैन रखते हैं, वे चैन से नहीं बैठते और प्राणप्रण से लक्ष्य को प्राप्त करने के लिए पुरुषार्थ करते हैं।

रतन टाटा ने लखटकिया कार बनाकर एक सपना साकार किया और दुनिया को सबसे सस्ती कार मुहैया करा कर गरीबों तथा कम आय वालों का भी कार का सपना पूरा कराया। महारानी एलिजाबेथ से भी ज्यादा लोकप्रियता, हाल के सर्वेक्षणों अनुसार रतन टाटा प्राप्त करने में सफल रहे हैं।

धीरूभाई अम्बानी का लक्ष्य था, सबसे ज्यादा अमीर बनना और एक दिन वह लक्ष्य को प्राप्त करके ही माने क्योंकि उनकी सोच बड़ी थी, कभी भी छोटी सोच नहीं रखी। पेट्रोल पम्प पर पेट्रोल भरते समय रिफ़ाइनरी का मालिक बनने का सपना देखा और एक दिन साकार किया तथा रिलायन्स कम्पनी के रूप में भारत ही नहीं बल्कि दुनिया की सबसे भरोसेमंद कंपनी खड़ी की, जो कि अपने कर्मचारियों को भी पार्टनर मानती है तथा लाभ का हिस्सा देती है तभी कर्मचारी पूरे दमखम से लगे रहते हैं।

ख़्वाब जितना बड़ा होगा, सफलता भी उतनी ही बड़ी मिलेगी। छोटे सपने देखने से छोटी कामयाबी मिलेगी, सपने ही हक़ीक़त में बदलते हैं, जितने भी महान आविष्कार हुए हैं, वो सपनों को साकार रूप में ज़मीन पर परिणत करने का ही परिणाम है।

यदि सपना बड़ा होगा तो समस्याएं और बाधाएं भी उतनी ही बड़ी होंगी, लेकिन योग्यताओं और क्षमताओं का उतना ही अधिक प्रयोग होगा।

हमारे मन की शक्ति का ही यह कमाल है कि हमारा शरीर हमारे लक्ष्य के अनुसार अपने को ढाल लेता है। जब हम कोई बड़ा कार्य करते हैं, जैसे आई.ए.एस. की परीक्षा देने जाना है तो सुबह 5 बजे जाग जाएंगे जबकि रोज 8 बजे जगते हैं। परीक्षा की तैयारी के वक्त न तो सर्दी, न गर्मी, न बरसात, कुछ भी कष्ट नहीं देती। हम लक्ष्य को साधने में इतने तल्लीन हो जाते हैं कि मन की प्रफुल्लता और उत्साह देखते ही बनता है। जो विपरीत परिस्थितियों में सम बने रहते हैं, वे ही लक्ष्य को भेद पाते हैं। जब इंसान के सामने महान कार्य करने का बड़ा लक्ष्य होता है तो उसे क्रोध नहीं आता है। उसका मूड हमेशा अच्छा बना रहता है, विपरीत परिस्थितियों में भी खुशमिज़ाज रहता है और प्रसन्नता बाँटता है। यदि हमारा लक्ष्य छोटा है तो हर मुसीबत पहाड़ जैसी लगती है, मौसम की मार से घबरा जाते हैं, परिस्थितियों के सामने घुटने टेक देते हैं और लक्ष्य से भटककर काम बीच में छोड़ देते हैं।

जो व्यक्ति विपरीत परिस्थितियों में भी सम रहते हैं, सुख-दुःख, हानि-लाभ, सर्दी-गर्मी को समान समझते हैं, वही अन्ततः मंजिल पर पहुँच पाते हैं और अपने लक्ष्य को प्राप्त कर पाते हैं। हमारा शरीर भी परिस्थितियों के अनुसार अपने को ढाल लेता है, जैसा हम इसे बनाते हैं उसी के अनुसार कार्य करने लगता है। जब सुबह चार बजे ट्रेन पकड़नी हो या फ्लाइट से कहीं जाना हो तो तीन बजे ही आँख खुल जाएगी और तैयार होकर एयरपोर्ट पहुँच जाते हैं। शरीर का उत्साह देखते ही बनता है फिर कोई आलस्य नहीं रहता है, शरीर का दर्द भाग जाता है। जब व्यक्ति का उद्देश्य बड़ा होता है तो प्रतिपल वह अपने कार्य में लगा रहता है, जिससे उसका मन सकारात्मक ऊर्जा से भरा रहता है, शरीर फूल की तरह हल्का और मन उल्लास तथा उमंग से भरा रहता है, यही उत्साह व्यक्ति से महान कार्य कराता है। कहा जाता है कि मन के हारे हार है और मन के जीते जीत। जीवन में अपने लक्ष्यों को प्राप्त करने के लिए मन का स्वस्थ होना और उत्साहित होना बहुत ज़रूरी है, उत्साहविहीनता और

आलस्य में तमाम प्रतिभाएं समय से पहले चूक जाती हैं और असफल होकर नष्ट हो जाती हैं।

जब भी हम कोई बड़ा लक्ष्य लेकर कार्य प्रारम्भ करते हैं तो अधिकांश लोग उपहास उड़ाना शुरू कर देते हैं तथा हँसी-हँसी में इतना हतोत्साहित कर देते हैं कि ज्यादातर प्रतियोगी छात्र प्रयास करना ही छोड़ देते हैं। उनकी टिप्पणी कुछ इस प्रकार की होती है कि वे तो विरले ही होते हैं जो कि आई.ए.एस. और पी.सी.एस. बनते हैं। वे विलक्षण प्रतिभा के धनी होते हैं। यह परीक्षा पास करना तुम्हारे बस का नहीं है, निकट सम्बन्धी और परिवारजन ही ऐसी कटुक्तियाँ कर छात्रों का मनोबल गिराते हैं और मन में भावना रहती है कि कहीं यह आई.ए.एस. या पी.सी.एस. ना बन जाए और हमसे आगे नहीं निकल जाए। इसी उद्देश्य से छात्रों को हीनभावना का शिकार कर लक्ष्य से भटकाने की कोशिश करते हैं। इससे बिल्कुल विचलित नहीं होना चाहिए तथा दृढ़ इच्छाशक्ति को इतना मज़बूत रखना चाहिए कि ऐसी कमजोर बातें मन को मायूस नहीं कर सकें। जब भी कोई हमारे लक्ष्य में रुकावट डाले या हमारे सपनों के बीच में आए तो सिरे से नकार देना चाहिए और प्राथमिक स्थिति में ही ऐसे लोगों से पल्ला झाड़ लेने में समझदारी होती है। सबसे अधिक दीन-दु:खी और दरिद्र, हम अपने सपनों की चोरी से होते हैं। इन्हें यत्नपूर्वक सँभालकर रखना चाहिए। ये दुनिया की किसी भी दौलत, हीरे, जवाहरातों और आभूषणों से ज्यादा कीमती होते हैं सोना, चाँदी, नीलम, पन्ना इन सपनों के सामने कुछ भी नहीं है।

यदि गाँधी, सुभाष, नेहरू, बराक ओबामा, मण्डेला, एडीसन, विवेकानन्द, गौतम बुद्ध, जार्ज वाशिंगटन, अब्राहम लिंकन, मार्टिन लूथर किंग, प्लेटो, सुकरात ने इन नकारात्मक सोच के व्यक्तियों की बातें मान ली होतीं तो क्या ये महान कार्य कर पाते? शायद नहीं। क्योंकि ऐसे लोग हर युग में होते हैं, जो कि हर बड़े कार्य में बाधाएं खड़ी करते हैं तथा अच्छे कार्य में लगे लोगों को हतोत्साहित करते हैं। आप कितने ही अच्छे कार्य कर लें, तब भी लोग आपकी आलोचना करेंगे। यदि आपने कोई गलत कार्य या अनीतिपूर्ण कार्य नहीं किया हो, तब भी झूठी बातें समाज में प्रचारित करके आलोचना करेंगे और चटकारे ले-लेकर निंदारस लेते हैं, अत: ऐसे लोगों की बातों में कभी भी नहीं आना चाहिए, न ही ऐसे लोगों की परवाह ही करनी चाहिए। इन्हें नजरअन्दाज करें, उपेक्षित करें, और अपने लक्ष्य में लगे रहें। ऐसे लोगों से दूर रहने का प्रयास करें, जो अपने नकारात्मक विचारों से आपको लक्ष्य से भटकाने का प्रयास करते हैं।

जिन परिवारजनों, पड़ोसियों, रिश्तेदारों की भावनाएं आपके प्रति ठीक नहीं हों, उनसे हमेशा दूर रहो, क्योंकि वे जीवन-भर आपके अहित की ही सोचेंगे और आपकी इज़्ज़त के खिलाफ कार्य करेंगे। उनको किसी प्रकार का मन का भेद नहीं दें, अन्यथा वे दुष्प्रचार कर आपको अपने लक्ष्य से विचलित करने का प्रयास जीवन-भर करते रहेंगे। ऐसे लोगों की बातों को हँसी में टाल देना चाहिए और हवा में उड़ा देना चाहिए, क्योंकि यह पूरी तरह से आधारहीन होती हैं, इनका कोई सिर-पैर नहीं होता है।

निन्दकों को हमेशा अपने साथ रखना चाहिए। कबीर दास जी ने सैकड़ों वर्ष पूर्व लिखा था कि

निंदक नियरे राखिये आँगन कुटी छवाय,
बिनु साबुन पानी बिना निरमल होत सुभाय।

हमें अपने आलोचकों को अपने घर के आँगन में कुटी बनाकर रखना चाहिए क्योंकि ये बिना साबुन और पानी के हमारा स्वभाव निर्मल करते हैं, हम इनके कारण अपनी कमियों को दूर करते हैं, अवगुणों से बचते हैं और अपना कार्य व्यवहार और नीतियाँ शुद्ध पवित्र रख पाते हैं। समय-समय पर हमारी कमियों को यही निंदक दूर करते हैं। जब कोई तुम पर हंसता है तो अपने प्रयासों को और सजग होकर तेज़ कर देना चाहिए। यदि मन में आलस्य आए तो इन निंदकों और हँसी उड़ाने वालों को याद करना चाहिए, फिर दुगने उत्साह से लक्ष्य की प्राप्ति में लग जाना चाहिए। इससे उत्साह पैदा होगा, ऊर्जा और शक्ति प्राप्त होगी और शक्तियों से ही सफलता मिलती है। तभी प्रतियोगी परीक्षाओं में, उद्यमी व्यापार में और हर प्रयासरत व्यक्ति अपने लक्ष्य को प्राप्त करने में कामयाब होता है।

अपनी हँसी न उड़ जाए, यह डर हमें लापरवाह और आलसी बनने से बचाता है और जोश से अपने उद्देश्य की प्राप्ति में लग जाते हैं। यही वे हथियार हैं जिनके माध्यम से हम इन महान कार्यों को कर पाते हैं तथा कामयाबी के झण्डे गाड़ते हैं। जीवन निर्णय, विचार और चिंतन से महान बनता है। प्रतिपल मन में उत्साहजनक सकारात्मक विचारों का आना ज़रूरी है। इसी से प्रतिक्षण हमारे मन और शरीर को कार्य करने की सकारात्मक ऊर्जा प्राप्त होती है, इसी सकारात्मक ऊर्जा से महान से महान कार्य सम्पन्न होते हैं। चाहे लक्ष्य आई.ए.एस. टॉप करना, इण्डस्ट्री डालना या व्यापार में कामयाबी प्राप्त करना, ये सभी इसी ऊर्जा के द्वारा प्राप्त शक्ति से ही सम्पन्न हो पाते हैं। इंसान को हमेशा सुखी रहने के बारे में सोचना चाहिए तथा बड़ी सोच के साथ ज़िंदगी जीनी चाहिए। अधिक पाने की सोचो, अमीर बनने की

सोचो, उसके लिए पूरा प्रयास करो, क्योंकि इंसान अपनी बड़ी सोच द्वारा दुनिया की किसी भी वस्तु को प्राप्त कर सकता है। कामयाबी के उच्चतम शिखर पर पहुँचने की सोचो, दुनिया में नाम रोशन करने की सोचो। मानव अपनी सोच से ही बड़ा आदमी और छोटा आदमी बनता है। सोच एक ऊर्जा है जो प्रतिपल हमें आगे बढ़ने की ताकत और प्रेरणा देती है, सोच आपके लिए फायदेमंद भी हो सकती है और नुकसानदेय भी हो सकती है। यह आपके ऊपर निर्भर करता है कि आप इसे किस प्रकार इस्तेमाल करते हैं।

हमारी भ्रमित बुद्धि हमें कुछ नहीं करने देती। शास्त्र का वाक्य है कि 'संशयात्मा विनश्यति।' यह कार्य मैं कर पाऊँगा या नहीं? ऐसा संशय मन में आते ही हमारी सफलताएं हमारे हाथ से निकल जाती हैं तथा सफलता का प्रतिशत नगण्य हो जाता है। इसी भ्रम के कारण हम लक्ष्य की प्राप्ति से भटक जाते हैं और गर्त में चले जाते हैं। जिस क्षण हम सकारात्मक सोच के साथ, पूर्ण आत्मविश्वास के साथ किसी कार्य को हाथ में लेते हैं और अपनी प्रतिभा व शक्तियों पर पूरा भरोसा रखते हैं तो मंजिल को पाकर ही रहते हैं। यह हमारे ऊपर ही निर्भर करता है कि हम क्या बनेंगे, हम अपने भाग्य के निर्माता स्वयं ही होते हैं क्योंकि हमारी सोच जहाँ हमें ले जाती है, जीवन उन्हीं ऊँचाइयों पर पहुँच जाता है।

बहुत सारे मानवों को अपने अंदर की छिपी शक्ति व क़ाबिलीयत का पता नहीं होता है। बड़ा सोचना हर एक के बूते की बात नहीं है ज्यादातर लोग कूपमंडूक़ (कुएं के मेंढ़क) ही बने रहना चाहते हैं। उन्हें समुद्र की गहराई और विशालता का पता नहीं होता और अपने मकड़जाल में फँसे, उसी में मस्त रहते हैं, वे अपनी शक्तियों को पहचान नहीं पाते और कामयाबी व सफलताओं से वंचित रह जाते हैं।

मनुष्य के मन में अद्‌भुत शक्तियों का ख़ज़ाना छिपा है, आवश्यकता है समय पर उसे सकारात्मक चिंतन से बाहर लाने की। आपको अपने ऊपर पूरा भरोसा करना होगा कि आप दुनिया की बड़ी से बड़ी उपलब्धि हासिल कर सकते हैं और ऊँचाइयों के शिखर को छू सकते हैं। आवश्यकता है उस शक्ति को पहचानने की और अपनी कामयाबियों के लिए सदुपयोग करने की। जो इन विलक्षण प्रतिभा और शक्तियों के ख़ज़ाने को पहचान लेते हैं वे कामयाब हो जाते हैं और बाकी भूलभुलैया में भटकते रहते हैं, अपनी मंजिल तक नहीं पहुँच पाते हैं।

स्वर्ग-नरक सब यहीं है। अपने मन के अंदर ही हमारी सोच में स्वर्ग-नरक छिपा है। यदि सब कुछ होते हुए भी दुःखी हैं तो नरक है तथा

कुछ नहीं होने पर भी खुश हैं तो स्वर्ग है। दुनिया की कोई ताकत नहीं जो आपको अपने लक्ष्य की प्राप्ति से रोक सके, लेकिन आवश्यकता है बड़े सपने देखने की, साथ में विश्वास, लगन, कठिन परिश्रम, बड़ा लक्ष्य, जुनून व दीवानेपन की, जिससे हमारी सोच बदल जाती है और स्वयं का आत्मविश्वास बढ़ जाता है।

आपत्तियों में जो नहीं घबराते तथा निरन्तर संघर्षरत रहते हैं और बड़ी सोच के साथ बड़े सपने देखते हैं, उनके सामने पहाड़ जैसी विपत्तियाँ भी झुक जाती हैं और सलाम करके दायें-बायें हो जाती हैं, समस्याएं नौ दो ग्यारह हो जाती हैं। क्योंकि संसार में परिवर्तन प्रकृति का नियम है, अतः जब कुछ भी स्थायी नहीं है, तो संकट के समय साहस और धैर्य धारण करना चाहिए और सकारात्मक चिंतन करना चाहिए। समस्याएं और संकट स्थायी नहीं होते, समस्याएं आती हैं और चली जाती हैं, जैसे जाड़े के बाद बसंत, बसंत के बाद गर्मी और बरसात की ऋतुएं आती हैं उसी प्रकार सुख और दुःख, खुशी और ग़म आते-जाते मौसम की तरह ही होते हैं।

महानगरों की भीड़-भाड़ में आज इतने ट्रैफिक में अपने ऑफिस समय पर पहुँचना कितना मुश्किल हो गया है, हम जाम में फंसते हैं तो गली-कूंचों से निकल कर वैकल्पिक रास्ते ढूँढ़ लेते हैं, भीड़ भरी बसों और ट्रेनों में धक्का-मुक्की धैर्यपूर्वक झेलते हुए ऑफिस तक अन्ततः पहुँच ही जाते हैं इसी प्रकार लक्ष्य प्राप्ति में कोई बाधा आए तो हमें तुरन्त अपनी सोच और नज़रिया सकारात्मक कर लेना चाहिए तथा वैकल्पिक रास्ता खोजना चाहिए। यही कामयाब लोगों की सफलता का राज होता है। वे कभी परम्परागत रास्ते पर नहीं चलते, रोज नया रास्ता खोजते हैं तथा बड़ी सोच के साथ बड़ा सपना देखते हैं और कामयाबी की ओर पूरी मस्ती करते हुए इत्मीनान से आगे बढ़ते हैं। ये अपनी कुशाग्र बुद्धि से कुंद और बंद दरवाजों को खोलते हैं, इनके पास हर बंद ख़ज़ाने की चाबी होती है। पूरी योजना के साथ ड्राफ्ट बनाकर नक्शे को ज़मीन पर साकार रूप देते हैं और ख़ज़ाने को प्राप्त करके ही मानते हैं।

जब मकड़ी अपना जाल बुनती है तो कितनी बार वह टूटता है, फिर भी मकड़ी जाल बनाने में लगी रहती है और अन्ततः सफल हो जाती है, इस दौरान वह कई बार गिरती है, फिर उठ जाती है। यह हमें सीख देती है कि धैर्यपूर्वक अपने लक्ष्य की प्राप्ति में लगे रहना चाहिए। कितनी ही बाधाएं, आँधी, तूफान, भूकम्प, सुनामी, भूचाल आपत्तियाँ आएं, किन्तु अपने कार्य से विचलित नहीं होना चाहिए। जिस प्रकार मधुमक्खियाँ एक किलो शहद

के लिए लाखों फूलों से रस चूसती हैं और धैर्यपूर्वक अपने कार्य में योजनाबद्ध तरीके से लगी रहती हैं, उसी प्रकार मनुष्य को धैर्यपूर्वक अपनी मंजिल की प्राप्ति हेतु कामयाब होने के लिए लगे रहना चाहिए।

चींटियाँ भी तमाम बाधाएं पार करके अपनी मंज़िल पर पहुँचती हैं, बार-बार वे वैकल्पिक रास्ते ढूँढ़ती हैं और एक दिन पहाड़ पर आखिर चढ़ ही जाती हैं, ये मानव को हार न मानने की सीख देती हैं।

जीवन में दूरदर्शिता होनी चाहिए। यदि दूर की सोच नहीं होगी तो छोटी सोच के छोटे कार्य होंगे। कामयाब लोग जब भविष्य की योजनाएं बनाते हैं, तो उनके अंदर दूरदृष्टि होती है तथा पक्का इरादा होता है, तभी वे आत्मविश्वास के साथ पहले से ही ख़तरे और आपत्तियों को भाँप लेते हैं।

भविष्यदृष्टा की यही दूरदृष्टि ही कामयाब लोगों को सामान्य लोगों से अलग करती है। यही इन दोनों में अन्तर होता है। जिन इंसानों में दूरदृष्टि नहीं होती, वे भविष्य की घटनाओं और आपत्तियों का सही अनुमान नहीं लगा पाते और जीवन-भर परेशान रहते हैं, जो पहले से ही परिस्थितियों का अनुमान लगाकर अपने जीवन को व्यवस्थित करते हैं, वे सुखी रहते हैं तथा कामयाब इंसान कहलाते हैं।

एकाग्रता के अभाव में लोग सही निर्णय नहीं कर पाते हैं। यह एकाग्रता का ही कमाल है कि अभिनव बिन्द्रा ने शूटिंग में ओलम्पिक का स्वर्ण पदक जीता। लक्ष्य को भेदने के लिए एकाग्रता की बहुत आवश्यकता होती है। जिनके पास एकाग्रता का अभाव होता है, वे कामयाब नहीं हो पाते हैं। सचिन तेन्दुलकर की एकाग्रता बहुत ग़ज़ब की है। डॉन ब्रैडमैन, रिकी पॉन्टिग, विवियन रिचर्डस, ब्रायन लारा आदि क्रिकेट खिलाड़ी अपनी एकाग्रता के कारण ही बॉल को बैट से हिट करके ढेर सारे रन बनाकर विश्व रिकार्डधारी कहलाते हैं। सुनील गावस्कर, दिलीप वेंगसरकर और गुंडप्पा विश्वनाथ की एकाग्रता देखने लायक थी, जिससे टेस्ट क्रिकेट के इतिहास के तमाम कीर्तिमान बनाए।

वीनस विलियम्स, स्टेफीग्राफ, पीट सम्प्रास, आन्द्रे अगासी आदि टेनिस खिलाड़ी एकाग्रता के बल पर लॉन टेनिस के विम्बलडन, अमेरिकन ओपन और फ्रेंच ओपन चैम्पियनशिप जीत चुके हैं। खेलों के साथ-साथ अध्ययन, उद्योग, व्यापार में भी मन की एकाग्रता बहुत ज़रूरी है, नहीं तो किसी भी कार्य में मन नहीं लगेगा और व्यक्ति कामयाबी की मंजिल प्राप्त नहीं कर पायेगा।

मनुष्य के अंदर बहुत शक्तियाँ विद्यमान होती हैं, लेकिन एकाग्रता के अभाव में सकारात्मक नतीजा नहीं आ पाता क्योंकि हम बिना एकाग्रता के किसी निर्णय पर नहीं पहुँच पाते। एकाग्रता के बिना पढ़ाई में मन नहीं लगता और किसी भी विषय को याद करने के लिए एकाग्रता की ज़रूरत होती है। इससे ध्यान बँटता नहीं है तथा एकाग्रता के अभाव में अध्ययन में गम्भीर समस्या आती है। प्रतियोगी छात्र जब कामयाब होने के लिए पूरा मन लगाकर अध्ययन करते हैं, तो जिसकी एकाग्रता सबसे अच्छी होती है, कामयाबी की प्रतिशतता उसी की बढ़ जाती है। विषय को कंठस्थ करने के लिए शारीरिक, मानसिक ताकत के साथ-साथ जो सबसे ज़रूरी है, वह एकाग्रता ही होती है।

यदि किसी उद्योग-धंधे में लगे व्यक्ति के पास बड़ी-बड़ी इंजीनियरिंग या एम.बी.ए. की डिग्रियाँ नहीं हैं तो भी उसे घबराना नहीं चाहिए तथा चिंतित होने की कोई आवश्यकता नहीं है क्योंकि एकाग्रता से वे सेहत, बुद्धि, व्यवहार, उद्योग, खेल, विज्ञान सभी क्षेत्रों में ऊँचाइयों पर पहुँच सकते हैं। केवल लगन की, जुनून की और एकाग्रता से कार्य करने की ज़रूरत है। दुनिया में सबसे कामयाब खिलाड़ियों के पास कोई बड़ी डिग्रियाँ नहीं हैं। पिछले सौ वर्ष में जितने भी दुनिया में महान वैज्ञानिक और आविष्कारक हुए हैं, उनके पास कोई भी बड़ी डिग्रियाँ नहीं थीं, लेकिन उनकी सोच बड़ी थी तथा लक्ष्य बड़े थे, मानव समाज के लिए कुछ नया करना चाहते थे, इसलिए वे सभी अपने-अपने क्षेत्रों में कामयाब रहे।

दुनिया का हर इंसान सुखपूर्वक जीवन जीना चाहता है तथा खुशी हासिल करना चाहता है, इसके लिए आवश्यक है अपने मन के दरवाजों को खोलना और अपनी इन्द्रियों पर नियंत्रण कर अपने मन के विकारों को दूर करना। जब तक काम, क्रोध, मोह, लोभ जैसे शत्रु हमारे मन के अन्दर कुण्डली मारकर बैठे हैं, तब तक हम सुखी नहीं रह सकते। अपने जीवन को सहज और सरल बनाने तथा बिंदास तरीके से पूरे आत्मविश्वास के साथ जीते हुए अपने लक्ष्य की ओर बढ़ो और अपने सपनों को पूरा करो। सपने उन्हीं के साकार होते हैं, जो उनको पूरा करने के लिए खुले दिलो-दिमाग से व पूर्ण होशो-हवास में इत्मीनान भरा जीवन पूरी सजगता के साथ जीते हैं। कामयाबियों के लिए जिस जुनून की ज़रूरत है वह अपने मन में पैदा करो, चुनौतियों को स्वीकार करो, अपमानों को पी जाओ और परिस्थितियों को अपनी दासी बनाओ, हिम्मत कभी मत हारो, ऊर्जा का सदुपयोग करो और विपरीत परिस्थितियों को भी अनुकूल बनाओ।

काक चेष्टा, बको ध्यानम, स्वान निद्रा तथैव च
अल्पहारी, गृह त्यागी विद्यार्थी पंच लक्षणम्।

कौवे जैसी चेष्टा होनी चाहिए, बगुले जैसा ध्यान (जब वह नदी और तालाब में मछली खाने के लिए एक पैर पर खड़ा रहता है और जैसे ही मछली दिखी तुरन्त झपट्टा मारता है), कुत्ते जैसी निद्रा होनी चाहिए (हल्की सी आहट पर तुरन्त चौकन्ना होकर जाग जाता है), जब ज़रूरत हो आलस्य छोड़कर तुरन्त उठ बैठें व अध्ययन शुरू कर दें। कम भोजन करना चाहिए, यह नहीं कि जम के खाएं और सो जाएं तथा घर का मोह त्याग कर पढ़ाई, साधना, तपस्या करें। विद्यार्थियों के ये पाँच लक्षण माने गए हैं। बहुत से प्रतिभाशाली छात्र होम सिकनेस के कारण परीक्षाएं छोड़ देते हैं, कैरियर चौपट कर भावुकता में अपना जीवन बर्बाद कर घर बैठ जाते हैं, अवसाद के शिकार होकर मनोरोगी हो जाते हैं। पहले विद्यार्थी 25 वर्षों की उम्र तक गुरुकुलों में विद्याध्ययन करते थे। राजा और रंक के बच्चे एक साथ शिक्षा ग्रहण करते थे, मित्र बनकर मित्रता निभाते थे, कृष्ण-सुदामा की मित्रता जगत प्रसिद्ध है। ब्रह्मचर्य का पालन व शारीरिक व्यायाम कर शरीर को सौष्ठवता प्रदान करते थे। युद्धकला, शास्त्रों का ज्ञान तथा ज्योतिष और विज्ञान की शिक्षा ग्रहण करते थे। वेद, पुराण, उपनिषद, महाभारत, रामायण सहित तमाम धार्मिक ग्रन्थों के श्लोकों और ऋचाओं को कंठस्थ करते थे, ब्रह्ममुहूर्त में जागकर यज्ञ हवन करते थे, इससे बौद्धिक प्रखरता बढ़ती थी। आज का जीवन विज्ञान ने बहुत आरामदायक कर दिया है। टी.वी., डिश, केबल, कम्प्यूटर, इन्टरनेट ने ज्ञान को कमरे के अन्दर ही सजाकर रख दिया है। गर्मी में ठंडक तथा ठंड में गर्मी प्राप्त करो, कार-जीप से कहीं भी पहुँच जाओ। बाइक का प्रयोग भीड़भाड़ में सुगम साधन के रूप में किया जा सकता है। पहले किसी विषय के लिए न जाने कितनी पुस्तकालयों की खाक छाननी पड़ती थी, आज लैपटॉप कम्प्यूटर से इन्टरनेट पर विक्कीपीडिया क्लिक करो और माउस के प्रयोग से हर टॉपिक पर दुनिया-भर की जानकारी आपकी टेबल पर उपलब्ध हो जाती है। आप नोट्स बना सकते हैं, याद कर सकते हैं या फिर प्रिंटर से प्रिंटआउट निकाल सकते हैं, अपनी आई.डी. बनाकर फेसबुक, ट्विटर पर अपने मित्रों से बात कर सकते हैं। खोये हुए और बिछड़े हुए मित्रों को ढूंढ़ सकते हैं, दुनिया में नये मित्र बना सकते हैं, हर घटना पर अपनी प्रतिक्रिया दे सकते हैं जो कि पलभर में दुनिया-भर में प्रसारित हो जाती है। प्रिंट मिडिया और टी.वी. पर छा सकते हैं। इतने सारे

अवसर पहले नहीं थे, आज के युवाओं के समक्ष वाकई सारे विकल्प खुले हैं। आवश्यकता है इनका सदुपयोग करने की और अपने लक्ष्य को प्राप्त करने के लिए अवसरों का लाभ लेने की। अपने सपनों को साकार करने के लिए हर उस साधन का प्रयोग करना चाहिए जो कि विज्ञान ने हमें सौगात के रूप में दिया है। अपने लक्ष्य में इतने खो जाओ कि अगल-बगल में क्या हो रहा है, यह भी पता नहीं चले। बहुत से विद्यार्थी जब तैयारी करते हैं तो बगल से चाहे बैन्ड बाजा या बारात निकल जाती है, लेकिन उनको पढ़ने की इतनी धुन सवार होती है और अपने लक्ष्य के प्रति इतना समर्पण होता है कि उन्हें कोई भी आवाज़ सुनाई नहीं देती। यह उनकी एकाग्रता और ध्यान लक्ष्य पर लगा होने के कारण सम्भव हो पाता है क्योंकि उनके सपने होते हैं जिन्हें वे साकार करने के लिए प्रतिपल सोचते हैं, दायें-बायें क्या हो रहा है उन्हें कुछ भी पता नहीं होता। यही एकाग्रता उनकी सफलता का राज होती है।

नार्वे की महान लेखिका सिग्रिड अन्डसैट को 1928 का साहित्य नोबेल पुरस्कार देने की घोषणा हुई। उस जमाने में आज की तरह व्यापक संचार साधन नहीं थे, इसलिए उन तक खबर देर शाम तक पहुँची। पत्रकार सिग्रिड का साक्षात्कार लेने उनके घर पर पहुँच गए, उस समय रात के नौ बजे थे। पत्रकारों ने काफी देर तक दरवाजा खटखटाया, आखिर सिग्रिड घर से बाहर आईं व पत्रकारों को देखकर बोलीं, 'मैं आपके आने का कारण समझ सकती हूँ, लेकिन मुझे अभी माफ कीजिए। मैं अभी आपसे बात नहीं कर सकती।' यह सुनकर पत्रकारों को बेहद आश्चर्य हुआ, कहाँ तो उन्हें यह लग रहा था कि सिग्रिड साक्षात्कार देने के लिए उत्सुक होंगी, पर वह तो दो बात करने तक के लिए तैयार नहीं थीं। पत्रकारों ने उनसे पूछा, 'लेकिन आप अभी बात क्यों नहीं करना चाहतीं?' सिग्रिड ने कहा, 'क्षमा करें, यह समय मेरे बच्चों के सोने का है, अभी मैं उनके साथ ही समय बिताना पसन्द करती हूँ। पुरस्कार तो मुझे मिल ही चुका है और इससे मैं काफी खुश हूँ, लेकिन यह उस खुशी के सामने फीका है, जो बच्चों के लिए निर्धारित समय में मुझे उनके साथ रहने में मिलती है।' पत्रकार उनकी खुशी की इस परिभाषा और सहजता से बेहद प्रभावित हुए। सुबह सिग्रिड ने उन पत्रकारों को ही सबसे पहले साक्षात्कार दिया। इतनी कर्त्तव्यनिष्ठ लेखिका जिसने बच्चों की खुशी के समक्ष और उनके साथ समय बिताने के आनन्द के समक्ष नोबेल पुरस्कार की खुशी को भी नगण्य कर दिया। ऐसी महान विलक्षण प्रतिभाओं, त्याग और ममता की मूरत से भरी है यह दुनिया, इसमें

सब कुछ है, बस नज़रिये की ज़रूरत है। छोटी-छोटी खुशियाँ सहेजने से कितनी बड़ी हो जाती हैं, जीवन का आनन्द कितना बढ़ जाता है।

लेकिन जगत में हम जो काम करते हैं, जड़शक्ति या क्रियाशक्ति की सहायता से करते हैं। अंग्रेजी में उसे 'एनर्जी' कहते हैं। एनर्जी यानी ऊर्जा की विशिष्टता यह है कि वे जड़शक्तियाँ हैं। इनके पीछे यदि बुद्धि का समर्थन रहे तभी उनसे कोई काम हो सकेगा, नहीं तो काम नहीं हो पाएगा। बादलों में कितनी बिजली तैयार हो जाती है, किन्तु वह कुछ कर नहीं पाती। अधिकांश क्षेत्रों में वह व्यर्थ हो जाती है, क्योंकि मनुष्य की तरह कोई बुद्धिसम्पन्न जीव उसे काम में नहीं लगाता। अतः विद्यार्थियों को चाहिए कि अपने बड़े लक्ष्यों की प्राप्ति के लिए अपनी सकारात्मक ऊर्जा का सदुपयोग करें। ऊर्जा को व्यर्थ नष्ट नहीं करें, बुद्धि का प्रयोग कर इस ऊर्जा का स्तर बढ़ाते रहें, कार्य क्षमता बढ़ती रहेगी तो कार्य पूरे होते रहेंगे।

मस्तिष्क की ऊर्जा का सदुपयोग

यदि हमारा मस्तिष्क अपनी ऊर्जा के बारे में पूरी तरह से आश्वस्त हो जाए कि इसमें असीमित ताकत का खजाना छिपा है, तो दुनिया की कोई ताकत व्यक्ति को सफल एवं कामयाब होने से रोक नहीं सकती। दुनिया में सफल एवं कामयाब लोग मात्र 4 प्रतिशत हैं, बाकी 96 प्रतिशत लोग सामान्य स्तर का जीवन जीते हुए जन्म-जन्मान्तर तक विभिन्न योनियों में भटकते रहते हैं और पृथ्वी पर मनुष्य रूप में जन्म लेने के बाद भी अपने मस्तिष्क की ऊर्जा के रहस्य को नहीं जान पाते। आज जीवन के प्रत्येक क्षेत्र में तरक्की और विकास हो रहा है, प्रोद्यौगिकी उन्नत किस्म की हो गयी है। विज्ञान, दूरसंचार, कम्प्यूटर, इंटरनेट, कला आदि के क्षेत्र में इतनी प्रगति के बाद भी कामयाब लोगों का प्रतिशत नहीं बढ़ना, इस बात का सूचक है कि ज्यादातर लोग सुप्तावस्था में पड़े रहते हैं और अपनी मस्तिष्क की शक्ति (ब्रेन पावर) को नहीं जान पाते। अपने मन में ढेर सारे भय जीवन-भर पालते रहते हैं और आशंकाओं से घिरे रहते हैं। असफलता का डर सबसे बड़ा डर है, परीक्षा में पास होंगे कि नहीं? ऐसे संशयात्मक विचार आते ही मस्तिष्क की ऊर्जा का ह्रास शुरू हो जाता है तथा दिमाग तनावग्रस्त होकर कार्य करना बंद कर देता है, उत्साहविहीनता की स्थिति में पहुँच जाता है। शरीर का कमाण्डर मस्तिष्क लुंज-पुंज हो जाता है, तो फिर शरीर को ऊर्जित और उत्साहित कौन करेगा?

मानव व्यवहार ईश्वर प्रदत्त अनमोल धरोहर है जिसे सकारात्मक सोच की घुट्टी पिलाकर मज़बूत किया जाता है और हमेशा विचारों को बड़ी सोच की ओर विकासोन्मुख बनाया जाता है, तब मस्तिष्क अपने रहस्यों से पर्दा हटाकर अद्‌भुत चमत्कार करता है। जैसे ही मनोविकार दूर होते हैं, तभी मस्तिष्क में से अंकुर फूटने लगते हैं और नवीन विचारों का प्रस्फुटन होने लगता है। खुला दिमाग, अधिक धन-दौलत और शोहरत देता है। आवश्यकता है इसके सही पोषण और रख-रखाव की। इसे अनुकूल परिस्थितियों में

दबाव रहित रखना चाहिए। इसके विचारों की स्वतंत्रता के ऐन्टीना को कभी नहीं छेड़ना चाहिए और इसकी फ्रीक्वेन्सी हमेशा सकारात्मक सोच के मीटरबैंड पर रखनी चाहिए। जिसमें ब्रह्माण्ड की सकारात्मक तरंगों और विचारों को ग्रहण कर उसी प्रकार की ऊर्जा में वृद्धि कर महान कार्य करने हेतु स्वतंत्र छोड़ देना चाहिए। जब भी हम मस्तिष्क को अपने विचारों के द्वारा भ्रमित करते हैं या इसकी कार्य क्षमता को छेड़ने का प्रयास करते हैं और अपने अनुसार चलाना चाहते हैं, तभी यह भी अपनी रहस्यात्मक करतब शुरू कर देता है। मस्तिष्क इतना शक्तिशाली होता है कि दुनिया-भर का ज्ञान इसमें समाया रहता है। जन्म-जन्मांतरों का संचित ज्ञान और संस्कार इसी में समाहित रहते हैं जो कि मन के माध्यम से मस्तिष्क को नियंत्रित और संचालित करते हैं। मस्तिष्क की गति दुनिया में सबसे तेज है। पलक झपकते ही यह दुनिया के किसी भी कोने में पहुँच सकता है। सारे सुपर कम्प्यूटर इसके सामने फेल हैं क्योंकि आखिर बनाए तो मानव मस्तिष्क ने ही हैं। कहा जाता है कि आइन्स्टीन ने मात्र 9 प्रतिशत दिमाग की ऊर्जा का प्रयोग किया था और सापेक्षता का सिद्धांत व विज्ञान के तमाम रहस्यों से पर्दा हटाकर मानवजाति के कल्याण के बहुत सारे कार्य किए, वैज्ञानिक खोजें कीं, जिनसे अभी भी दुनिया लाभान्वित हो रही है। स्वामी विवेकानन्द ने मात्र 8 प्रतिशत मानसिक शक्ति का इस्तेमाल कर पूरी दुनिया में याद्दाश्त और धर्म, दर्शन, वेदान्त तथा हिन्दू धर्म के शास्त्रों के ज्ञान का परचम, शिकागो के 1893 के विश्व धर्म सम्मेलन में तथा समस्त यूरोप में लहरा दिया था, ग़ज़ब की स्मरण शक्ति थी स्वामी विवेकानन्द की। उनकी तर्कशक्ति, शास्त्रों की विश्लेषणात्मक व्याख्या, उनके द्वारा प्रस्तुत कर्मयोग, राजयोग आदि के विचार उनके मस्तिष्क की ऊर्जा को परिलक्षित करते हैं। स्वामी जी ने प्रारम्भ से ही अपने मस्तिष्क की ऊर्जा का विकास किया था और सकारात्मक चिंतन से अपने मस्तिष्क में उठने वाले प्रश्नों के उत्तर, ध्यान, चिंतन और शास्त्रों के अध्ययन द्वारा खोजे। अपने मस्तिष्क और एकाग्रता के चमत्कार उन्होंने यूरोप और अमेरिका में कई बार दिखाए जिनसे अंग्रेज उनके मस्तिष्क की ताकत और याद्दाश्त का लोहा मान गए। एक बार लंदन में टेम्स नदी के किनारे उन्होंने अंग्रेज निशानेबाजों की छः बुलट सही निशाने पर लगाकर अपने मस्तिष्क की शक्ति और एकाग्रता से लोगों को दाँतों तले उंगलियाँ दबाने पर विवश कर दिया था।

मस्तिष्क के बायें हिस्से का कार्य पढ़ना, लिखना, गणना करना आदि होता है और दायें हिस्से का कार्य कल्पना, भावुकता, रचनात्मक कार्य, अन्तर्दृष्टि, स्वमूल्यांकन आदि होता है। यदि मनुष्य अपने मस्तिष्क के दोनों हिस्सों का सही अनुपात में प्रयोग करने लगे तो सफलता कई गुना बढ़ जाती है और दिमागी सन्तुलन बना रहता है। मनुष्य के मस्तिष्क में अनगिनत न्यूरॉन्स होते हैं, इन्हें सक्रिय करना पड़ता है। सकारात्मक चिंतन से ये न्यूरॉन्स सक्रिय होकर मस्तिष्क शक्ति को बढ़ा देते हैं। बहुत से छात्र अपने मस्तिष्क की शक्तियों से अनभिज्ञ होते हैं। वे सोचते हैं कि आई.ए.एस. और आई.आई.टी. तथा आई.आई.एम. वालों की याद्‌दाश्त बहुत तेज होती है, उनका दिमाग भी तेज होता है, हम इनकी तरह कामयाबी के झण्डे नहीं गाड़ सकते और वे लोग तो अलग ही होते हैं जो आई.ए.एस. तथा पी.सी.एस. टॉप करते हैं, हमारे भाग्य में अधिकारी बनना, इंजीनियर या डॉक्टर बनना नहीं लिखा है। ये शान-ओ-शौकत का ऐश्वर्यशाली जीवन तो कुशाग्र बुद्धि के लोगों के लिए ही बना है। हमारा भाग्य ही ऐसा नहीं है जो हम इन बड़े पदों को प्राप्त कर सकें, ज्यादा पढ़ने से कोई लाभ नहीं है, इससे नौकरियाँ तो मिलती नहीं है। यह उदासीन विचार नकारात्मक सोच का परिचायक है। मस्तिष्क की रचना अखरोट की तरह होती है, इसमें छोटी-छोटी लाखों शिराएं और धमनियां कार्य करती हैं जो कि मस्तिष्क के खून का संचार कर सुचारु बनाए रखती हैं। खून के साथ शुद्ध ऑक्सीजन जब दिमाग में पहुँचती है तो वह तरोताजा और स्वस्थ हो जाता है। मॉर्निंग वॉक इसलिए ज़रूरी है जिससे दिमाग को शुद्ध वायु मिल सके। इसी से शरीर और मस्तिष्क स्वस्थ रहता है, इससे याद्‌दाश्त भी बढ़ती है, स्मृति से 80 प्रतिशत उसी दिन निकल जाता है बाकी 20 प्रतिशत कुछ दिनों बाद निकल जाता है। केवल महत्त्वपूर्ण घटनाएं जैसे शादी की वर्षगाँठ, स्वयं का जन्मदिन, बच्चों का और पति या पत्नी का जन्मदिन जो कि लम्बे समय तक याद रहता है जिन्हें इंसान कभी नहीं भूलता।

स्मरण शक्ति को इम्प्रूव करने के लिए ज़रूरी है कि हम शरीर और मस्तिष्क का विशेष ध्यान रखें। प्राकृतिक नियमों का पालन करें, शरीर और दिमाग पर अनावश्यक अतिरिक्त बोझ नहीं डालें, अपने को हमेशा सौभाग्यशाली समझें कि उसने हमें स्वतंत्र शरीर और स्वस्थ मस्तिष्क दिया है, कभी भी हीनभावना और अज्ञानता का शिकार नहीं हों। जो विद्यार्थी निरन्तर अभ्यास

करते हैं, कठोर परिश्रम करते हैं, वे विषय में पारंगत हो जाते हैं तथा सभी विषयों को कंठस्थ कर लेते हैं। जो निरन्तर अध्ययन में लगे रहते हैं, वे अत्यधिक प्रतिभाशाली विद्यार्थियों से अधिक परफॉरमेंस देते हैं। बहुत से प्रतियोगी छात्र आई.ए.एस. की परीक्षा को बहुत बड़ा हौवा समझते हैं तथा इस परीक्षा को क्वालीफाई करने में अपने को अक्षम मानते हैं। इसी प्रकार आई.आई.टी., आई.आई.एम. की परीक्षाओं के बारे में भी हिन्दुस्तान के लाखों छात्र मानसिक दबाव में रहते हैं और अपने को कमजोर समझते हैं, यह भावना ही मस्तिष्क की ऊर्जा का ह्रास कर देती है। यदि अपने आपको कमजोर और कम प्रतिभाशाली, औसत बुद्धि के समझने वाले छात्र भी नियमित 10-12 घंटे कठोर परिश्रम कर गम्भीरता से विषयों को याद करने का प्रयास करें तो वे सभी विषयों में एक दिन पारंगत हो जाते हैं और किसी भी प्रतियोगिता में वे चयनित हो सकते हैं। एक दिन में कोई सफलता प्राप्त नहीं की जा सकती है और एक दिन की पढ़ाई में आई.ए.एस. या आई.आई.टी. की परीक्षा भी पास नहीं की जा सकती, उसके लिए तो बरसों का गम्भीर अध्ययन आवश्यक है, जन्म से कोई प्रतिभाशाली या मेधावी नहीं होता है, जो कठोर परिश्रम कर लेता है वही अपना जीवन बना लेता है। जब कठोर परिश्रम के साथ सही मार्गदर्शन मिल जाता है तो सफलता की प्रत्याशा कई गुना बढ़ जाती है। अप्रिय घटना, धक्का लगने वाली बातों और घोर अपमानजनक बातों को भूल जाना चाहिए अन्यथा ये बातें हमेशा दिमाग में रहीं तो दिमाग की ऊर्जा का क्षय कर देंगी और तनावग्रस्त कर मन की एकाग्रता को भंग कर देंगी, अतः अप्रिय दुर्घटनाओं को भूलना ही श्रेयकर है। कोई विद्यार्थी जिसके परिवार में जवान मौत हो जाए या फिर परीक्षा के दौरान प्रियजन की दुर्घटना में मृत्यु हो जाए और यदि बुद्धिमान और विवेकशील छात्र नहीं है तो कैरियर चौपट कर सकता है। जो समझदार विद्यार्थी होते हैं, अपने दिमाग को इस घटना से हटाकर अप्रिय घटना को तुरंत भुला देते हैं और अपने कैरियर को प्राथमिकता देते हैं यही सही सोच और बौद्धिक क्षमता का प्रतीक है। जीवन के सफ़र में सफल वे ही होते हैं, जो विचारशील, आध्यात्मिक चिंतन और परिवार के संस्कारों से परिपूर्ण होते हैं, बाकी लोग थोड़े से संकट, दुर्घटना या आपत्तियों में धैर्य खोकर हताश-निराश होकर अपना जीवन बर्बाद कर लेते हैं। साल-भर मेहनत के बाद भी परीक्षाएं छोड़ देते हैं, इससे बड़ी कोई बेवकूफ़ी हो ही नहीं सकती,

लेकिन भारत में ऐसा हो रहा है। भावुकता में अति संवेदनशील प्रतिभाशाली छात्र किसी भी अप्रिय घटना से प्रभावित होकर परीक्षाएं छोड़ देते हैं और फिर उनका कैरियर पटरी पर नहीं आ पाता। परीक्षाओं से बनने वाले कैरियर की रेलगाड़ी एक बार डिरेलमेंट हुई तो फिर उसे दोबारा लाइन पर आने में बहुत मुश्किलें आती हैं, कभी-कभी तो हमेशा के लिए पहिये पटरी से उतर जाते हैं और सभी सिर पकड़कर बैठे रहते हैं।

अभिवावकों और माता-पिता को चाहिए कि वे अपनी संतानों को प्रारम्भ से ही भावनात्मक मज़बूती दें जिससे वे अपने दिमाग को खराब नहीं करें, अपने मूड को शांत रखें, क्योंकि जितने भी रचनात्मक विचार आते हैं, वे शांत मस्तिष्क में ही आते हैं। मन की शांति में कैरियर, घर की उन्नति और समृद्धि सब कुछ छिपा है। इंसान क्रोध में बुद्धि और विवेक नष्ट कर बैठता है तथा मस्तिष्क की नस नाड़ियों को क्षति पहुँचाता है जिससे दिमागी हालत कमजोर हो जाती है, मानसिक असंतुलन का खतरा बढ़ जाता है। व्यक्ति हमेशा के लिए पागल हो सकता है। मस्तिष्क जीवन-भर शांति से कार्य करता रहे और स्वस्थ बना रहे, इसके लिए शांति बहुत ज़रूरी है। जहाँ भी क्लेश, लड़ाई-झगड़ा या तनाव हो तुरन्त वहाँ से हट जाना चाहिए, क्योंकि सिवाय मानसिकता खराब होने व नुकसान होने के और कुछ लाभ नहीं होता है।

अपनी स्मरण शक्ति को शार्प करने और बढ़ाने के लिए सफल लोगों की संगत में रहें। उनके अनुभवों, संघर्षों से बहुत कुछ सीखने को मिलता है, जो कामयाब लोग होते हैं, उनके चेहरे हमेशा तनावमुक्त और प्रफुल्लित मिलेंगे, हल्की-सी मुस्कुराहट और चेहरे पर कामयाबी व सफलता की खुशी से निर्मित तेज़ और चुम्बकीय व्यक्तित्व वाले होते हैं। ऐसे लोगों की संगति में कुछ न कुछ ज़रूर मिलता है, उन्होंने किस प्रकार अपने जीवन में तरक्की की, अध्ययन में किस प्रकार विषय पर पूर्ण अधिकार प्राप्त किया, किस प्रकार अपनी स्मरण शक्ति को बढ़ाया, यह उनसे बातें करके या उनके अनुभव शेयर करके जाना जा सकता है। ऐसा सम्भव है जो कि स्वाभाविक रूप से आता है। बुद्धिमान लोगों से हर समय बहुत कुछ सीखने को मिलता है, इसलिए जितने भी महान सम्राट हुए हैं, उनके मंत्री बहुत बुद्धिमान होते थे, जैसे-चन्द्रगुप्त के चाणक्य, कृष्णदेवराय के तेनालीराम, अकबर के बुद्धिमान नवरत्न बीरबल, मानसिंह, तानसेन, अबुल फजल, अब्दुल रहीम खानखाना आदि। इनके अकबर-बीरबल के बुद्धिमत्तापूर्ण सवाल-जवाबों के

किस्से लगभग 500 वर्ष बाद आज भी भारत के गाँव-गाँव में प्रसिद्ध है। इन नवरत्नों की संगति में अकबर इतना बुद्धिमान हो गया कि तर्कशास्त्र में पारंगत होकर तमाम धर्मगुरुओं और उलेमाओं को परास्त करने लगा। फतेहपुर सीकरी में दीन-ए-इलाही नाम से अलग धर्म अकबर ने ही चलाया था तथा इबादतखाने में सभी धर्मों के विद्वानों से गहन विचार-विमर्श, अकबर के द्वारा किया जाता था, निरक्षर होने के बावजूद भी उसकी आई. क्यू. बहुत अच्छी थी। भारत की जनता को वह बेहतर तरीके से समझता था, इसलिए अवाम के दिलों पर राज करते हुए 'अजीम्मोशान बादशाह' कहलाया।

अपनी स्मरण शक्ति को निरन्तर अभ्यास द्वारा भी बढ़ाया जा सकता है। हम अपने मस्तिष्क का जितना सकारात्मक सोच के साथ अच्छे कार्यों में इस्तेमाल करते हैं, उससे हमारी स्मरण शक्ति शार्प होती है और याददाश्त बहुत बढ़ जाती है। बौद्धिक कसरत और अभ्यास मस्तिष्क की क्षमता बढ़ाने का बहुत अच्छा तरीका है। जब प्राचीनकाल में वेदों को सुनकर कंठस्थ करने का प्रचलन था तब संस्कृत जैसी क्लिष्ट भाषा के श्लोक, सूक्त और मंत्रों को ऋषि-मुनि कम आयु में ही अपने शिष्यों और संतानों को याद कराना शुरू कर देते थे। इन ग्रन्थों को श्रुति इसलिए कहते थे क्योंकि इन्हें सुनकर याद किया जाता था। एकवेदी, द्विवेदी, त्रिवेदी और चतुर्वेदी नाम इन ग्रन्थों को याद करने की क्षमता के आधार पर ही पड़े थे। प्राचीन काल में शिक्षा की वैदिक पद्धति और गुरुकुलों में विद्याध्ययन के समय युद्धकला के साथ-साथ नैतिक शिक्षा और समस्त वेद, पुराण, उपनिषद, महाभारत, रामायण के श्लोकों को कंठस्थ कराया जाता था, जिनका समय-समय पर सस्वर पाठ होता था। यज्ञ और हवन करते वक्त पुरोहित इन मंत्रों का उच्चारण करते थे। सभी शिष्य गुरुओं से आशीर्वाद स्वरूप अच्छी स्मरण शक्ति प्राप्त करने की कल्पना करते थे। जिनकी याद्दाश्त कमजोर होती थी, वह भी इन कुशाग्र बुद्धि के छात्रों के साथ रहकर प्रखर स्मरण शक्ति के बन जाते थे क्योंकि गुरुकुल में स्वस्थ परम्पराओं का निर्वहन तत्कालीन समाज में आचार्यों द्वारा किया जाता था। कठोर अनुशासन, चारित्रिक दृढ़ता, कला, शरीर सौष्ठव, शुद्ध खानपान और नैतिक शिक्षा पर विशेष बल दिया जाता था। तक्षशिला के आचार्य चाणक्य एक सर्वथा योग्य आचार्य थे, जिनके शिष्यों ने शिक्षा प्राप्त कर महान सम्राट बनने की योग्यता प्राप्त की

और नये राजवंशों की स्थापना की। चन्द्रगुप्त ने मौर्य साम्राज्य की स्थापना कर मगध से नंद वंश को समूल नष्ट कर दिया था। उज्जयिनी के संदीपनी आश्रम में कृष्ण और सुदामा ने शिक्षा ग्रहण की थी तथा मथुरा के गुरु विरजानन्द के आश्रम में आर्य समाज के संस्थापक ऋषि दयानंद सरस्वती ने संस्कृत का गहन अध्ययन कर सत्यार्थ प्रकाश जैसे ग्रंथ की रचना की। प्रात: ब्रह्ममुहूर्त में जागकर स्नान करके योगासन, प्राणायाम तथा ध्यान करने से भी एकाग्रता और स्मरण शक्ति बढ़ती है। प्रत्येक प्रतियोगी छात्र को प्रात: ध्यान लगाना चाहिए, शांत-चित्त से बैठकर एक बिन्दु पर ध्यान केन्द्रित करने से हमारी मानसिक क्षमता बढ़ती है और अध्ययन के प्रति एकाग्रता बढ़ती है। स्मरण शक्ति स्वत: बढ़ जाती है क्योंकि ध्यान के बंटने से और एकाग्रता के अभाव में पाठ को याद करने में कठिनाई आती है। ऋषियों के आश्रम में शिष्य ध्यान लगाते थे, उनकी एकाग्रता बहुत ज्यादा बढ़ी हुई होती थी। उनके अध्ययन के समय कहीं से कोई भी आवाज़ आ रही होती थी, तो वह इतने ध्यानमग्न होकर पढ़ते थे कि किसी भी प्रकार की आवाज़ उन्हें सुनाई नहीं पड़ती थी। आज के छात्रों का ध्यान छोटी-छोटी बातों और आवाज़ों से बँट जाता है और ध्यान भंग होकर पढ़ाई से मन उचट जाता है। उन्हें पिन ड्रॉप साइलेंस चाहिए, उस़ पर भी तमाम नख़रे, तमाम अहसानबाजी करते हैं, जैसे पूरे भारतवर्ष पर अहसान कर रहे हों कि देखो हम पढ़ रहे हैं। पहले विद्यार्थी अपना कर्त्तव्य और फर्ज समझकर गुरुकुलों में विद्याध्ययन करने जाते थे, आज के विद्यार्थी माता-पिता पर पढ़ाई करने का अहसान करते हैं, जिससे क्षुब्धता बढ़ती है और एकाग्रता व ध्यान भंग होता है तथा स्मरण शक्ति कमजोर हो जाती है।

प्रत्येक विद्यार्थी को अपने पढ़ने की विधि स्वयं अपनी शारीरिक और मानसिक क्षमता के आधार पर निर्धारित करनी चाहिए। बहुत से छात्र रात्रि में देर तक पढ़ते हैं, तो बहुत से प्रात:काल ब्रह्ममुहूर्त में अध्ययन करते हैं जब एकदम शांत वातावरण होता है।

गुरुओं की शरण में जाओ, उनके किसी भी लेक्चर को मत छोड़ो, क्योंकि सुनने से 60 से 70 प्रतिशत याद हो जाता है तथा कक्षा में माहौल अध्ययन का होता है। हमारी मानसिकता पढ़ाई की होती है और ध्यान तथा ऊर्जा पूरी सुनने में लगी होती है। आजकल अच्छे प्रतिष्ठित कोचिंग संस्थानों के योग्य गुरुओं के लेक्चर अटैण्ड कर विद्यार्थी आई.ए.एस. तथा आई.आई.टी. में सफल हो रहे हैं क्योंकि सुनकर याद करना ज्यादा सरल है जो कि

सीधे-सीधे दिमाग में बैठ जाता है। भारत के प्रत्येक शहर और कस्बे में इन कोचिंग संस्थानों की बाढ़ आ गई है क्योंकि लेक्चर सुनने से जल्दी याद होता है, चयन होने की सम्भावनाएं बढ़ जाती हैं।

प्रतियोगी छात्र जब चार-छः का ग्रुप बना लेते हैं और ग्रुप में आपसी विचार-विमर्श करते हैं तो एक-दूसरे की जानकारी स्थांतरित होती है। ग्रुप डिस्कशन से बहुत से फायदे होते हैं, पूरा निचोड़ सामने आ जाता है और विषय की बारीकियों तक प्रत्येक प्रतियोगी छात्र की पहुँच हो जाती है। विद्यार्थी जीवन में हमारा भी एक सिविल सर्विस की तैयारी करने वाले छात्रों का ग्रुप था, जिनके डिस्कशन से सभी को बहुत फायदा हुआ और सभी छः मित्र पूरे देश में प्रतिष्ठित सेवाओं में चयनित होकर देश सेवा में लगे हैं। कुछ तो विदेशों में भी अपनी प्रतिभा का परचम लहरा रहे हैं, यह डिस्कशन का ही प्रभाव था कि सभी मित्र चयनित हो गए क्योंकि डिस्कशन से 80 से 90 प्रतिशत तक विषय की पकड़ बनती है और कमजोर छात्र भी इससे लाभ लेकर होशियार और मेधावी बनकर सफल छात्रों में गिनती कराते हैं। इसलिए भारतीय संस्कृति में बुजुर्ग अच्छे छात्रों की संगति की सीख देते हैं, जिससे अच्छे भविष्य का निर्माण हो सके। चहलकदमी करते हुए नोट्स लेकर या किताब से याद करने से भी जल्दी याद होता है क्योंकि शरीर की कसरत भी होती रहती है। जब मेज-कुर्सी पर बैठे-बैठे नींद आने लगे और थक जाएं, तब घूम-घूमकर याद करने से आलस्य और नींद दोनों भाग जाती हैं। यह तकनीक बहुत कारगर होती है जब परीक्षाओं का समय नज़दीक हो और विस्तृत सिलेबस को कवर करना हो, तो इसी तकनीक का प्रयोग कर पढ़ाई के घंटे बढ़ाये जा सकते हैं।

इलाहाबाद और दिल्ली में जब आई.ए.एस. की तैयारी करते वक्त अपने मित्रों और परिचित प्रतियोगियों से उनके सीटिंग बढ़ाने के तरीकों पर चर्चा की गई तो ये बात निकलकर आयी कि विद्यार्थी अध्ययन के साथ-साथ धीमा संगीत सुनकर ध्यान बंटने से अपने को बचाते हैं तथा संगीत के सहारे रात-भर पढ़ते रहते हैं। एकांत में पढ़ाई में मन लगाना बहुत मुश्किल होता है, अतः एकाग्रता बनाने के लिए अधिकांश प्रतियोगी छात्र संगीत का प्रयोग करते हैं, कुछ छात्र बीच-बीच में तरोताज़ा होने के लिए और स्वयं को तनाव मुक्त करने के लिए संगीत सुनते हैं और मस्तिष्क को इससे ताकत मिलती है। दाल-रोटी, सब्जी, पकवानों तथा भोजन से शरीर को ताकत मिलती है

और जीवन-भर स्वस्थ रहकर मनुष्य की जीवन यात्रा का साथी यही शरीर बनता है। इसी प्रकार मस्तिष्क की खुराक ज्ञान होती है जब ज्ञान की गंगा में गोता लगाते हैं, तो दिमाग को सम्पूर्ण भोजन मिलता है और पूर्णता का अहसास होता है। आध्यात्मिक ज्ञान और विभिन्न विषयों का रोचक ज्ञान प्राप्त करने से मस्तिष्क की भूख शांत होती है और आत्मा को तृप्ति मिलती है संगीत से। संगीत ईश्वर की ओर से मनुष्य को एक वरदान है। संगीत सम्राट तानसेन और बैजूबाबरा को सुनने से मुगल बादशाह अकबर की आत्मा तृप्त हो जाती थी। तानसेन के गुरु हरिदास महाराज का संगीत जंगल के पशु-पक्षी भी सुनने के लिए उनकी कुटिया के आसपास एकत्रित हो जाते थे और मंत्रमुग्ध होकर सुनते थे। संगीत से आत्मा की भूख शांत हो जाती है और आत्मा तृप्त होकर प्रतियोगी छात्रों को पुनः ऊर्जित कर देती है जैसे इनवर्टर की बैटरी डाउन होती है तो फिर रिचार्ज हो जाती है। यही प्रक्रिया संगीत सुनने के बाद, जो ऊर्जा का स्तर कम होता है; वह संगीत सुनकर बढ़ जाता है और दिमाग की शक्ति बढ़ती है। इसी ऊर्जा से प्रतियोगी छात्र राष्ट्रीय स्तर पर विभिन्न प्रतियोगी परीक्षाओं में चयनित होते हैं।

यदि एक विषय से ऊब जाएं तो दूसरा विषय पढ़ने बैठ जाना चाहिए। जैसे गणित के सवाल करते-करते बोर हो जाएं और किसी कठिन प्रश्न को हल नहीं कर पायें तो निराश-हताश होकर पढ़ाई छोड़कर सो जाते हैं, जबकि सरल विषय लेकर उसको पढ़ने बैठ जाना चाहिए जैसे हिन्दी की व्याकरण और कविताएं आदि। क्योंकि बोर्ड परीक्षा और समस्त प्रतियोगी परीक्षाओं में जितना महत्त्वपूर्ण अन्य विषय होते हैं, उतनी ही हिन्दी भी होती है, उतनी ही अंग्रेजी, दोनों विषयों में उत्तीर्ण होना और इनमें निर्धारित न्यूनतम अंक लाना अनिवार्य है अन्यथा अन्य कापियाँ चैक ही नहीं होंगी। कई बार ऐसा देखा गया है कि सामान्य अध्ययन और वैकल्पिक विषय में टॉपर वाले अंक आए और हिन्दी या इंग्लिश में फेल हो गए जिससे कहीं भी चयनित नहीं हुए। यदि हिन्दी और अंग्रेजी को मात्र न्यूनतम अंकों के साथ भी उत्तीर्ण कर लेते तो पूरे देश में आई.ए.एस. टॉप कर लेते। अतः प्रत्येक विषय को बराबर महत्त्व देना चाहिए और रोज़ इनका भी थोड़ा-थोड़ा अध्ययन करते रहना चाहिए, जिससे विषय बदल जाता है और पढ़ाई का जोश पुनः दुगना हो जाता है, सीटिंग बहुत बढ़ जाती है।

यदि पढ़ते-पढ़ते थक जाएं तो आँखें बंद करके थोड़ा विराम देना चाहिए। दो-तीन घंटे पढ़कर 10-15 मिनट के लिए आँखें बंद कर निर्भाव, निर्विचार होकर आराम करना चाहिए, इससे ऊर्जा मिलती है और एकाग्रता बढ़ती है। इससे पढ़ाई के घंटे और बढ़ जाते हैं।

आजकल गर्मी बहुत पड़ने लगी है और ग्लोबल वार्मिंग से तापमान बढ़ता जा रहा है। इससे बचाव के लिए ठंडक की पूरी व्यवस्था करने के बाद बीच-बीच में दिमाग गरम हो जाए या गर्मी बैठ जाए तो तुरन्त नहा लेना चाहिए या फिर मुँह-हाथ धोने और सिर पर पानी डालने से भी दिमाग को ठंडक मिलती है, गर्मी शांत होती है और पुनः अध्ययन हेतु मस्तिष्क को ऊर्जा मिलती है। जैसे जीप, कार के इंजन को ठंडा रखने के लिए रेडियेटर में कूलैण्ट डाला जाता है जिससे इंजन गरम होकर फटने का डर नहीं रहता है और इंजन का तापमान नियंत्रित रहता है, इसी प्रकार शरीर और दिमाग को बीच-बीच मे ठंडा करते रहना चाहिए। इससे सीटिंग बहुत बढ़ जाती है।

थकान के बाद तख्त पर पतला गद्दा बिछाकर सीधे लेट जाएं और शरीर को ढीला छोड़कर शवासन करें। इससे दिमाग और शरीर को ऊर्जा मिलती है और पुनः पढ़ने बैठा जा सकता है। आँखें बंद करके भौंहों के ऊपर के भाग को हाथों की उंगलियों से पकड़कर दबाया जाए तो दिमाग शांत होता है, यहाँ की नसें तनाव रहित होकर दिमाग को तरोताजा करती है व छात्र पुनः सीटिंग के लिए तैयार हो जाते हैं।

यदि एक ही रस में, एक ही मूड में हम पढ़ते रहते हैं तो मूड उखड़ जाता है, अतः थोड़ा-बहुत हँसी-मजाक, चुहलबाज़ी भी ज़रूरी है, जिससे मन बदल जाता है और विषयान्तर हो जाता है। परिवर्तन प्रकृति का नियम है, अतः याद करते समय यदि किसी घटना से विषय-वस्तु को जोड़ देते हैं तो जल्दी याद हो जाता है तथा कभी भूलते भी नहीं हैं। मस्तिष्क की क्षमता इस प्रकार की होती है कि इसमें से बहुत सारी बातें याद की हुई जल्दी भूल जाते हैं। यदि ध्यान से, एकाग्रता से हम याद नहीं करते तो जितनी जल्दी याद होता है, उतनी ही जल्दी भूल भी जाते हैं, अतः किसी भी फॉर्मूला या कठिन विषय को याद करने का अपना स्वयं का तरीका इजाद करना चाहिए। जब हम रोज़ याद करते हैं तो अपने स्वयं के फंडे विकसित हो जाते हैं, स्मरण शक्ति तीव्र हो जाती है तथा बगुले जैसा ध्यान हो जाता है। इससे संस्कृत के श्लोक सहित अंग्रेजी के उच्चारण तथा सभी विषयों में पारंगत हुआ जा

सकता है। शब्द को तोड़कर याद करने से कभी नहीं भूलते और जीवन-भर याद रहती है। हिन्दी भाषा पर पकड़ के लिए व्याकरण पर विशेष अध्ययन होना चाहिए तथा अखबारों के सम्पादकीय रोज़ पढ़ना चाहिए, इससे सोचने, समझने और तर्क करने की शक्ति का विकास होता है।

हँसते-हँसते किसी घटना को हमेशा याद रखा जा सकता है। शिक्षक जो प्रेरक कहानियां रोचक अंदाज में सुनाते हैं, वे हमेशा याद रहती हैं तथा उस विषय के शिक्षक की क्लास में सबसे ज्यादा रुचि होती है। उस कक्षा की उपस्थिति सबसे ज्यादा होती है, अतः कक्षा का वातावरण या घर का वातावरण शान्त और हँसी-ठहाकों वाला तनाव मुक्त होना चाहिए जिससे दिमागी ऊर्जा बढ़ती है, स्मरण शक्ति बढ़ती है, मस्तिष्क की क्षमता बढ़ती है और इसी से सारे कार्य सम्पन्न होते हैं। फिल्में जब बोर करने लगती हैं, तो उनमें भी कॉमेडियन आकर हास्य के कुछ ऐसे करतब दिखाता है कि रोने वाले दृश्य में भी हँसी आ जाती है। यह डायरेक्टर के उस चिंतन का कमाल है कि दर्शक अधिक गम्भीरता नहीं झेल पायेंगे और फिल्म पिट जाएगी। इसी तरह ज़िंदगी के रंगमंच पर भी बहुत अधिक गम्भीरता और चिंताएं व्यक्ति का दिल और दिमाग झेल नहीं पाता है। इससे मस्तिष्क पर दबाव पड़ता है, स्मरण शक्ति का ह्रास हो जाता है, अतः स्मरण शक्ति को प्रखर बनाए रखने के लिए दिल और दिमाग पर कभी कोई बोझ नहीं रखना चाहिए। जब हम तनावमुक्त रहते हैं तब हमारी याद्दाश्त बहुत अच्छी तरह से कार्य करती है तथा मस्तिष्क भी पूरी ऊर्जा के साथ सक्रिय रहता है और हमेशा तरोताजा और अच्छी तरह से कार्य करता है।

किसी भी पुस्तक को हम जितनी जल्दी पढ़ते जाते हैं और ऐसा लगता है कि सब कुछ याद हो गया, उतनी ही जल्दी भूल भी जाते हैं। विद्यार्थी जितना याद करते हैं, उसका 80 प्रतिशत उसी दिन भूल जाते हैं, अतः बार-बार अभ्यास करना चाहिए तथा एक ही सिलेबस को बार-बार याद करने से वह कंठस्थ हो जाता है जो लंबे समय तक के लिए मस्तिष्क की स्मरण शक्ति में पहुँचकर हमेशा के लिए याद हो जाता है।

प्रत्येक छात्र की अध्ययन की अपनी शैली होती है, अतः उसे याद करने के लिए अपने स्वयं के तरीके इजाद करने चाहिए। पूरी एकाग्रता के साथ पूर्ण समर्पित भाव से किया गया अध्ययन हमेशा फलदायी रहता है, इसका परिणाम सकारात्मक आता है।

छात्रों को चाहिए कि वे अपने अध्ययन के कमरे को साफ-सुथरा और खुशबूदार रखें। रोज़ ईश्वर की आराधना द्वारा परमपिता परमेश्वर को अच्छा जीवन देने के लिए धन्यवाद दें और अध्ययन सामग्री को पूरा रखें क्योंकि हथियार कितना ही अच्छा क्यों ना हो, किन्तु कारतूस नहीं हैं तो हथियार किस काम का। इसी तरह से विद्यार्थी कितना ही कुशाग्र बुद्धि का हो, यदि उसके पास अच्छे लेखकों की पुस्तकें नहीं होंगी तथा उच्चकोटि की अध्ययन सामग्री, उत्कृष्ट नोट्स जो कि विद्वान प्रोफेसर्स द्वारा तैयार कराए गए हों, नहीं होंगे तो विद्यार्थी टॉपर नहीं बन सकता। किसी भी प्रतियोगी परीक्षा को टॉप नहीं कर सकता, अतः दिमागी ऊर्जा का पूरा सदुपयोग करने के लिए उच्च स्तरीय अध्ययन सामग्री का होना अति आवश्यक है, जिससे स्तरीय नॉलेज हो और छात्र पूरे सिलेबस को तैयार कर परीक्षा में प्रश्न-पत्रों को पूरा और सटीक तरह से हल करके अधिकतम अंक प्राप्त कर सके।

पर्सनैलिटी डेवलपमेंट के तरीके

व्यक्तित्व किसी भी इंसान के कार्यों का आईना होता है, इंसान जैसा कार्य करता है, उसकी पर्सनैलिटी वैसी ही हो जाती है। किसी का चेहरा सूरज की तरह चमकता और दमकता रहता है, तो किसी का चेहरा बासी फूल की तरह मुरझा जाता है और उदासीन-सा होकर कुम्हला जाता है। यदि व्यक्ति प्रभावी व्यक्तित्व का धनी है तो कुछ न होते हुए भी सबकुछ है। ऐसे प्रभावशाली व्यक्तित्व के समक्ष सभी सामाजिक, आर्थिक और राजनीतिक शक्तियाँ नतमस्तक हो जाती हैं। रामकृष्ण परमहंस, स्वामी विवेकानंद, सुभाषचन्द्र बोस, महात्मा गाँधी, पं. जवाहरलाल नेहरू, अब्राहम लिंकन, मदर टेरेसा, अल्फ्रेड नोबल ऐसे ही महान व्यक्तित्व के धनी थे, जिनके समक्ष सारी कायनात झुककर सलाम करती थी और सारी शक्तियाँ उन्हें प्रणाम करती थीं। ऐसे सैकड़ों महापुरुष दुनिया में हुए हैं, जिनके व्यक्तित्व और कृतित्व से प्रभावित होकर लाखों-करोड़ों लोगों ने प्रेरणा प्राप्त कर अपना जीवन सफल बनाया। व्यक्तित्व का निर्माण एक दिन का खेल नहीं है, यह एक लम्बी और सतत तपस्या का परिणाम है। चाहे सिविल सर्विस की तैयारी करने वाले प्रतियोगी छात्र हों या राजनीतिक, सामाजिक सुधारों और आर्थिक उद्योग-धंधों वाला कोई भी क्षेत्र हो, इन सभी में जितना प्रभावशाली व्यक्तित्व होगा उतनी ही बड़ी सफलता मिलेगी। किसी भी कैरियर में रोज़ इन्टरव्यू देना होता है, वहाँ पर आपके व्यक्तित्व को ही जाँचा-परखा जाता है। प्रशासनिक सेवाओं में चयन के वक्त साक्षात्कार बोर्ड के चेयरमैन और सदस्य, प्रतियोगी छात्र की पर्सनैलिटी की ही परख करते हैं क्योंकि वह लिखित परीक्षा और ज्ञान के बल पर ही साक्षात्कार बोर्ड तक पहुँचा है। बोर्ड में एक मनोवैज्ञानिक भी रहता है, जो कि प्रतियोगियों की मनोविज्ञान और मानसिकता सकारात्मक है कि नहीं, इसका परीक्षण करता है। समस्याओं के समाधान की भी एप्रोच क्या है और किसी भी कठिन परिस्थिति में अधिकारी के रूप में घबरा तो नहीं जाएगा।

इन्टरव्यू का अभिप्राय है हमारा आन्तरिक विचार और दृष्टिकोण। हमारा बाहरी व्यक्तित्व कपड़े, पहनावे और अन्दर प्रवेश के वक्त आत्मविश्वास है कि नहीं व अभिवादन का तरीका कैसा है इस पर निर्भर करता है और आन्तरिक दृष्टिकोण समस्याओं के समाधान में हमारे विचार क्या हैं, देश की समस्याओं तथा समाज की समस्याओं के समाधान का हम हिस्सा हैं या नहीं, इस पर निर्भर करता है। हम अपने विचार मुस्कराते हुए पूरे आत्मविश्वास के साथ सकारात्मक सोच के साथ रखते हैं तो साक्षात्कार बोर्ड के सदस्य भी प्रसन्न होकर हमें अच्छे अंक देते हैं और हमें अच्छे पद पर चयनित करते हैं। हमें अपना व्यक्तित्व शारीरिक और मानसिक रूप से मज़बूत और दृष्टिकोण व्यापक रखना चाहिए जिससे साक्षात्कार लेने वालों पर अच्छा प्रभाव पड़े। खानपान हमेशा पौष्टिक और सुपाच्य रखें जिससे शरीर मज़बूत बने तथा मन हल्का रहे। कसरत, ध्यान, योग, प्राणायाम ज़रूर करें, इससे बुद्धि तथा स्मरण शक्ति प्रखर होती है और एकाग्रता बढ़ जाती है। जब हम इन्टरव्यू बोर्ड के समक्ष प्रवेश द्वार से प्रवेश करते हैं, तो सर्वप्रथम बीच में बैठे चेयरमैन को अभिवादन करें जो कि सिर झुका कर या नमस्कार की मुद्रा में गुडमॉर्निंग सर, नमस्कार श्रीमान, प्रणाम सर का सम्बोधन किया जा सकता है, फिर समस्त सदस्यों की ओर भी सरसरी निगाह से देखें जिससे वह अपने को उपेक्षित महसूस नहीं करें। शांत भाव से सामने वाली कुर्सी पर बैठकर जो सदस्य प्रश्न करें, उसकी आँखों में आँखें डालकर बातें करें और प्रश्नों का जवाब उत्साह से दें। जिस किसी भी प्रश्न का उत्तर नहीं आता हो तो 'इस वक्त मुझे याद नहीं आ रहा श्रीमान' कहकर बोर्ड को गुमराह करने का प्रयास कतई नहीं करें क्योंकि वे सभी अपने-अपने क्षेत्र के बड़े विद्वान होते हैं, उन्हें मूर्ख नहीं बनाया जा सकता और न ही अपनी बातों में बहलाया जा सकता है। कुर्सी पर बैठने का इशारा होने पर थैंक्यू सर ज़रूर कहें, इससे आपकी विनम्रता की छवि बनती है और बोर्ड का रुख आपके प्रति सकारात्मक हो जाता है। आपके कपड़ों का चयन सादगीपूर्ण होना चाहिए जिससे आपकी पर्सनैलिटी निखरकर सामने आए और साक्षात्कार बोर्ड पर अच्छा प्रभाव पड़े। ग्रे पैन्ट पर सफेद लाइनदार शर्ट, काली बेल्ट और काले या भूरे फीतेदार जूते जिनके लेस बँधे होने चाहिए, पर्सनैलिटी में चार चाँद लगाते हैं। कपड़े एकदम टेलर से लाकर न्यू ब्रांड पहनने की आवश्यकता नहीं है, बल्कि एक दो बार धोकर प्रेस करके पहनना चाहिए जिससे सहजता का बोध होता है। लड़कियों को धुली हुई प्रेस की हुई साड़ी, चाहे वह कॉटन की हो अथवा सिल्क की, पर सादा और हल्के रंग की पहननी चाहिए।

साक्षात्कार बोर्ड के समक्ष प्रतियोगी छात्रों को हमेशा तनावमुक्त रहना चाहिए तथा हमेशा मुस्कराते हुए प्रश्नों के जवाब देने चाहिए, एक सहज मुस्कान आपके व्यक्तित्व में चार चाँद लगा देती है। आपके आन्तरिक सौन्दर्य का निखार आपके चेहरे पर आना चाहिए और गुलाब के फूल की तरह खुशबू बिखेरता आपके व्यक्तित्व का आकर्षण होना चाहिए, जिससे कोई भी प्रभावित हुए बिना नहीं रह सके। जो छात्र हमेशा तनावमुक्त रहते हैं और सकारात्मक सोच के होते हैं, वे हमेशा मुस्कराते हुए जीवन को जीते हैं तथा प्रसन्नतापूर्वक अपने प्रश्नों के हल ढूंढ़ते हैं, पाठों को याद करते हैं और पाठ्यक्रम को तैयार करते हैं। उनको साक्षात्कार बोर्ड के समक्ष कृत्रिम मुस्कुराहट नहीं बिखेरनी पड़ती, क्योंकि यदि आपकी आन्तरिक प्रसन्नता और मुस्कुराहट जीवन का हिस्सा नहीं होगी तो आप बोर्ड के समक्ष प्रकट नहीं कर पाएंगे। आपकी चिंताएं, तनाव और जवाब देते वक्त घबराहट तथा नकारात्मक सोच बोर्ड के समक्ष प्रकट हो ही जाएंगी, अत: आम जीवन में हमेशा अपने विचारों को सभी के समक्ष स्पष्ट रूप से प्रकट करते रहना चाहिए, जिससे प्रत्येक विषय पर अपना पक्ष मज़बूती से रखने का अभ्यास आपके जीवन का हिस्सा होगा। आप अपने-आपको तथा प्रत्येक विषय को सुस्पष्ट और मज़बूती से रख सकेंगे।

यदि परिवार में बड़ों का सम्मान करने का भाव आपके मन में हमेशा होगा तो आप साक्षात्कार बोर्ड के चेयरमैन और सदस्यों को भी सम्मान देंगे और वह स्वाभाविक प्रक्रिया होगी, जो कि परिवार के संस्कारों से प्राप्त होती है। जब घर-परिवार में अभिवादन की प्रक्रिया जीवन का अंग बन जाती है, तो वह हमेशा हमारे जीवन में स्वत: ही व्यवहार में आती है, उसके लिए हमें अलग से कोई प्रयास नहीं करना पड़ता है।

कभी भी अपने व्यक्तित्व में कृत्रिमता का भाव नहीं लाएं, जैसे हैं वैसे ही बने रहें, अलग दिखने के लिए ज़रूरत से ज्यादा विनम्रता लाने का प्रयास नहीं करें, पूरी संजीदगी के साथ एक स्वाभाविक प्रक्रिया के तहत अपने-आपको व्यक्त करें। आपके व्यक्तित्व में वास्तविकता दिखाई देनी चाहिए। किसी भी प्रकार का ढोंग बोर्ड को असंतुष्ट कर सकता है और आप रिजेक्ट हो सकते हैं।

जब हम प्रात: जागते हैं, तब से लेकर रात्रि में सोने तक हमारे व्यवहार का साक्षात्कार चल रहा होता है। हमें अपने से बड़ों तथा समाज में आम जन जैसे सब्जी वाले, फल वाले, नाई, मोची, जनरल स्टोर वाले आदि के साथ विनम्रता से पेश आना चाहिए तथा मुस्कुराकर सम्मानपूर्वक बातें करनी चाहिए, इससे हमारा व्यक्तित्व निखरता है तथा उन्हें भी अत्यधिक खुशी

मिलती है हमारे इस व्यवहार से। गुरुजनों के साथ हमेशा सर कहकर सम्बोधन करना चाहिए और सम्मानपूर्वक अपनी बात रखनी चाहिए, जिससे शिक्षकों की निगाहों में हमारा सम्मान बढ़ता है और उनके आशीर्वाद से हमारा कल्याण होता है। जब आप अपने विनम्र व्यवहार से सभी जगह मुस्कुराहटें बिखेर रहे हों, तो सभी स्थानों पर घर, परिवार, पड़ोसी, मित्र, रिश्तेदार सभी आपके सद्व्यवहार की प्रशंसा करते हैं। इन सभी के समक्ष आपका व्यक्तित्व आकर्षक होता है और आप समाज के साक्षात्कार में उत्तीर्ण हो जाएंगे तो सभी स्थानों पर आपकी चर्चा प्रारम्भ हो जाएगी और प्रशंसा शुरू हो जाएगी। आपके विरोधी भी आपकी सक्रियता, सद्व्यवहार और कृतित्व की प्रशंसा किए बिना नहीं रहेंगे, फिर जिस स्वाभाविक तरीके से सभी के स्नेह के पात्र बने आप, सभी की शुभकामनाएं लेकर जब साक्षात्कार बोर्ड के समक्ष प्रस्तुत होंगे तो वह भी आपको सर्वाधिक अंक देकर बड़ा अधिकारी बनाकर रहेगा। यदि आपका व्यवहार घर, परिवार, मित्रों, रिश्तेदारों, पड़ोसियों से अच्छा नहीं है, तो निश्चित ही आपको हर क्षेत्र में असफलताओं का सामना करना पड़ेगा। अतः व्यक्ति को हमेशा सजग रहना चाहिए और यह सोचना चाहिए कि हर वक्त हमारा साक्षात्कार चल रहा है। यदि आपने संभलकर जीना सीख लिया तो न केवल साक्षात्कार बोर्ड में सफल होंगे बल्कि समाज की कसौटी पर भी खरे उतरेंगे और समाज की नज़रों में आपका सम्मान बढ़ेगा। जनता आपको आपके श्रेष्ठ आचरण के कारण सिर-आँखों पर बिठाएगी, आप अपने इस आकर्षक तथा चुम्बकीय व्यक्तित्व के आधार पर किसी भी राजनीतिक पद पर पहुँच सकते हैं। ऐसे आचरणवान, ईमानदार व्यक्तियों के पीछे कुर्सी दौड़ती है और वे कुर्सी को ठुकराकर समाज सेवा का व्रत लेते हैं। अन्ना हजारे को भी अभी हाल ही में केन्द्र सरकार ने राष्ट्रपति पद का ऑफर किया था जिसे अन्ना हज़ारे ने ठुकरा दिया तथा कहा कि समाज सेवा से बड़ा कोई पद नहीं है। जिनका चुम्बकीय व्यक्तित्व था, उनमें महात्मा गाँधी, नेल्सन मंडेला, मदर टेरेसा, स्वामी विवेकानन्द, महात्मा बुद्ध, महावीर स्वामी प्रमुख हैं, जिनके विचारों से प्रभावित होकर जनता कुछ भी करने को उतारू हो जाती थी, ध्यान से सुनती थी और उनका अनुसरण करती थी। इनके लिए कुर्सी, राज्य सुख, सत्ता सुख, कोई मायने नहीं रखता था। इनके लिए तो नैतिक आचरण और समाज की शुद्धि ही मुख्य ध्येय था, इसलिए इनका व्यक्तित्व महान था। इनकी कथनी और करनी में कोई अन्तर नहीं था, तभी आज भी लोग इन्हें सम्मान देते हैं तथा इनके सिद्धांतों और विचारों को सिर-आँखों पर रखते हैं।

हमें अपना व्यवहार छोटे और बड़े आदमियों के साथ समान रखना चाहिए, यह नहीं कि जब किसी बड़े आदमी से मिलें तो बहुत विनम्र होकर मिलें और जब भी किसी मेहनतकश गरीब से मिलें तो उसकी उपेक्षा करें। जबकि गरीब किसान, मजदूर से अच्छा व्यवहार करेंगे तो वे बहुत सम्मान देंगे और बहुत जल्दी ही आपके प्रशंसकों की संख्या में वृद्धि हो जाएगी। जब आप किसी गरीब या ज़रूरतमंद की मदद करते हैं, तो वे बहुत जल्दी आपके अहसानमंद हो जाते हैं, वे आपको समाज में प्रतिष्ठित और सम्माननीय बना देंगे, आपको आसमान की ऊँचाइयों तक पहुँचा देंगे। अतः हमेशा गरीबों और छोटे कहे जाने वाले मेहनतकशों को बराबर सम्मान देना चाहिए, उनसे प्यार करना चाहिए, उनके दुःख-दर्द में उनका साथ देना चाहिए, इनकी दुआओं से आप फलते-फूलते हैं और समाज की नज़रों में आप ऊपर उठते चले जाते हैं।

जो अधिकारी अपने अधीनस्थों के साथ विनम्रता से पेश आते हैं, वे बहुत जल्दी विभाग में लोकप्रिय हो जाते हैं। उनके लिए ये अधीनस्थ कुछ भी करने को तैयार रहते हैं, पूरा सहयोग और सम्मान देते हैं। किसी भी कार्यालय प्रमुख के लिए उसके सबॉर्डीनेट परिवार के सदस्यों की तरह होते हैं-कार्यालय परिवार के लोग उसे सम्मान देते हैं और सहयोग करते हैं। वहीं यदि उसका व्यवहार कर्कश या कठोर तथा असहयोगपूर्ण रहा तो पूरा स्टाफ उस अधिकारी को फेल करने में लग जाता है, पूरा असहयोग कर उसे तनावग्रस्त कर कभी भी उसकी किरकिरी करा देता है। जो अधिकारी अपने अधीनस्थों की समस्याओं का समाधान नहीं करते और उनके व्यक्तिगत हितों की अनदेखी करते हैं और अधिकारी यदि अहंकारी भी है तो वे अधीनस्थ ही उस अधिकारी को समय पर नाकों चने चबवा देते हैं। इसलिए कार्यालय प्रमुख को परिवार के मुखिया का सा व्यवहार करना चाहिए। छोटी सोच का पक्षपातपूर्ण या वैमनस्यतापूर्ण व्यवहार नहीं होना चाहिए, इससे अधीनस्थ तनावग्रस्त हो जाते हैं, जिससे उनकी कार्यक्षमता घट जाएगी, मन बुझ जाएगा और किसी भी कार्य में मन नहीं लगेगा। आजकल कार्य के दबाव के कारण कई कार्यालयों में योग, ध्यान तथा प्राणायाम के लिए प्रशिक्षक रखे गए हैं, जिससे कर्मचारियों में अवसाद की स्थिति नहीं आए, इससे उनकी कार्यक्षमता में अप्रत्याशित वृद्धि हुई है।

हम छोटे लोगों का ध्यान नहीं रखेंगे तो समाज में विकृति आ जाएगी। ये भोले-भाले मजदूर और किसान जब किसी को सिर-आँखों पर बिठाते हैं तो कहाँ से कहाँ पहुँचा देते हैं। देश के महानगरों में निर्मित विशाल गगनचुम्बी इमारतें इन्हीं गरीबों के कारण बनी हैं। बेलदार, राजमिस्त्री, बढ़ई

आदि सभी मजदूर वर्गीय हैं जिन्होंने महानगरों के जीवन को इतना सुखपूर्ण और विलासितापूर्ण बना दिया है। झुग्गी-झोंपड़ियों में रहने वाले लोग दिल्ली, मुम्बई विकास के मुख्य कर्ताधर्ता हैं। दूध का कारोबार, डिब्बा कारोबार, जिसमें भोज़न बनाकर ऑर्डर से लंच-डिनर घर-घर पहुँचाने का कार्य इन्हीं मेहनतकश लोगों के हाथ में है। इनके बच्चे भी मेहनतकश ही बनते हैं और किसी न किसी जिम्मेदारी को निभा रहे होते हैं। कहीं चौकीदार, कहीं चपरासी; कहीं रसोईया तो कहीं झाडू-पोंछा लगाने वाली और बर्तन माँजने वाली बाइयां इसी मेहनतकश वर्ग से आती हैं। इन्हीं किसान मजदूरों के बच्चे सेना में भर्ती होकर देश की सुरक्षा का भार अपने कंधों पर उठा रहे हैं अन्यथा देश को विदेशी आतंकवादी जो कि सरहद पार से सीमाओं का अतिक्रमण कर भारत में प्रविष्ट होकर कब का समाप्त कर चुके होते।

प्रेमचन्द की कहानी 'पूस की रात' का हलकू किसान इसी वर्ग का था जो पूस की रात में कड़ाके की सर्दी में भी अपने खेत में पानी लगाता था। भारत के करोड़ों किसान कड़ाके की ठंड में रात-रात भर जागकर सरसों और गेहूँ की फसल में पानी देते हैं। जिस वक्त गर्मियों में भीषण लू के थपेड़े पड़ते हैं, उस वक्त में किसान अपनी फसलों की कटाई कर खलिहानों में सूखने तक रखवाली करते हैं, फिर कड़ी मेहनत कर इनसे अन्न का दाना निकालकर मंडियों व गोदामों तक पहुँचाते हैं। यदि भारत के किसान इतना कठोर परिश्रम नहीं करें, तो आधी से अधिक आबादी भूखों मर जाए। वेदों में अग्नि, सूर्य, वरुण, इन्द्र तथा नदियों की पूजा की जाती है उनके लिए अलग-अलग मंत्र है। अग्नि के लिए 300 मंत्र, सूर्य के लिए 250 तथा वरुण के लिए 200 मंत्र हवन में आहुति देने के लिए हैं क्योंकि ये सभी हमें कुछ न कुछ देते हैं। वैदिक युग में प्रकृति के देवताओं की पूजा भौतिक सुख और समृद्धि के लिए ही की जाती थी। सूरज की रोशनी से पौधे प्रकाश संश्लेषण की क्रिया करके भोजन बनाते हैं, पौधों का जीवन सूरज की रोशनी और पानी पर निर्भर है। नदियाँ तथा इन्द्र और वरुण हमें जल देते हैं, इसलिए भारत में नदियों को पूजनीय माना गया है। गंगा, यमुना, सरस्वती, नर्मदा, गोदावरी, ताप्ती, चम्बल आदि भारत की पवित्र नदियाँ वर्ष-भर फसलों के लिए सिंचाई एवं नगरों की पेयजल व्यवस्था भी करती हैं।

हमारे महान पूर्वजों और महापुरुषों की पूजा और उन्हें सम्मान इसलिए दिया जाता है क्योंकि उन्होंने हमेशा जीवनपर्यन्त समाज की भलाई के लिए महान कार्य किए तथा अपना जीवन परोपकार में लगा दिया, इसलिए रामचरितमानस में तुलसीदास जी ने कहा है कि

परहित सरिस धरम नहिं भाई,
परपीड़ा सम नहिं अधमाई।

अर्थात् दूसरों की भलाई के कार्य करने के बराबर कोई पुण्य नहीं है तथा दूसरों को पीड़ा पहुँचाने के बराबर कोई पाप नहीं है।

कबीरदास जी ने कहा है कि

दुर्बल को न सताइये जाकी मोटी हाय,
मुई खाल की साँस सों लौह भस्म हो जाय।

अर्थात् कभी भी गरीबों की हाय नहीं लेनी चाहिए, कभी भी उनको पीड़ा पहुँचाने या सताने के बारे में सोचना भी नहीं चाहिए। जो भी लोग गरीब, दीन-दुखियों को सताते हैं, उनकी हाय से लोहा भी भस्म हो जाता है।

दरिद्र को भारत में नारायण की सेवा के बराबर दर्जा दिया गया है। हमें अपने कर्त्तव्यों का पालन करना चाहिए तथा हमेशा दीन-दुखियों और दरिद्रों की सेवा भगवान समझकर करनी चाहिए। इसी जीवन दर्शन के कारण भारतीय संस्कृति इतनी समृद्ध है कि भौतिकवाद से ऊबकर पश्चिमी संस्कृति के लोग यहाँ आध्यात्मिक शांति प्राप्त करने के लिए मथुरा, वृंदावन, प्रयाग और बनारस आते हैं और 'हरे राम हरे कृष्ण' के भजन-कीर्तन में डूब जाते हैं। विश्व प्रसिद्ध पॉप गायिका मैडोना को भी बनारस में आकर संस्कृत के मंत्रों के साथ यज्ञ हवन करने से, गायत्री मंत्र का जाप करने से शांति प्राप्त हुई थी तथा अपने मनोरोग पर नियंत्रण कर पाई थीं।

इसी आध्यात्मिक सम्पन्नता से विदेशी पर्यटक खिंचे चले आते हैं और भारत आकर यहाँ के जीवन दर्शन से प्रभावित होकर नवीन ऊर्जा का संचार व उत्साह लेकर यहाँ से जाते हैं। भगवद्गीता, महाभारत तथा विवेकानन्द के साहित्य से उन्हें आध्यात्मिक ज्ञान प्राप्त होता है व उनके प्रश्नों के उत्तर प्राप्त होते हैं। स्वामी विवेकानन्द जी ने दीन-दुखियों की सेवा को ही अपने जीवन का ध्येय माना था। जब उनसे कहा गया कि वे तो अपने पापों की सजा भुगत रहे हैं, फिर आप क्यों इनकी इतनी सेवा कर समय नष्ट कर रहे हैं, तो विवेकानन्द जी का जवाब था कि मैं इनकी सेवा कर अपने जीवन में पुण्य अर्जित कर रहा हूँ तो क्या बुरा कर रहा हूँ। अपने जीवन का कल्याण कर रहा हूँ। ऐसा दीन-दुखियों के प्रति समर्पित व्यक्तित्व था स्वामी विवेकानन्द जी का। इसलिए देश का विकास इन मेहनतकश मजदूरों और किसानों के विकास से ही सम्भव है। खेतों और खलिहानों में अच्छी फसलें होंगी तभी देश सम्पन्न और खुशहाल बनेगा।

महात्मा गाँधी, ज्योतिबा फूले, डा. अम्बेडकर ने अछूतोद्धार के लिए महान कार्य किए तथा भारत में जाति व्यवस्था को समाप्त करने का महान

कार्य किया, शिक्षा के प्रचार-प्रसार के साथ आज जाति व्यवस्था धीरे-धीरे समाप्ति की ओर है। बड़ी सोच के साथ भारत में लोकतांत्रिक व्यवस्था को मज़बूती मिल रही है और समानता का अधिकार बढ़ रहा है। आज इन महापुरुषों के कारण ही देश में से जातिवाद समाप्त हो रहा है। लोग तरक्की और विकास चाहते हैं। गरीबोन्मुखी योजनाएं बनाई जा रही हैं, किसानों को क्रेडिट कार्ड द्वारा सस्ती ब्याज दर पर खाद, बीज और फसलों के लिए लोन मिल रहा है, कर्जे माफ हो रहे हैं। मनरेगा में रोजगार गारंटी योजना के तहत 100 दिन का कार्य पूरे भारत में गरीबों और बेरोजगार मजदूरों को मिल रहा है। इन योजनाओं के कारण भारत में भुखमरी की समस्या नहीं है। सार्वजनिक वितरण प्रणाली के तहत सब्सिडी देकर गरीबों को सस्ती दर पर खाद्यान्न, केरोसिन, शक्कर का वितरण किया जा रहा है। बिलो पावरटी लाइन (बी.पी.एल.) वालों को इन्दिरा आवास योजना के तहत घर बनाकर दिया जा रहा है। राशन कार्डों पर विशेष रियायतें देकर एकमुश्त सहायता और अनुदान अन्त्योदय मेले लगाकर दिये जा रहे हैं। इन सब गरीबों के कल्याण हेतु चलने वाली योजनाओं से देश में गरीबी रेखा से ऊपर उठने वाले लोगों का प्रतिशत बढ़ रहा है। देश में कई सुधार कानून लागू किए जा रहे हैं—चुनाव सुधार कानून, भूमि अधिग्रहण कानून, जनलोकपाल बिल आदि कुछ अच्छे कदमों की हम निकट भविष्य में आशा करते हैं कि ये भारत में लागू हो जाएंगे जिससे देश की बहुत सारी समस्याओं का समाधान हो जाएगा।

जब तक इस देश का जनमानस अपने अधिकारों और कर्त्तव्यों के प्रति सजग नहीं होगा, तब तक देश का सही मायने में विकास सम्भव नहीं है। इसके लिए ज़रूरी है कि हम भाईचारे का निर्माण करें, जातिवाद को समाप्त करें, साम्प्रदायिकता के जहर को हमेशा के लिए नष्ट करें, तरक्की और विकास के पथ पर अग्रसर होकर अपने व्यक्तित्व का विकास कर जीवन को सफल करें।

बच्चों को हमेशा प्यार से समझाना चाहिए। यदि हम उनको डाँटकर, फटकार कर या कोई दबाव डालकर कार्य कराना चाहें तो वे नहीं करते, अतः विनम्रता के व्यवहार से उनकी रुचि के कार्य देकर उन्हें मेहनती बनाएं और जब वे अन्य कार्यों में मेहनत करेंगे तो पढ़ाई में भी कठोर परिश्रम करने लगेंगे। सुबह जल्दी जगने की आदत डालने के लिए उन्हें पार्क में, खेल के मैदानों में ले जाकर उनके साथ खूब खेलें और यह कार्य गर्मियों की छुट्टियों में किया जा सकता है। जब बच्चे फुर्सत में छुट्टियाँ बिता रहे होते हैं, तब प्रातः जल्दी जागने की आदत को डाला जा सकता है। गर्मी की सुबह बहुत

सुहानी होती है, उसमें यदि छोटे बच्चों को शुरू से ही जल्दी जागने की आदत डाल दी जाए तो जीवनपर्यन्त एक अच्छी और उपयोगी आदत का विकास हो जाता है। यदि बच्चों को पीटकर कोई कार्य कराना चाहें तो वे विद्रोही बन जाते हैं, पढ़ाई में अरुचि प्रकट क़रते हैं और घर के सुपाच्य भोजन से भी विमुख हो जाते हैं। बाजार में पिज्जा, बर्गर, चाऊमीन, कुरकुरे, चिप्स तथा चॉकलेट से पेट भरते हैं तथा असमय ही डायबिटीज के शिकार हो जाते हैं। आज देश के महानगरों में आपाधापी और भागदौड़ के कारण तथा पढ़ाई का दबाव अधिक होने के कारण व खानपान की आदतें बिगड़ने के कारण बच्चे छोटी उम्र में ही लगभग दस वर्ष के होते-होते डायबिटीज के शिकार हो रहे हैं।

इंसान और जानवर सभी प्यार से ही वश में आते हैं, अतः सभी को प्रेम से जीता जा सकता है। इन्हें अच्छे कामों के लिए प्रेरित करें। जिससे परिवार, समाज और राष्ट्र संस्कारित रहे। अतः परिवार में संस्कारों पर विशेष ध्यान देना चाहिए, जिससे परिवार में ज़िंदगी के मुख्य सुखों का अस्तित्व बना रहे। पहला सुख निरोगी काया, दूसरा सुख घर में हो माया, तीसरा सुख सुलक्षणा नारी, चौथा सुख पुत्र आज्ञाकारी। अतः परिवार में अनुशासन का होना बहुत ज़रूरी है तथा मर्यादाओं की सीमाओं का उल्लंघन नहीं करना चाहिए अन्यथा परिवार का विनाश सुनिश्चित है। जानवर भी प्यार से ही वश में आते हैं, सभी से प्रेमपूर्वक व्यवहार करना चाहिए, तभी व्यक्तित्व का सही निर्माण किया जा सकता है जो कि बहुआयामी व्यक्तित्व कहा जाता है।

आधुनिक युग ने सास-बहू के रिश्तों में बहुत बदलाव आया है। आज पढ़ी-लिखी सास बहुतायत में हो गयी हैं और बहू भी पढ़ी-लिखी आ रही हैं। उनमें माँ-बेटी जैसे रिश्ते बन रहे हैं और बहुएं इन संस्कारित परिवारों में सास को सम्मान दे रही हैं और सास-ससुर की सेवा भी कर रही हैं। इनके साथ-साथ ससुर भी बहू को बहुत लाड़-प्यार दे रहे हैं, इसके बावजूद आज भी बहुत से परिवारों में सास-बहू के झगड़े सड़कों पर आए हैं, तमाम परिवार इस अहंवादी सोच के कारण मुकदमों की तारीख झेलते फिर रहे हैं और जेलों में बंद हैं, दहेज हत्याएं रोज़ हो रही हैं, समाज त्राहिमाम कर रहा है। इसमें सबसे बड़ा कारण है ईगो की समस्या। सास में अपने बेटे और बहू को अलग रखने की प्रवृत्ति से एक अमानवीय कृत्य की शोषणवादी सोच की शुरुआत हो जाती है। पाप का दण्ड अवश्य मिलता है, ईश्वर के यहाँ देर है अंधेर नहीं। यदि सास अपने बेटे को बहू के विरुद्ध भड़काती है, तो उसी दिन से घमासान युद्ध शुरू हो जाता है। सास और बहू के बीच एक

अंतहीन बहस की शुरुआत हो जाती है जो कई परिवारों के विखण्डन पर जाकर ठहरती है। बेटा, माँ और पत्नी के बीच घुन की तरह पिसता है, क्योंकि यदि वह माँ का पक्ष लेता है तो पत्नी नाराज़ हो जाती है और पत्नी का पक्ष लेता है तो माँ जोरू का गुलाम कह कर सम्बोधित करती है तथा तमाम गालियाँ सुनाती हैं। बेटा किंकर्त्तव्यविमूढ़ होकर केवल चुपचाप देखता रहता है और सुनता रहता है, उसके द्वारा थोड़ी-सी भी बहू को दी जाने वाली आज़ादी सास को हजम नहीं होती और वह ताने देने लगती है। आधुनिकता, फैशन, आज़ादी को वह गलत समझती है क्योंकि उसके समय में समाज में तमाम बंधन थे जिसके कारण सास को इतनी आज़ादी नहीं मिली तो वह बहू को भी नहीं देना चाहती है। इन्ही कारणों से संयुक्त परिवार बिखर रहे हैं और एकल परिवारों में बँट रहे हैं, अपनी शक्ति और ऊर्जा खोते हुए दम तोड़ रहे हैं।

इस समस्या का इलाज यदि करना है तो परिवारों में प्रेम की गंगा को बहाना होगा तथा संस्कारों को प्रमुखता देनी होगी। सास को बहू में बेटी की छवि तथा बहू को सास में माँ की छवि देखनी होगी, तभी उनमें सही तालमेल हो सकता है तथा परिवार के लोग चैन की साँस ले सकते हैं। वे ही परिवार तरक्की और विकास करते हैं, जिनमें गृहक्लेश नहीं होता, सास-बहू के झगड़े नहीं होते। लोकतांत्रिक पद्धति पर न्यायप्रियता के साथ जो परिवार चलते हैं, वे ही तरक्की करते हैं और आर्थिक रूप से समृद्ध होते हैं। इन परिवारों के बच्चे समाज में अपना नाम रोशन करते हैं तथा कुल की कीर्ति को बहुत बढ़ाते हैं। इन परिवारों का यश दिन दूना रात चौगुना बढ़ता रहता है, अतः परिवारों के सदस्यों को सकारात्मक सोच के साथ एक बेहतरीन जीवन जीना चाहिए। एक-दूसरे के कार्य में मदद कर एक-दूसरे की तरक्की या आर्थिक समृद्धि देखकर ईर्ष्या नहीं करनी चाहिए अन्यथा जीवन का आनन्द समाप्त हो जाता है।

सास को बहू से काम लेना हो तो सभी के समक्ष उसके गुणों की तारीफ़ ज़रूर करें और उसे समाज में इज़्ज़त, स्थान दिलाने में भरपूर सहयोग करें। यदि सभी बहू की व्यवहार कुशलता और प्रेमभरा व्यवहार देखकर प्रशंसा करें तो सास को कुढ़ना नहीं चाहिए, बल्कि अपनी ओर से भी प्रशंसा के दो शब्द ज़रूर सभी के समक्ष बोले। इससे समाज में बहू के कार्यों की तारीफ होगी तथा सामाजिक स्वीकृति मिलेगी। मर्यादाओं की सीमाओं का उल्लंघन घर-परिवार में कोई नहीं करे, इसकी बड़ी कीमत चुकानी पड़ती है, अतः समय रहते इंसानों को अपनी भावनाओं पर काबू रखना चाहिए,

जिससे क्लेश और मानसिक अशान्ति से बच सकते हैं। जब तक परिवारों में अशान्ति रहेगी तब तक किसी भी सफलता की कोई उम्मीद नहीं है। इसके लिए आवश्यक है एक-दूसरे की भावनाओं को ठेस पहुँचाने वाले कार्य नहीं करें। व्यक्तित्व को विशाल बनाएं, बात के धनी बनें, जुबान के पक्के रहें। समाज उन्हीं को सिर-आँखों पर बिठाता है, जो कि भलमनसाहत का परोपकारमय जीवन जीते हैं तथा जीवनपर्यन्त कुछ रचनात्मक कार्य करते रहते हैं। पढ़ी-लिखी युवतियां आज के परिवेश में बेहतर प्रदर्शन कर रही हैं। वे मायके और ससुराल में पूरी तरह सामंजस्य बनाकर चल रही हैं और बुद्धिमानी का परिचय देकर दोनों कुलों का नाम रोशन कर रही हैं। सास-बहू के झगड़े भी सौहार्दपूर्ण वातावरण में समय रहते निपटा लेने चाहिए। पारिवारिक जीवन को बहुत बुद्धिमानी से जीने की ज़रूरत होती है। संयुक्त परिवार का जीवन तलवार की धार पर चलने की तरह होता है क्योंकि सबकी अपनी-अपनी सोच और स्वार्थ होते हैं जब एक-दूसरे के हित टकराते हैं तो तमाशा खड़ा होता है, अहं की टकराहट और भी माहौल खराब करती है इसलिए व्यक्तित्व के निर्माण के लिए आवश्यक है कि परिवार का वातावरण शान्तिपूर्ण, सौहार्दपूर्ण तथा प्रेमभरा हो।

हमारी पर्सनैलिटी तभी निखरती है जब हम सच्चे मन से अच्छे कार्यों में लगे रहते हैं और 'सर्वे भवन्तु सुखिनः सर्वेसन्तु निरामया' की मन, वचन, कर्म से कल्पना करते हैं तथा सभी के कल्याण के लिए सोचते हैं। हमारे व्यक्तित्व का विकास हमारे गुणों पर आधारित है जब हम ईश्वर की कृपा से सद्कार्यों में लगे रहते हैं तभी हमारा जमीर अन्दर से स्वयं की इज़्ज़त करता है, अन्तर्मन में किसी प्रकार की ग्लानि नहीं होती है कि हमने कोई भी गलत कार्य किया। जब व्यक्ति किसी प्रकार के गलत कार्यों में लिप्त नहीं होगा तो उसका मन हमेशा शांत और हल्का रहेगा, उसी से चेहरे पर प्रसन्नता और संतुष्टि के भाव आते हैं जिनसे हँसी-ठहाके लगते हैं और जीवन आनन्ददायक बनता है। प्रत्येक व्यक्ति को जीवन में अपनी पर्सनैलिटी इम्प्रूव करने के लिए सदाचरण और सद्कार्यों में लगे रहना चाहिए। इनके बिना चेहरे पर तेज़ नहीं आ सकता और ओज भी इन्हीं सद्विचारों के कारण बढ़ता है। मन जब हल्का रहेगा तो सकारात्मक चिंतन से व्यक्ति कोई भी कार्य सम्पन्न कर सकता है और अपने जीवन को सफल कर सकता है। जितना ध्यान हम धनोपार्जन में देते हैं उसी प्रकार शरीर के निर्माण में भी हमें कड़ी मेहनत करनी चाहिए, आरामतलब व्यक्ति जीवन में कुछ नहीं कर सकता, आलस्य और प्रमाद से तमाम प्रतिभाएं समाप्त हो जाती हैं। जीवन

एक कठोर साधना है, इसमें जो भी कठिन परिश्रम करता है वह उसका फल पाता है, भ्रमित बुद्धि रहे तो कुछ नहीं कर सकते। व्यक्तित्व का निर्माण परिवार, संस्कार, मित्रों तथा परिवेश से होता है जैसे माहौल में हम रहते हैं उसका असर हमारी सोच और चिंतन पर पड़ता है। संस्कार एक दिन का खेल नहीं है, इसी तरह से व्यक्तित्व का निर्माण भी एक दिन का खेल नहीं है। यह एक सतत् प्रकिया के तहत हमारी आन्तरिक भावनाओं और चिंतन से बनता है। जब हमारी वाणी से लोकतांत्रिक, मानवीय संवेदना, प्रेम, भाईचारे और सौहार्द की बातें निकलती हैं, ने हमारे मन को आह्लादित करती हैं। केवल गोरा रंग और स्वस्थ शरीर ही व्यक्तित्व नहीं है, बल्कि स्वस्थ विचार व्यक्तित्व के विकास की नींव है। किसी सुदृढ़ नींव पर ही विशाल भवन खड़ा किया जा सकता है, अत: अपने विचारों का प्रवाह सकारात्मक एवं ऊर्ध्वगामी रखें, जिससे समान विचारों की फ्रीक्वेंसी को कैच कर अपनी सोच और चिंतन की धारा को और बढ़ाया जा सके। व्यक्ति जीवन-भर सुख-समृद्धि की चाह में जीवन के तमाम आनन्ददायक क्षणों को खो देता है। हर पल का आनन्द लेते हुए जीवन में रोज़ उत्साह से अच्छे कार्य करते रहें, जिससे सकारात्मक ऊर्जा का संचार होता रहे और हम निरंतर सद्कार्यों में लगे रहें व आत्मिक आनन्द की अनुभूति करते रहें। ईश्वर ने हमें गुनगुनी धूप, साँस लेने के लिए ऑक्सीजन और पानी की सरिताएं, झरने आदि दिये हैं। जीवन की मूलभूत आवश्यकताओं में हवा, पानी, दूध, अति आवश्यक हैं। क्या हम साँस लिए बिना दो-चार मिनट से ज्यादा जिन्दा रह सकते हैं? शायद नहीं। क्या हम पानी के बिना दो-चार दिन से ज्यादा जिन्दा रह सकते हैं? शायद नहीं। क्या सूरज की रोशनी के बिना प्रकाश संश्लेषण की प्रक्रिया सम्भव है? शायद नहीं और यदि प्रकाश संश्लेषण नहीं होगा तो क्या पौधे भोजन बना सकते है? नहीं, वे मुरझाकर समाप्त हो जाएंगे फिर मानव जाति के लिए खाद्यान्न, फल, सब्जियों की व्यवस्था कैसे होगी, लोग भूखों मर जाएंगे। प्रकृति नष्ट हो जाएगी। अत: पौधों का जिन्दा रहना प्रकृति के संतुलन के लिए अति-आवश्यक है जो कि हमें ऑक्सीजन देकर जिन्दा रखते हैं, जितनी स्वस्थ और स्वच्छ ऑक्सीजन होगी, उतनी ही प्राणवायु हमें प्राप्त होगी जिससे हम स्वस्थ रहेंगे। अत: मानव को जीवन-भर पेड़ लगाने चाहिए जिससे प्रकृति का संतुलन बना रहे। ईश्वर कभी भी भेदभाव नहीं करता, वह हमेशा सभी को समान धूप, हवा, पानी देता है जो उसके इन वरदानों का सदुपयोग कर लेते हैं, वे स्वस्थ और सुखी रहते हैं। ज्यादा की चाह में हम अपना आज खराब करते हैं और दु:खी

रहते हैं, भाग्य को कोसते हैं और ईश्वर को दोष देते हैं। क्या कभी हमने सोचा है कि यदि ईश्वर ने इतनी प्यारी सृष्टि की रचना नहीं की होती और हमें इतना प्यारा जीवन नहीं दिया होता, जिसमें धूप, प्राणवायु व जल की व्यवस्था कर प्रकृति का संतुलन बनाया गया है तो क्या जीवन सम्भव था? शायद नहीं। हमें प्रतिपल उस परमसत्ता को दिल से धन्यवाद देना चाहिए और आभार मानना चाहिए कि उसने हमें आगे बढ़ाने के लिए इतनी प्राकृतिक कृपा की है जिससे हम जीवन में सुख और समृद्धि प्राप्त कर व्यक्तित्व का निर्माण कर अपने कृतित्व को अच्छा कर जीवन सफल कर सकते हैं।

वाक्पटुता का महत्त्व

व्यक्ति की सफलता में उसकी व्यवहार कुशलता और वाक्पटुता का बहुत बड़ा महत्त्व होता है। वह जब भी कोई कार्य प्रारम्भ करता है तो उसे सर्वप्रथम किसी के सहयोग की आवश्यकता होती है, जो उसे उसके व्यवहार से ही मिलता है, उसके लिए उसे अपनी वाणी की मिठास और बुद्धि कौशल के साथ-साथ वाक्यों का तथा शब्दों का चयन अच्छा और सुरुचिपूर्ण करना पड़ेगा। बहुत से लोग व्यवहार में इतने निपुण होते हैं कि दूसरों के दिलों में स्थान बनाते हैं और अपने सभी कार्य साध लेते हैं। वे हमेशा सूचनाएं अपने पास रखते हैं और उन सूचनाओं का सदुपयोग अपने कार्यों की सिद्धि में करते हैं।

आधुनिक युग में राजनीति के क्षेत्र में सार्वजनिक जीवन में सफलताएं प्राप्त करने के लिए वाक्पटुता का होना बहुत ज़रूरी है, जो नेता जितना वाक्पटु होगा उसको राजनीति के क्षेत्र में उतने ही आगे बढ़ने के अवसर प्राप्त होते हैं। भाषणकला जिसे वक्तृत्व कला कहते हैं, यह जिस किसी राजनेता के पास आई उसे सत्ता के शीर्ष पर पहुँचा दिया, इनमें अटल बिहारी वाजपेयी, पं. जवाहर लाल नेहरू के बाद भारत के सर्वश्रेष्ठ वक्ताओं में गिने जाते हैं, आगे चलकर 1996 में वह भारत के पहली बार प्रधानमंत्री बने। नेहरू जी जब प्रधानमंत्री थे तब अटल बिहारी वाजपेयी जी ने सांसद के रूप में संसद में विदेश नीति पर इतना अच्छा भाषण दिया कि उनके ज्ञान और भाषण की गहराई को सुनकर नेहरू जी ने अटल जी की प्रशंसा की और कहा था कि यह भारत के प्रधानमंत्री बनने की काबिलीयत रखता है और उनका कहना सच साबित हुआ। ऐसा सम्भव हुआ अटल जी की वाक्पटुता के कारण, क्योंकि जब वह किसी विषय पर बोलते थे तो सभा में सन्नाटा खिंच जाता था, लोग उनकी ओर खिंचे चले आते थे, अन्य पार्टियों के लोग भी वाजपेयी जी का भाषण सुनने आया करते थे। पं. जवाहर लाल नेहरू जी

ने युग निर्माणकारी पंचवर्षीय योजनाएं लागू कर भारत के विकास में महती भूमिका निभाई। वह एक सफल और कामयाब वक्ता के रूप में भारत में ही नहीं बल्कि पूरी दुनिया में प्रसिद्ध थे। इन्दिरा गाँधी भी एक महान वक्ता थीं, जिनके भाषण भारत की जनता बड़े ध्यान से सुनती थी। भारत की मुक्तिवाहिनी सेना बनाकर बांग्लादेश आज़ाद कराने पर उनकी लोकप्रियता एक लौह महिला के रूप में भारत ही नहीं बल्कि पूरी दुनिया में फैल गई। उनमें ठोस निर्णय लेने की क्षमता थी। तत्कालीन परिस्थितियों में जब भारत आर्थिक रूप से इतना सुदृढ़ नहीं था, उस वक्त इतना कड़ा फैसला लेना वाकई बहादुरी का काम था। जब अमेरिका भारत के विरोध में खड़ा था तो वार्ताओं के दौर चलाकर अपनी वाक्‌पटुता का परिचय देकर इन्दिरा गांधी ने रूस से समझौता किया। अपनी बुद्धिमानी, व्यवहारकुशलता, कूटनीति और वाक् कौशल से गुट निरपेक्षतावादी देशों का अगुआ होने के बावजूद सोवियत संघ से मैत्री की और अपना भरोसेमंद साथी बनाया। जब भी अमेरिकी नौसैनिक बेड़ा हिन्द महासागर की ओर बढ़ता तो रूस अपनी नौसेना के जहाजों को भेज देता था। यह अमेरिकी दादागीरी का करारा जवाब था, रूस ने संकट के समय भारत का साथ देने की घोषणा कर शक्ति संतुलन किया। तीसरे विश्व युद्ध की प्रबल सम्भावना बन गयी थी फलस्वरूप अमेरिका ने विवश होकर हिन्द महासागर से हथियारों के जखीरे से भरा जहाजी बेड़ा वापस बुला लिया। यह सब सम्भव हुआ इन्दिरा गाँधी की वाक्‌पटुता और व्यवहारकुशलता के कारण, जिसने दूरदर्शी सोच रखकर रूस से हॉटलाइन सम्बन्ध स्थापित किए और संकट के समय सोवियत रूस की ताकत का सदुपयोग किया। यदि तत्कालीन परिस्थतियों में भारत व रूस में सन्धि नहीं हुई होती तो भारत युद्ध की विभीषिका झेलकर समाप्त हो गया होता।

आम जीवन में जो लोग खुले दिलो-दिमाग से व्यवहारकुशलता का परिचय देते हैं तथा वाक्‌संयम रखते हैं, वे सफल होते हैं तथा समय पर सभी लोग इनकी सहायता और सहयोग के लिए आगे आते हैं। वाक्‌संयम विश्व मैत्री की पहली सीढ़ी है। अभिव्यक्ति की स्वतंत्रता का कभी गला नहीं घोंटना चाहिए, वक्त पर अपने विचार व्यक्त करने चाहिए। अपना सकारात्मक पक्ष परिवार और समाज के समक्ष समय रहते रखना चाहिए, ऐसा न हो कि देर हो जाए। अतः वाक्‌पटुता का परिचय देते हुए समाज में अपना स्थान बनाना बहुत ज़रूरी है, इससे समाज में इज्जत मिलती है तथा

इज़्ज़त और साख से ही सारे कार्य सम्पन्न होते हैं। वाक्पटुता से प्रेम उत्पन्न होता है तथा प्रेम से विश्वास और विश्वास पर दुनिया टिकी है। बहुत बड़े-बड़े बिल्डर्स और कंस्ट्रक्शन कम्पनियों में विश्वास के आधार पर ही मित्रों तथा रिश्तेदारों का पैसा लगा होता है। एक व्यक्ति कुछ नहीं कर सकता, विकास एक सामूहिक सहयोग और को-ऑपरेशन की प्रक्रिया है, इसमें दो या दो से अधिक लोग मिलकर कोई बड़ा कार्य कर सकते हैं। पूँजी एकत्रित करते हैं। उद्योग शुरू करते हैं। आर्थिक, सामाजिक और राजनीतिक विकास अभिव्यक्ति के द्वारा ही होता है। जब वक्ता, कवि, लेखक या विचारक अपने विचारों को प्रकट करते हैं, तो लोग उनके विचारों से प्रभावित होकर उन्हें आगे बढ़ाते हैं और नेतृत्व प्रदान कर लीडर बनाते हैं।

कभी भी दूसरों की आलोचना नहीं करनी चाहिए क्योंकि एक उँगली हम दूसरों पर उठाते हैं तो तीन उँगली हमारी तरफ इशारा करती हैं। हमारी आलोचना तीन गुना होना शुरू हो जाएगी, हम परेशान हो जाएंगे तथा अवसाद का शिकार होकर दबाव में आ जाएंगे, अच्छे कार्य करना बंद कर देंगे, अतः बड़ी विनम्रता से अपने कार्यों को आगे बढ़ाना चाहिए। दूसरों की मन, वचन, कर्म से निंदा और बेइज़्ज़ती आदि नहीं करनी चाहिए क्योंकि इसमें बहुत सारी उलझनें बढ़ जाती हैं और इंसान भूलभुलैया में भटककर अपना रास्ता भूल जाता है, लक्ष्य तक नहीं पहुँच पाता है। निंदारस एक ऐसा रस है जिसको इसका चस्का लग जाए तो यह जीवनपर्यन्त नहीं छूटता और जीवन के महत्त्वपूर्ण समय को नष्ट कर देता है। व्यक्ति यह समझ ही नहीं पाता कि यह कितना हानिकारक है। इससे व्यक्ति की छवि नारद मुनि जैसी इधर की बात उधर करने की बन जाती है और लोग ऐसे व्यक्तियों से कटते जाते हैं तथा अपनी गोपनीय बातें शेयर नहीं करना चाहते, उनको फिर उपेक्षा का अहसास होता है और अपनी बेइज़्ज़ती महसूस होती है। मामा माहिल टाइप के ये लोग केवल गलत और भिड़ाऊ बातों में अपनी खुराफ़ाती बुद्धि लगाते हैं, फिर लोग इन्हें गैर-जिम्मेदार समझकर 'समाज विरोधी' मान अलग-थलग कर देते हैं, तो इन्हें बुरा लगता है। ये छटपटाने लगते हैं और अपनी करनी का फल भुगतते हैं। भारत में बहुत सारे लोग केवल निंदारस और बातों को इधर से उधर करने में अपना पूरा जीवन बिता देते हैं और जीवन का सबसे बड़ा मनोरंजन इन्हीं चटकारेदार, मसालेदार, जायकेदार बातों को ही मानते हैं। इनमें नमक-मिर्च मिलाकर, तड़का लगाकर ऐसे प्रस्तुत

करते हैं कि लोगों का सस्ता मनोरंजन होता है, चाहे किसी की भी इ़ज़्ज़त का फलूदा बने, उन्हें इससे कोई लेना-देना नहीं है।

ऐसी वाणी बोलिए मन का आपा खोय,
औरन को शीतल करे आपहुँ शीतल होय।

कबीरदास जी ने लगभग 700 वर्ष पूर्व यह दोहा लिखा था जो कि आज भी प्रासंगिक है। वाणी ऐसी बोलनी चाहिए कि क्रोध शांत हो जाए, दूसरों को शीतल कर दे तथा खुद का भी दिमाग ठंडा हो जाए। यह वाक्पटुता का ही कमाल है कि लोग बड़े से बड़ा झगड़ा पल-भर में शांत कर देते हैं और दोनों पक्षों का समझौता करा देते हैं। लोग इस वाक्पटुता के कारण ही चैन की खुशनुमा ज़िंदगी जीते हैं और लोगों के दिलों में स्थान बनाते हैं तथा समाज में उच्च शिखर पर पहुँचकर ध्रुवतारे की तरह चमकते हैं।

जीवन में यदि ऊँचाइयों पर पहुँचना है तो वाणी में मिठास का होना बहुत ज़रूरी है। व्यवहारकुशलता के साथ जीवन में हम जब अपने ही समाज के समक्ष या मित्रों और रिश्तेदारों के समक्ष अपने विचारों को विनम्रता से प्रस्तुत करते हैं तो सभी व्यवहारकुशलता और वाक्पटुता के कारण हाथों-हाथ लेते हैं। समय पर साथ देते हैं, विपत्तियों में सहयोग करते हैं, जीवन कैसे बीत जाता है, पता ही नहीं चलता। विपत्तियाँ भी अपना रास्ता दूसरी ओर कर लेती हैं क्योंकि जिसके पास वाक्पटुता का अस्त्र होता है वह कितनी ही भीषण विपत्तियों के युद्ध जीत सकता है। उसके बहुत सारे शुभचिंतक मित्र होते हैं, वे तुरन्त सहयोग कर कष्टों का अहसास भी नहीं होने देते, अतः विपत्तियाँ भी ऐसे लोगों से दूर भाग जाती हैं क्योंकि ये मित्रमंडली के साथ समस्याओं का मैदान में डटकर मुकाबला करते हैं।

जब हमें सभी तरफ से सहयोग मिलता है तो हम सकारात्मक ऊर्जा से भर जाते हैं और बड़े से बड़े कार्य चुटकियों में कर डालते हैं। प्रत्येक जोखिम उठा लेते हैं क्योंकि हमने अपने जीवन में तमाम सहयोगी और मित्र बना रखे हैं, जो कि वक्त पर हमारा साथ देते हैं और उन्हीं के विश्वास और सहारे पर हम किसी भी युद्ध के मैदान में कूदकर जंग जीत लेते हैं। जीवन पुरुषार्थ से ही महान बनता है। पुरुषार्थ सबके सहयोग से ही सफल होता है और सभी का सहयोग मिलता है, वाक्पटुता से और व्यवहारकुशलता से।

दुनिया के जितने भी दार्शनिक और महान व्यक्ति हुए हैं, उनके जीवन में सबसे महत्त्वपूर्ण बात, सभी में समान थी वह थी वाक्संयम। वे अपनी

वाणी में सरस्वती का वास रखते थे। उनकी ओजस्वी वाणी से जब ऊर्जा का संचार होता था तो उस सकारात्मक ऊर्जा से वायुमंडल हिलोरें लेने लगता था और श्रोताओं के मस्तिष्क इनके भाषणों से झंकृत हो जाते थे। तर्कशीलता इनमें कूट-कूटकर भरी होती थी। अपने विचारों और अभिव्यक्ति द्वारा प्रस्तुतिकरण इतना सशक्त होता था कि लोग इनके अनुयायी बनकर जीवन को सफल करते थे। ऐसे वाक्‌पटु विद्वानों के लाखों-करोड़ों शिष्य बन जाते हैं तथा ज्ञान का प्रकाश पीढ़ी दर पीढ़ी फैलता रहता है। इसी पद्धति से गुरु के निकट बैठकर ज्ञान प्राप्त करने से उपनिषदों का सृजन हुआ, वेदों को सुनकर याद रखा जाता था। इसी से ये श्रुति कहलाए और ईश्वर प्रदत्त मानने के कारण अपौरुषेय कहलाए। भारतीय संस्कृति के ये हिन्दू ग्रन्थ गुरु-शिष्य परम्परा के कारण ही आज तक अक्षुण्ण हैं और वाक्‌पटुता का ही परिणाम हैं। गुरु शिष्यों को प्रेम से मीठी वाणी में इतने संस्कृत के श्लोक याद करा देते थे जो कि आधुनिक युग में सम्भव ही नहीं है। यह भौतिकवादी सोच का ही परिणाम है कि आज युवा पीढ़ी की स्मरण शक्ति उतनी प्रखर नहीं रही है, जितनी वैदिक युग में रहा करती थी क्योंकि चारों वेदों को याद करके चतुर्वेदी कहलाए, तीन वेदों को याद करने वाले त्रिवेदी तथा दो वेदों को याद करने वाले द्विवेदी कहलाए। आज की पिज्जा, बर्गर, चाऊमीन के फास्ट फूड कल्चर ने स्वाद तो बढ़ा दिया, लेकिन स्वास्थ्य चौपट कर दिया। आज छात्रों को और घरों में बच्चों को माँ के हाथों का स्वादिष्ट भोजन अच्छा नहीं लग रहा क्योंकि मुँह को कुरकुरे और चिप्स का स्वाद लग गया है, पाउच संस्कृति ने आज बंटाधार कर रखा है। गुटका, पान मसाला, सुपारी, तम्बाकू आदि ने स्वास्थ्य चौपट कर रखा है। पहले घरों में गुजिया, मठरी और स्वादिष्ट नमकीन बनाई जाती थीं आज ये सभी गायब हो गईं हैं तथा नमकीन 40 ग्राम के पाउच में मिलने लगी है, वह भी बासी और बेस्वाद, जिसे खाकर बच्चों का स्वास्थ्य खराब हो रहा है, चटपटे होने के कारण बच्चे इन सभी खाद्य-पदार्थों के आदी होते जा रहे हैं। खानपान का असर सीधे स्वास्थ्य पर पड़ रहा है और बच्चों की दिमागी ऊर्जा और याद्‌दाश्त भी कमजोर हो रही है। महानगरों में 10 वर्ष के आसपास तक के बच्चे भी डायबिटीज के शिकार हो रहे हैं, यह इनकी खानपान की गंदी आदतों, पढ़ाई का दबाव और अभिभावकों की अतिशय महत्त्वाकांक्षाओं का तनाव के कारण है।

छात्रों को अभिावकों द्वारा प्यार से समझाना चाहिए कि यह फास्ट फूड कल्चर आपके स्वास्थ्य को चौपट कर देगा। अतः समय रहते बच्चों को समझाना, माता-पिता का कर्त्तव्य है। फिजूलखर्ची करना, ज़रूरत से ज्यादा पॉकेटमनी देना भी बच्चों का कैरियर खराब करना है, उनकी आदतों को हमेशा के लिए बिगाड़ना है। समय रहते बच्चों को मितव्ययी बनाना चाहिए जिससे वे धन की बचत करना सीखें जो जीवनपर्यन्त आड़े वक्त में काम आए, नहीं तो वक्त ज़रूरत दूसरों के सामने हाथ फैलाना पड़ेगा और स्वाभिमान को ठेस पहुँचेगी, ऊर्जा का स्तर कम होगा, अपमानित होंगे, धन के अभाव में काम रुकेगा। बच्चों के साथ बहुत भलमनसाहत के साथ पेश आना चाहिए, ऊँची आवाज में, कर्कश वाणी से कही गई कोई भी बात वे सुनना ही नहीं चाहते। बच्चे इतने संवेदनशील होते हैं कि कोई भी बात उनकी भावनाओं को ठेस पहुँचाती है तो वे उसे मानते ही नहीं हैं तथा बालहठ पर उतर आते हैं, अतः उन्हें प्यार से विश्वास में लेकर ही कोई बात मनवाई जा सकती है, यहाँ वाक्पटुता का प्रयोग बहुत उपयोगी है। सबसे पहले बच्चों का मूड भाँपें, वे अच्छे मूड में होने पर धीरे से कोई बात प्रेम से बोलने पर ही अनुसरण करते हैं अन्यथा हवा में उड़ा देते हैं, खराब मूड में क्रोध में डांटने के अंदाज में बच्चे कभी कोई बात नहीं सुनते। उनके ढीठ तथा विद्रोही होने की सम्भावना बहुत बढ़ जाती है जब बच्चे माता-पिता के प्रति विद्रोही हो जाते हैं तो माता-पिता के लिए इससे बड़ा कष्ट और कोई नहीं हो सकता। पति-पत्नी यदि आपस में एक-दूसरे के प्रति विद्रोही हो जाएं तो इससे बड़ा क्लेश और कोई नहीं होता है, अतः घर-परिवार और दाम्पत्य जीवन में हमेशा वाक्पटुता का प्रयोग करना चाहिए, एक-दूसरे की भावनाओं का सम्मान करना चाहिए तथा क्लेश, कर्कश वातावरण, बहस, लड़ाई-झगड़े से बचना चाहिए। समस्याओं का समाधान प्रेमपूर्ण व्यवहार से करना चाहिए। क्रोध के वक्त उस स्थान से तुरन्त हट जाना चाहिए, जिससे किसी भी अप्रिय स्थिति को टाला जा सके क्योंकि क्रोध से ही बुद्धि और विवेक का विनाश होता है तथा कुछ भी हिंसक, निंदनीय, अमानवीय, असंवैधानिक, असंसदीय घटना घटित हो सकती है। इनसे घर-परिवार का नाश हो जाता है। प्रेम से घर-परिवार पुष्पित और पल्लवित होकर गुलाब की खुशबू जैसे सुगन्धित होते हैं और समाज में नाम रोशन करते हैं।

प्रेम जीवन का आधार है, जीवन में जो कुछ भी मिलता है वह प्रेम से ही मिलता है, व्यवहारकुशलता और वाक्पटुता से ही मिलता है। कोई भी यदि यह ग़लतफ़हमी रखता है कि मेरी दादागीरी या दबंगई से मैं कुछ प्राप्त कर रहा हूँ और ऊर्जा ग्रहण कर रहा हूँ तो वह पूरी तरह से गलत होता है क्योंकि जीवन में जो भी कुछ मिलता है वह सहमति और सहयोग से ही मिलता है जो कि प्रेम और व्यवहारकुशलता का परिणाम है। वाक्पटुता द्वारा लोगों का दिल जीता जाता है तभी लोग खुश होकर सहयोग करने के लिए तैयार हो जाते हैं। दबंगई, दादागिरी और दूसरों पर रौब बनाने की भावनाओं से कार्य बिगड़ते हैं। ऐसे लोगों से कोई भी बात तक करना पसंद नहीं करता तो फिर सहयोग करना तो दूर की बात है। जो अपनी कर्कश वाणी द्वारा दूसरों की बेइज़्ज़ती करते हैं तथा दूसरों के काम अटकाते हैं, उनके कार्य स्वयं ही अटक जाते हैं और वे कभी भी अपने कार्यों को सिद्ध नहीं कर पाते हैं।

जो हमेशा दूसरों का मन, वचन, कर्म से सहयोग करते हैं और हमेशा दूसरों का अच्छा सोचते हैं, ईश्वर उनकी मदद करता है और उसी की कृपा से लोग जीवन में सभी का सहयोग तथा प्रशंसा पाते हैं।

जीवन व्यक्ति के विचारों के अनुसार चलता है जो हम सोचते हैं, चिंतन करते हैं वही हमारी वाणी के द्वारा बाहर आता है। चिंतन अच्छा होता है तो वाणी भी सहज और सरल होगी। वाक्पटुता के लिए जो सबसे महत्त्वपूर्ण कारण है, वह है विचारों का सकारात्मक होना जिससे चिंतन सकारात्मक ऊर्जा से परिपूर्ण हो जाता है, तभी वाक्संयम और वाक्पटुता सार्थक होगी अन्यथा एक कृत्रिम-सा मिठास भरा व्यवहार जबरदस्ती का थोपा हुआ हो जाएगा जो स्थिति को और भी असहज करेगा। व्यवहार और वाणी में वह सम्पूर्णता नहीं आ पायेगी जिसकी आवश्यकता है, अतः चिंतन को ऊर्ध्वगामी और उच्च धरातल वाला बनाने की आवश्यकता है जिससे विचारों का प्रवाह अविरल उत्तरोत्तर ऊँचाइयों को छूने वाला हो, जिससे सहज आनन्द की अनुभूति होती रहेगी।

जीवन के मूलभूत आधार सबसे महत्त्वपूर्ण कारक के रूप में व्यवहारकुशलता और वाक्पटुता को स्थान दिया गया है क्योंकि सकारात्मक सोच से उत्पन्न ऊर्जा का व्यवहार में रूपान्तरण वाक्पटुता ही करती है। दुनिया के सभी कार्य सम्पन्न होते हैं तथा भौतिक सुख, समृद्धि आती है और लोग कामयाब होकर ऊँचाइयों पर पहुँचते हैं।

एकाग्रता की ज़रूरत–ध्यान, योग, प्राणायाम

किसी भी कार्य को करने के लिए एकाग्रता की बहुत आवश्यकता होती है। जब भी हम किसी कार्य को सम्पन्न करने के विषय में सोचते हैं, तो जो सबसे पहली आवश्यकता होती है, वह है उस कार्य के विषय में सकारात्मक चिंतन, जिससे उस कार्य को करने की उत्कृष्ट अभिलाषा और दृढ़ इच्छाशक्ति का विकास होता है। यह सब बिना एकाग्रता के सम्भव नहीं है। एकाग्रता से किसी एक निष्कर्ष पर पहुँचते हैं तथा अंततः मन में सही–गलत की पहचान एकाग्रता से ही होती है। शांत मन में जब भी कार्य प्रारम्भ करने का विचार आता है, तो सबसे पहले एकाग्रता से ही उसकी शुरुआत होती है। अधिकांश लोग कार्य प्रारम्भ ही नहीं कर पाते, क्योंकि बुद्धि और विवेक एकाग्रता के अभाव में किसी कार्य के प्रति दृढ़ संकल्पित नहीं हो पाते जिससे उनका मन भटकता रहता है तथा बुद्धि भ्रमजाल में फँसी रहती है। भ्रमित होकर व्यक्ति तनावग्रस्त हो जाता है, उलझनों में फँसा किसी भी अच्छे और नवीन कार्य की शुरुआत नहीं कर पाता है।

जिजीविषा की शक्ति एकाग्रता के लिए बहुत ज़रूरी है जिसके द्वारा धीरे–धीरे मन सधता है और इस साधना से एकाग्रता बढ़ती जाती है। जीवन का आनन्द और सफलताएं बढ़ती जाती हैं। व्यक्ति का मन बहुत चंचल होता है। वह भोग–विलास और भौतिक सुख–सुविधाओं में व्यक्ति को फँसाता रहता है और व्यक्ति इन क्षणिक सुखों की भूलभुलैया में फँसकर शाश्वत सुख और आनन्द से वंचित हो जाता है। जिस व्यक्ति के पास जितनी अच्छी एकाग्रता होती है, वह उतनी ही अच्छी परफॉरमेन्स देता है, एकाग्रता आती है अच्छे सात्विक चिंतन, खानपान और ध्यान, योग, प्राणायाम से।

जब व्यक्ति का चिंतन सकारात्मक और सात्विक होता है, तो उत्साह का संचार होता है, ऊर्जा का स्तर बढ़ता है, विचारों में दृढ़ता आती है,

गम्भीरता आती है, कर्त्तव्यों के प्रति समर्पण बढ़ता है, जीवन के गूढ़ रहस्यों को समझने की क्षमता का तथा बुद्धि का विकास होता है और बौद्धिक प्रखरता बढ़ती है। जैसा खाओगे अन्न वैसा ही बनेगा मन, यह एक शाश्वत सत्य अवधारणा है। सात्विक भोजन करने वालों की मति सात्विक होती है। राजसी भोजन करने वालों की मति रजोगुणी होती है तथा तामसी भोजन करने वालों की बुद्धि तमोगुणी हो जाती है, उन्हें क्रोध बहुत आता है तथा कब क्या कर बैठें, कोई कह नहीं सकता। रजोगुणी व्यक्ति राजसी ठाठ-बाट और भोग-विलास में डूबे रहते हैं, इससे उनकी सोच राजा-महाराजाओं, जमींदारों और सामंतों जैसी हो जाती है। जबकि सात्विक व्यक्तियों में सतोगुणों का आधिक्य होकर शांत मन तथा ग़ज़ब की एकाग्रता का विकास हो जाता है जिससे उनका मन उनके वश में रहता है, उसमें भटकन नहीं आती, उनके मन में समाजोपयोगी विचार ही आते हैं। वे बड़े से बड़ा कार्य सहजता से सम्पन्न कर लेते हैं।

प्रत्येक व्यक्ति का उद्देश्य होता है सफल जीवन जीना और भौतिक सुख, समृद्धि तथा समाज में तरक्की और विकास की ऊँचाइयाँ छूकर अपना यश बढ़ाकर जीवन सफल करना, यह सब कुछ एक दिन में नहीं हो गया था। जितनी भी सभ्यताएं हैं, उनका विकास एक निरंतर प्रक्रिया के तहत ही हुआ था। रोम, मिस्र, यूनान, मेसोपोटामिया, सुमेरियन, हड़प्पा सभ्यताएं एक दिन में विकसित नहीं हो गयी थीं, इनके विकास में सदियाँ लग गईं, तब ये विकसित सभ्यताएं अस्तित्व में आयीं। व्यक्ति के जीवन के विकास में भी एक सतत प्रक्रिया कार्य करती है, जब मानवीय गुणों का विकास होता है तो सफलताएं स्वयं ही चलकर व्यक्ति के पास आती हैं और कामयाबियां उसके कदम चूमती हैं।

जब व्यक्ति ध्यान करता है तो उसका मन एकाग्र हो जाता है। एक बिन्दु पर परमसत्ता, ईश्वर, देवी, देवता या गुरु किसी के चरणों में या 'ॐ' पर ध्यान लगाने और उच्चारण करने से ध्यान बढ़ता जाता है जिससे उसकी सकारात्मक ऊर्जा तथा एकाग्रता भी बढ़ती जाती है। इसी एकाग्रता के बल पर व्यक्ति महान से महान कार्यों को सम्पन्न कर लेता है। ध्यान हमेशा एकान्त में शांत मन से करना चाहिए। 'ॐ' का उच्चारण कर सकते हैं, उसी के साथ अपने अन्त:करण में ईश्वरीय गुणों और विचारों के समावेश की अनुभूति करें। असीम आनंद की अनुभूति का अहसास करें जिससे

उत्साह का संचार होता है और सकारात्मक ऊर्जा का सृजन होता है जिससे व्यक्ति तरोताज़ा और ऊर्जित महसूस करता है। जब भी मन अशांत होता है तो विचारों में भटकन आती है, किसी भी कार्य में मन नहीं लगता, विद्यार्थी का पढ़ने में मन नहीं लगता, व्यापारियों का व्यापार में मन नहीं लगता, प्रतियोगी छात्रों का पढ़ने में मन नहीं लगता। इससे आधा-आधा घंटा ध्यान ज़रूर करें। सुबह और शाम को पद्मासन की मुद्रा में बैठकर कल्पना करें कि एक शक्तिपुंज, एक ईश्वरीय प्रकाशपुंज मेरे हृदय में समाकर मेरे हृदय को प्रकाशित कर रहा है, ऊर्जावान बना रहा है। मन में ऐसी अनुभूति करें जिससे आपको महसूस होगा कि सचमुच ही एक शक्तिपुंज हृदय में समाता जा रहा है और प्रकाश की ज्योति हृदय में समाकर उसे प्रकाशित और प्रफुल्लित कर रही है। इससे मन शांत हो जाता है, सारी उथल-पुथल समाप्त हो जाती है और एकाग्रता बढ़ जाती है। व्यक्ति की अधीरता समाप्त हो जाती है, परम शक्ति का अहसास होता है, सभी कार्यों में मन लगता है और व्यक्ति पूर्ण मनोयोग से अपने कार्यों में लग जाता है। जब व्यक्ति रोज एकाग्रता से घंटों कार्य करेगा तो सफलताएं स्वयं ही मिलती जाएंगी। नित्यप्रति ध्यान प्रत्येक व्यक्ति के लिए दोनों वक्त आधा घंटा ज़रूरी है। इससे कार्यक्षमता इतनी बढ़ जाती है कि व्यक्ति असम्भव से असम्भव कार्य भी सम्पन्न कर सकता है। ये कर्मयोगी ही महान से महान कार्यों को सम्पन्न करके दिखाते हैं। कुछ लोग केवल चर्चा ही करते रहते हैं, जबकि कुछ लोग कार्यों को करके दिखा देते हैं। ये वही एकाग्रता से ध्यान में लगे कर्मवीर ही होते हैं, जिनका लक्ष्य सफलताएं प्राप्त करना और कामयाब होकर दिखाना है।

व्यक्ति वही सबसे ज्यादा सफल होता है जो कि सफलताओं के साथ-साथ जीवन का आनन्द भी ले और अपनी खुशियों से दूसरों को भी लाभान्वित करें। इनकी सफलताओं से प्रभावित होकर और प्रेरणा प्राप्त कर दूसरे भी ऊँचाइयों को छूने की कोशिश में लग जाते हैं। इससे सफल लोगों की संख्या निरन्तर बढ़ती जाती है और एक ग्रुप का निर्माण होता है, जो सकारात्मक ऊर्जा से सम्पन्न लोगों का समूह होता है, जो रचनात्मक कार्यों के प्रति समर्पित होते हैं तथा अच्छे कार्यों को करने के प्रति प्रयासरत रहते हैं। उनका यही प्रेरणास्पद प्रयास एक दिन रंग लाता है और वे ऊँचाइयों को अवश्य ही छूते हैं। योग जीवन में बहुत ज़रूरी है। महान ऋषि पतंजलि ने

योगशास्त्र का सृजन कर सदियों पूर्व भारतीय संस्कृति को योग से परिचित कराया, आज भारत में ही नहीं बल्कि पूरी दुनिया में योगा के नाम से प्रसिद्ध है। योग का अर्थ है 'जुड़ना', जब व्यक्ति अपने अन्तर्मन से, आत्मा से तथा परमात्मा से जुड़ता है, यही योग है। शरीर की अद्भुत प्रक्रिया द्वारा शरीर, मन, इंद्रियों, आत्मा, परमात्मा सभी का एक-दूसरे से जुड़कर अनुभूति करने का नाम ही योग है।

योगासन के माध्यम से श्वास-प्रश्वास का कब लेना-छोड़ना और शरीर को कब प्रक्रियाओं से गुजारना और कब शवासन में लाना, इसका ज्ञान अति आवश्यक है। प्रारम्भ में शरीर के प्रत्येक अंग को चलायमान कर आंखों, गर्दन, कंधे, हाथ, कमर, पैर इत्यादि सभी का स्पंदन ज़रूरी है। इससे प्रत्येक जोड़, कसरत और योगासन द्वारा चलायमान हो जाए, जिससे शिराओं और धमनियों में रक्त संचार सुचारु रूप से निरंतर सामान्य गति से होता रहे क्योंकि रक्त का दबाव ही समस्त बीमारियों की जड़ है। रक्तचाप बढ़ने और घटने से ही हाइपरटेंशन, डायबिटीज, हृदय रोग आदि बीमारियां शरीर को जकड़ लेती हैं, अतः स्वस्थ शरीर के लिए नित्य प्रति योगासन और प्राणायाम की बहुत आवश्यकता है। इससे शरीर स्वस्थ रहता है, स्वस्थ शरीर में ही स्वस्थ मन और स्वस्थ मस्तिष्क रहता है। योग से शरीर में सकारात्मक ऊर्जा का संचार होता है जिससे जिजीविषा बढ़ती है तथा सारे कार्य इसी ऊर्जा से सम्पन्न होते हैं। जीवनपर्यन्त शरीर को निरोगी रखना बहुत आवश्यक है, ऊर्जावान बनना तथा बनाए रखना ज़रूरी है तो योग करना भी ज़रूरी है जिससे शरीर और मन स्वस्थ रहे तथा मन, बुद्धि और विवेक के नियंत्रण में रहे।

प्राणायाम से एकाग्रता बढ़ती है तथा सारे रोग दूर हो जाते हैं। मस्तिष्क कपालभाति, भस्त्रिका, अनुलोम-विलोम, भ्रामरी, उद्गीत ये पांच प्रक्रियाएं जीवनपर्यन्त व्यक्ति को स्वस्थ रखती हैं। योगासनों के साथ-साथ प्राणायाम की ये प्रक्रियाएं जीवन-भर व्यक्ति को शरीर और मन से निरोगी रख सकती हैं। भस्त्रिका और कपालभाति से शरीर की समस्त नस-नाड़ियाँ खुल जाती हैं और पैंक्रियाज सक्रिय हो जाता है, जिससे डायबिटीज कभी नहीं होगी। इन प्रक्रियाओं से इंसुलिन पर्याप्त मात्रा में बनती है तथा रक्त के थक्के नहीं जमते, जिससे रक्तसंचार सुचारु रूप से चलता है। अनुलोम-विलोम प्रक्रिया जिसमें ब्लडप्रेशर सामान्य रहता है तथा कॉलस्ट्रॉल

जमा नहीं होता जिससे हार्टअटैक की सम्भावना नहीं रहती है। भारत में ही नहीं बल्कि पूरी दुनिया में डायबिटीज और हार्टअटैक से मरने वालों की संख्या बहुत ज्यादा है और दिन-प्रतिदिन बढ़ती जा रही है। अतः सफल और कामयाब होने के साथ-साथ लम्बी उम्र तक इन कामयाबियों का आनन्द लेने के लिए जीवन को लम्बा करना भी ज़रूरी है। लम्बी उम्र होती है लम्बी दिनचर्या से तथा योगासन, प्राणायाम द्वारा शरीर और मन को स्वस्थ रखने से।

भ्रामरी, उद्गीत प्राणायामों से मन के विकार दूर होते हैं तथा परमात्मा से जुड़ाव का आनन्द आता है। आवश्यकता है 'ॐ' के उच्चारण के साथ-साथ अन्तःकरण में अहसास करने की। भ्रामरी में मन ही मन भौंरे की तरह अन्दर ही अन्दर ॐ की ध्वनि की जाती है तथा उद्गीत में मुँह से उच्चारण कर ॐ की ध्वनि की जाती है। इन दोनों प्राणायामों से एकाग्रता में बहुत वृद्धि होती है जो कि प्रत्येक कार्य के लिए ज़रूरी है।

इन प्राणायामों से एकाग्रता इतनी बढ़ जाती है कि प्रत्येक कार्य होता चला जाता है, ध्यान बंटाना नहीं चाहिए। जितने ज्यादा कार्य के प्रति समर्पण और एकाग्रता होगी, सफलता और कामयाबी का प्रतिशत उतना ही बढ़ जाता है, इसलिए नित्यप्रति प्रतियोगी छात्रों और प्रत्येक व्यक्ति को योगासन, ध्यान और प्राणायाम अवश्य करना चाहिए तथा जीवन की प्रक्रिया का हिस्सा बना लेना चाहिए, तभी जीवन-भर निरोगी काया के पहले सुख का अधिकारी बन सकते हैं जो प्रत्येक व्यक्ति का जन्मसिद्ध अधिकार है।

उत्साह से कार्य करना आवश्यक

किसी भी कार्य को सम्पन्न करने के लिए यदि कोई सशक्त अस्त्र है तो वह है व्यक्ति का उत्साह, जिससे व्यक्ति सामान्य स्तर से ऊपर उठकर कर्मठ, श्रेष्ठ और महान बनता है, इसी से आत्मविश्वास पैदा होता है जो ऊर्जा के स्तर को बढ़ाता है। व्यक्ति का आत्मबल बहुत बढ़ जाता है और ऊर्जावान बनकर बड़े कार्यों को सरलता से पूर्ण कर लेता है। जिस व्यक्ति में जितना अधिक उत्साह होगा, वह दूसरों से उतना ही अधिक शक्तिशाली होगा, उसकी कार्यक्षमता और दक्षता औरों से बेहतर होगी, कार्यों को सम्पन्न करने की गुणवत्ता भी अधिक होगी, उपलब्धियां भी निरंतर बढ़ती रहेगी।

उत्साह को बढ़ाने वाले कारकों में सबसे महत्त्वपूर्ण है शारीरिक और मानसिक रूप से शक्तिशाली होना, क्योंकि कमजोर शरीर और मन कभी भी व्यक्ति में उत्साह का संचार नहीं कर सकता है। नैतिक गुणों का होना भी आवश्यक है, कभी कोई गलत कार्य नहीं करें अन्यथा शरीर और मन, भय से उत्साहविहीन हो जाते हैं। प्रतिदिन अच्छे कार्य करें और शुभ संकल्प लें तथा उन्हें पूरा करने के लिए प्राणपण से जुट जाएं। उत्साह वह माध्यम है जो मंजिल तक पहुँचाता है, उत्साह के बिना कोई भी महान कार्य सम्भव नहीं है।

बचपन में जिन बच्चों को अच्छे मार्गदर्शक माता-पिता और गुरु मिल जाते हैं, तो उन बच्चों का जीवन खुशनुमा हो जाता है क्योंकि वे बच्चों में उत्साह भरते हैं जिससे बच्चे जीवन को उत्साह से जीते हुए मंजिल की ओर कदम बढ़ाते हैं। जिन्हें सही मार्गदर्शन नहीं मिल पाता है, वे भटक जाते हैं, हीनभावना व कुंठा के शिकार होकर अपना उत्साह और ऊर्जा खो देते हैं, चेहरे की चमक फीकी पड़ जाती है, जीवन का ध्येय पूरा नहीं हो पाता है।

सेनापति तथा सेना के कमांडर सैनिकों में जोश और उत्साह का संचार करते हैं। सही लीडर वही होता है जो अपने मातहतों को लड़ाई के

मैदान में उत्साह से भरे और अन्तिम साँस तक वीरता से लड़ने की सीख दे। इतिहास प्रसिद्ध सेनापति सिकन्दर, चन्द्रगुप्त, पुष्यमित्र शुंग, बाबर, तैमूरलंग, पृथ्वीराज चौहान, वीर शिवाजी आदि सेना के साथ स्वयं लड़ते थे तथा कई हारी हुई लड़ाइयाँ उत्साह भरके ही जीती थीं। यदि ये कुशल सेनापति सही मार्गदर्शन और सैनिकों में उत्साह नहीं भरते तो कब के इनके राज्य नष्ट हो गए होते। सिकन्दर ने उत्साह के बलबूते जाने कितनी ही लड़ाइयाँ जीतीं। उत्साह और जोश भरने में सिकन्दर जैसा कोई नहीं था। वह अपने जीवन में कोई भी लड़ाई नहीं हारा, इसका कारण था उसका उत्साह जो उसमें जोश पैदा करता था, वही उत्साह उसने अपने सैनिकों में कूट-कूटकर भर दिया था।

जिस देश की सेना उत्साह से भरी रहती है, रोज युद्धाभ्यास करती है, वही देश मज़बूत होता है, दुनिया उसकी शक्ति का लोहा मानती है। भारत की सेना एक मज़बूत सेना है। चीन, अमेरिका की सेना मज़बूत सेना है। अमेरिकी सैनिक आज कहीं पर भी ड्रोन हमला कर आतंकवादियों को मार रहे हैं तथा किसी भी आतंकवादी को पल भर में ढेर कर देते हैं, मिसाइल तकनीक से दुश्मनों के छक्के छुड़ा रहे हैं। अमेरिकी सैनिकों का जोश इराक तथा अफगानिस्तान की लड़ाइयों में देखने को मिला। यह उत्साह ही उन्हें रोज़ तरोताज़ा रखता है तथा किसी भी देश के विरुद्ध युद्ध छेड़ देते हैं और विजयी होते हैं।

राजनीतिक दल अपने कार्यकर्ताओं में उत्साह का संचार करते हैं तथा अपनी पार्टी की नीतियों को सर्वश्रेष्ठ सिद्ध कर उनका प्रचार-प्रसार करते हैं। टीवी पर बहस होती है जो जनता में उत्साह भरती है। इसी जोश से कार्यकर्ता भी आम जनता को पार्टी की नीतियों से परिचित कराकर समर्थन जुटाकर अपने दल को बहुमत में लाकर सत्ता को प्राप्त करते हैं व अपने दल की सरकार बनवाकर देश के कर्णधार बनते हैं। यह उत्साह ही होता है जो कि प्रधानमंत्री, मुख्यमंत्री, मंत्री और प्रशासनिक अधिकारी बनाता है। उत्साह जितना अधिक होगा, व्यक्ति उतनी ही ऊँचाइयों पर पहुँच जाता है।

उत्साह ठंडा पड़ने पर व्यक्ति की कार्यक्षमता कम हो जाती है। बड़े-बड़े विद्वान, लेखक, कवि और साहित्यकार जीवनपर्यन्त उत्साह से समाजोपयोगी लेखन करते हैं और जीवन सफल करते हैं। प्रेमचंद, जयशंकर प्रसाद, सूर्यकांत त्रिपाठी निराला, सुमित्रानन्दन पंत, महादेवी वर्मा आदि कवि एवं

साहित्यकारों ने उत्साह के माध्यम से ही इतना कालजयी साहित्य लिख डाला कि आज भी इन लेखकों को भारतीय जनता ही नहीं बल्कि दुनिया याद कर रही है।

उत्साह ही जीवन की उमंग है, उत्साह ही मान और सम्मान है, उत्साह ही स्वाभिमान और जीने का सहारा है। स्वामी विवेकानन्द जी ने युवाओं को उत्साहित करने के लिए ही कहा था कि 'उतिष्ठ जागृत प्राप्य बरोन्नि बोधत' उठो, जागो और लक्ष्य को प्राप्त करने तक चैन से मत बैठो। मात्र 39 वर्ष तक की जीवनयात्रा में उन्होंने युवाओं में अपने भाषणों, लेखों व पुस्तकों के माध्यम से जोश भरा। वह आज भी युवाओं के प्रेरणास्रोत हैं, तभी उनका जन्मदिन 12 जनवरी, प्रतिवर्ष युवा दिवस के रूप में भारत में मनाया जाता है। उन्होंने कर्मयोग की शिक्षा दी, दीन-दुखियों की सेवा को दरिद्रनारायण की सेवा करार दिया। भारत ही नहीं बल्कि दुनिया को वेदान्त दर्शन से परिचित कराकर पूरी दुनिया की आध्यात्मिक शंकाओं का सरल ढंग से समाधान किया। महात्मा गाँधी, ज्योतिबा राव फुले, अम्बेडकर आदि ने मानवतावादी दृष्टिकोण अपनाकर भारत की जनता में उत्साह का संचार किया। महात्मा गाँधी ने, ब्रह्मचर्य जैसे नैतिकतावादी गुणों से सफलताएं प्राप्त की जा सकती हैं, यह खुद करके बताया। गांधी जी का उत्साह अन्तिम साँस तक बना रहा। सक्रिय दिनचर्या, लेखन, ध्यान, भजन, संध्यावंदन, पूजापाठ, और चरखा चलाना उनकी नित्य की क्रियाएं थीं। उनके उच्च आदर्शवादी गुणों के कारण ही उनमें उत्साह था।

जब लोग अच्छा इंसान समझकर इज़्ज़त देते हैं तो दिल को बहुत सुकून मिलता है। इससे बड़ी और कोई पूँजी नहीं है। इंसान कितना ही भोग-विलास में डूब ले और कितनी ही भौतिक, आर्थिक तरक्की कर ले, लेकिन जब तक समाज में उसके सद्‌गुणों की इज़्ज़त नहीं है, तब तक उसे आत्मसंतुष्टि नहीं मिल सकती है। सही मायने में तरक्की, लोगों के दिलों में और नज़रों में प्यार व सम्मान का भाव ही है, इसी प्यार-सम्मान के कारण ही जीवनपर्यन्त अच्छे कार्य किए जाते हैं। बच्चों को प्यार देना चाहिए। जो भी माता-पिता गुरुजन बच्चों पर अपनी महत्त्वाकांक्षा थोपते हैं या दबाव डालते हैं तो बच्चे का सर्वांगीण विकास रुकता है, उनका उत्साह भंग होता है। अतः उन्हें कभी भी हतोत्साहित नहीं करना चाहिए और न ही कन्ट्रोल में करने के लिए जबरन डांट-फटकार लगानी चाहिए क्योंकि इससे उनमें

उत्साह विहीनता आती है। क्रोध और अवसाद का शिकार होकर बच्चे गलत राह पर जा सकते हैं, अतः मृदुल और सौम्य व्यवहार द्वारा बच्चों को नियंत्रण में रखा जा सकता है। हमेशा उन पर भरोसा करना चाहिए और इसी बात का उन्हें प्रतिपल अहसास भी कराना चाहिए कि हम तुम पर बहुत भरोसा करते हैं। इसी भरोसे को कायम रखने के लिए बच्चे जीवनपर्यन्त नैतिक आचरण करते हैं और माता-पिता के विश्वास को ठेस नहीं पहुँचाते। यही नैतिक गुण उनमें जीवनपर्यन्त उत्साह का संचार करते हैं तथा चारित्रिक बल के उत्साह से समाज में उत्तरोत्तर तरक्की कर सीना तानकर जीते हैं तथा माता-पिता और अपने कुल का नाम रोशन करते हैं।

समाज में तरक्की पसंद लोग हमेशा व्यवहारकुशल होते हैं तथा सभी से प्रेमपूर्वक व्यवहार कर सभी को अपनी मिठासभरी वाणी से अपना बना लेते हैं। उनके अन्दर सभी को नाम से जानने की उत्कंठा होती है, वे अधिकांश लोगों को उनके नाम से ही पुकारते हैं। वे जनप्रतिनिधि अधिक लोकप्रिय हो जाते हैं, जो कि आम जनता में ज्यादातर को नाम से पहचानते हैं और भीड़ में भी नाम से पुकारते हैं। वे नेता जो अपने समर्थकों को उनके नाम से बुलाते हैं, तो वह समर्थक अपने को उस नेता के निकट महसूस करते हैं, उनमें उत्साह से उस नेता के समर्थन में कार्य करने का जोश भर जाता है क्योंकि वह अमुक नेताजी का प्रिय पात्र बन जाता है। वह शिक्षक और प्राचार्य अधिक लोकप्रिय हो जाता है जो अपने शिष्यों को नाम से जानता है और असेम्बली में या भीड़ में भी नाम से पुकारता है। उसी गुरु की बात छात्र अधिक ध्यान से सुनते हैं। आधुनिक युग में प्रेम और विश्वास के अभाव में कॉलेज और स्कूलों में अनुशासनहीनता होती जा रही है क्योंकि शिक्षकों को अपने झंझट-झमेले और आर्थिक तरक्की से फुर्सत नहीं है। वे मात्र औपचारिकता के लिए लेक्चर देने जाते हैं क्योंकि उनमें भौतिकवादी सोच घुस गयी है। उन्हें अपने ट्यूशन और कोचिंग के बैचों से फुर्सत नहीं है तो छात्र घर में माता-पिता से हताशा, गृहक्लेश एवं उनकी महत्त्वाकांक्षाओं के शिकार होकर सुस्त एवं उदासीन हो जाते हैं। वे न तो दिल से माता-पिता का सम्मान कर पाते हैं और न ही शिक्षकों का, इसलिए कुंठाओं का शिकार होकर हिंसा पर उतर आते हैं व अनुशासनहीनता कर बैठते हैं। बात-बात में क्रोध दिखाते हैं, झल्ला पड़ते हैं, इन सबका कारण है पारिवारिक वातावरण का सही नहीं होना। जिन परिवारों में वातावरण अच्छा होता है, प्रेमभरा होता

है, उनके बच्चे स्कूल-कॉलेजों में अच्छा व्यवहार करते हैं तथा शिक्षकों के प्रति सम्मान का भाव रखते हैं। वे ही उत्तरोत्तर तरक्की और विकास के सोपानों पर चढ़ते हुए देश में ही नहीं बल्कि दुनिया में ध्रुवतारे की तरह चमकते हैं। उनमें तहज़ीब और संस्कार कूट-कूटकर भरे होते हैं। प्रत्येक कार्य करने में उनका उत्साह देखते ही बनता है। वे अलग से पहचाने जाते हैं, जो दुनिया की भीड़ से अलग अपना स्थान बनाते हैं। पं. जवाहर लाल नेहरू, इन्दिरा गाँधी और अटल बिहारी वाजपेयी जब भाषण देते थे तो लोग इनको सुनने के लिए लालायित रहते थे। इनके प्रति जनता का आकर्षण इनकी ओजस्वी वाणी और उनका जनता से दिली लगाव, प्रमुख कारण थे। ये भारत से प्यार करते थे, साथ ही यहाँ की मिट्टी से तथा यहाँ की जनता को दिल में बसाते थे। इसी से उत्साहित होकर लाखों की संख्या में लोग इन्हें सुनने के लिए एकत्रित होते थे, करोड़ों लोगों ने इनके नाम के कारण ही इनकी पार्टी को सत्ता में लाकर वर्षों इन्हें भारत का प्रधानमंत्री बनाया। इनकी भाषणकला, वाक्पटुता और स्पष्ट नीतियों के कारण ही जनता ने इन्हें बार-बार प्रधानमंत्री बनाया।

सफलतम लोगों का इतिहास साक्षी है कि कामयाबी के लिए उत्साह एक घुट्टी का कार्य करता है, जैसे बाल जीवन घुट्टी बच्चों को रोग और संक्रमण से मुक्त रखती है उसी तरह उत्साह रूपी घुट्टी कामयाब लोगों को बाधाओं, कठिनाइयों तथा असफलताओं से दूर रखती है। इनके जीवन में निरंतर उत्साह बना रहता है जिससे निरंतर ये कामयाबी की सीढ़ियाँ चढ़ते रहते हैं। कभी भी थकते नहीं हैं और न ही हताश या निराश ही होते हैं। इनका उत्साह इन्हें उन ऊँचाइयों पर ले जाता है जहाँ सामान्य व्यक्तियों का पहुँचना बहुत मुश्किल होता हैं। इसमें इनका जोश ही इन्हें इनकी मंजिल पर पहुँचाता है, इनके लिए कोई भी पद पाना असम्भव नहीं है। ये किसी भी कठिन से कठिन लक्ष्य को उत्साह के बल पर प्राप्त करके ही रहते हैं। असम्भव शब्द इनकी डिक्शनरी में होता ही नहीं है क्योंकि ये जीवनपर्यन्त उत्साह से लबालब भरे होते हैं, यही इनकी कामयाबी का राज होता है।

आत्मविश्वास सफलता की कुँजी

आत्मविश्वास वह सीढ़ी है जिस पर चढ़कर इंसान ऊँचाइयों पर पहुँचता है। अपने-आप पर यह भरोसा कि मैं यह कार्य अवश्य ही पूरा कर लूँगा, इसी विश्वास के सहारे जटिल परिस्थितियों पर भी विजय प्राप्त की जा सकती है। जब कठिनाइयां उसे चारों ओर से घेर लेती हैं और थककर चूर हो जाता है तब रोशनी की एक किरण नज़र आती है जो उसके अन्दर शक्ति का संचार करती है। यह ताकत है आत्मविश्वास, जो इंसान को मुसीबत में सहारा देती है। ऐसी परिस्थिति में दिमाग को नियंत्रण में रखने की आवश्यकता होती है, भावुकता में लिया गया निर्णय सही नहीं होता, अतः पूरे होशो-हवास में ज़िंदगी के फैसले लेने चाहिए।

ज़िंदगी बहुत अनमोल है, इसलिए इसके एक-एक पल का आनन्द लेते हुए जीवन को कामयाबियों की ओर ले जाना चाहिए। अंधकार से प्रकाश की ओर, अशांति से शांति की ओर, अज्ञान से ज्ञान की ओर जाने में आपका विश्वास ही आपकी मदद करता है। सकारात्मक चिन्तन तथा इंसानियत भरा 'सर्वे भवन्तु सुखिनः' की संस्कृति का जीवन दर्शन व्यक्ति के दिमाग के बंद दरवाजों को खोल देता है। यदि हमारी मति ऐसी हो जाए कि उसमें तमाम संशय भर जाएं तो कहीं कोई ठिकाना नहीं रहेगा। जीवन में ऐसा वक्त भी आता है जब व्यक्ति को अचानक ही झँझावात घेर लेते हैं, उस वक्त व्यक्ति का साहस और धैर्य पूरे आत्मविश्वास के साथ उसकी मदद को आगे आते हैं और वह उन समस्याओं पर विजय प्राप्त कर लेता है। जिनके पास आत्मविश्वास नहीं होता है, वे इन कठिन परिस्थितियों में टूट जाते हैं और मानसिक संतुलन तक खो बैठते हैं। हमेशा विश्वास के सहारे उम्मीदों का दामन थामे रखना चाहिए।

हमें अकारण ही दूसरों पर संशय नहीं करना चाहिए क्योंकि शास्त्र का वाक्य है कि संशयात्मा विनष्यति अर्थात् भ्रमित बुद्धि वालों का विनाश सुनिश्चित है। जीवन उन्हीं का ऊँचाइयों पर पहुँचता है जो सद्बुद्धि द्वारा पूरे

विश्वास के साथ ज़िंदगी जीते हैं। जीवन, प्रेम और विश्वास के सहारे पुष्पित और पल्लवित होता है, इसमें उमंग और जोश विश्वास से ही आता है, तभी सफलताएं और कामयाबियाँ कदम चूमती हैं। सिंह पुरुष ही लक्ष्मी को प्राप्त करते हैं जो ज़ीवनपर्यन्त कठिन परिश्रम करते रहते हैं। प्रत्येक मानव जीवन जीता है, आनन्द, यश और सफलताएं प्राप्त करने के लिए और दूसरों की नज़रों में सम्मान पाने के लिए। इसके लिए वह अपनी ओर से पूरा यत्न करता है, यदि उसका आत्मविश्वास जाग्रत रहता है तो उसके प्रयत्नों की जीत होती है, उसके अटूट विश्वास की जीत होती है। विजयी बनना हर इंसान का ध्येय होता है। भक्ति और विश्वास, प्रह्लाद तथा भागीरथ जैसा होना चाहिए। प्रह्लाद के विश्वास की रक्षा हेतु भगवान को नरसिंह अवतार लेना पड़ा था। भागीरथ के विश्वास की रक्षा हेतु जगतपिता ब्रह्मा को अपने कमंडल से गंगाजी को धरती पर अवतरित करना पड़ा था। उसी विश्वास की रक्षा हेतु शिवजी को अपनी जटाओं में गंगाजी को धारण करना पड़ा था। बालों की एक लट से निकली गंगा की धारा से भागीरथ के एक हज़ार पितरों का तर्पण हो गया था और कपिल मुनि के श्राप से मुक्त होकर मोक्ष को प्राप्त हुए थे।

विश्वास श्रीकृष्ण भगवान पर द्रौपदी ने किया था, जिसकी रक्षा हेतु, जब कौरवों की सभा में दुशासन द्वारा द्रौपदी का चीरहरण किया गया, कृष्ण भगवान ने इतनी साड़ी द्रौपदी के शरीर पर लपेट दी कि दुशासन थक गया और द्रौपदी को भरी सभा में निर्वस्त्र नहीं कर सका। इस सभा में युधिष्ठिर जैसे धर्मराज, भीम जैसे गदाधारी, अर्जुन जैसे धनुर्धर, भीष्मपिता जैसे धर्मात्मा, नीति न्याय में निपुण महारथी गुरु द्रोणाचार्य, गुरु कृपाचार्य जैसे लोग चुपचाप बैठे इस घोर अन्याय को देख रहे थे। श्रीकृष्ण ने द्रौपदी की लाज बचाई, यह उस विश्वास की रक्षा थी जो द्रौपदी ने श्रीकृष्ण पर किया था।

वनवास के समय कुंती को श्रीकृष्ण ने एक अक्षय पात्र दिया था। कुंती श्रीकृष्ण की अनन्य भक्त तथा उनकी बुआ थीं। एक बार दुर्वासा ऋषि अपने शिष्यों सहित कुंती के पास भोजन माँगने गए तो श्रीकृष्ण द्वारा दिये गए अक्षय पात्र से ही उन्होंने सबको भोजन करा दिया था, जबकि उनके पास जंगल में कोई भोजन की व्यवस्था नहीं थी। दुर्वासा बहुत क्रोधी स्वभाव के ऋषि थे तथा तुरन्त शाप दे देते थे। श्रीकृष्ण ने पांडवों को शाप से बचाया, यह कुंती के श्रीकृष्ण के प्रति विश्वास की जीत थी।

धन्नाजाट नाम के बालक के विश्वास के कारण उसके हाथ से मूर्ति के रूप में प्रकट होकर भगवान ने भोग ग्रहण किया था, यह उस बालक के विश्वास की जीत थी।

नरसी का भात पूरे भारत में प्रसिद्ध है। उनका भात श्रीकृष्ण ने दिया था। आज भी पूरे भारत में लोककथाओं और लोकगीतों में भात के वक्त इस घटना को मंगल गीत के रूप में गाकर याद किया जाता है। यह नरसी जैसे संत पुरुष के विश्वास की ज़ीत थी। उसकी श्रीकृष्ण पर अटूट आस्था थी। इसी आस्था की लाज बचाने हेतु श्रीकृष्ण नरसी का वेश धारण कर भात भर आए थे।

अर्जुन का भी श्रीकृष्ण पर भरोसा था, तभी उन्हें अपना सारथी बनाना स्वीकार किया। श्रीकृष्ण ने इसी भरोसे को बनाए रखने के लिए मोह के समय गीता का ज्ञान देकर अर्जुन का संशय दूर किया।

आत्मविश्वास विपत्तियों में हमारी रक्षा करता है, जब हम किसी पर विश्वास करते हैं तो वह हमारा हो जाता है। जब प्रेमी और प्रेमिका एक-दूसरे पर विश्वास करते हैं, तभी तो प्रेमिका अपने प्रेमी पर भरोसा करके माता-पिता और परिवार तथा समाज के बंधनों को छोड़कर प्रेमी के साथ चली जाती है। जीवन-भर प्रेम और विश्वास के सहारे जीवन बिता देती है। प्रेम और विश्वास के सहारे जीवन कैसे कट जाता है, पता ही नहीं चलता और बिना प्रेम और विश्वास के एक पल भी कटना मुश्किल होता है।

हमें प्रतिपल हंसने की आदत विकसित करनी चाहिए। आजकल पार्कों में लाफिंग योगा करते और हँसते-ठहाके लगाते हुए लोग मिल जाते हैं। सुबह-सुबह वे जोर से ठहाके लगाकर स्वास्थ्य को ठीक करते हैं। प्रभावी व्यक्तित्व के लिए हँसता हुआ चेहरा ज़रूरी है। सफल नेता और अभिनेता, सफल डाक्टर और वक्ता हमेशा मुस्कुराते रहते हैं।

हँसी कई प्रकार की होती हैं, जो दूसरों पर हँसते हैं और मजाक उड़ाते हैं, इससे उन लोगों के आत्मसम्मान को चोट लगती है और इसे चुनौती के रूप में लेकर वे कुछ कर गुज़रते हैं। दिन-रात मन लगाकर मेहनत करते हैं और आलोचकों के तथा उन पर हँसने वालों की एकदिन बोलती बंद कर देते हैं।

अहंकार पूर्ण हँसी, जैसे ऊँचे राजनीतिक पद वाले तथा रईस जमींदार, सामंतशाही के दबंग लोग हँसते हैं। रावण, दुर्योधन, कंस तथा शकुनि इसी जमात के थे। ये हमेशा छोटे लोगों का मजाक उड़ाते थे। कौरव सौ थे, ये हमेशा पाँडवों को बचपन से ही परेशान करते थे, खेल-खेल में उन्हें चोट पहुँचाते थे, किन्तु अंत में जीत सत्य की हुई। पाण्डवों की विजय गाथा, महाभारत ग्रन्थ के रूप में वेदव्यास ने लिखी है, जो आज भी अनीति, अन्याय तथा सत्य, विश्वास एवं धर्म के मार्ग पर चलने वालों की विजय का ग्रंथ, भारतीय जनमानस में उदाहरण के रूप में प्रसिद्ध है।

एक हँसी निश्छल होती है जो कि बिना छल-कपट के होती है, जो स्वयं हँसते हैं और दूसरों को भी हँसाते हैं। 'लाफ्टर चैलेंज शो' तथा कई प्रकार के कॉमेडी शो जो कि स्वयं तो हँसते ही हैं तथा अपने पर हँसकर दूसरों को भी हँसाते हैं। 'कॉमेडी सर्कस' के कपिल शर्मा, सुदेश, कृष्णा, राजीव ठाकुर तथा राजू श्रीवास्तव जैसे हास्य कलाकर टी.वी. पर छाये हुए हैं जो कि भारतीय जनता का मनोरंजन कर रहे हैं। ऐसे लोग बहुत आगे तक जाते हैं, हँसने पर गैर भी अपने हो जाते हैं। रोने पर कोई नहीं सुनता और अपने भी साथ छोड़ जाते हैं, रुदन कोई नहीं सुनना चाहता, इससे शरीर और दिमाग का संतुलन खराब हो जाता है, झल्लाहट होने लगती है। हँसी-ठहाकों वाली जगह पर भीड़ लग जाती है। रुदन और क्लेश से लोग दूर भागना चाहते हैं क्योंकि लोगों की मानसिकता हँसी-ठहाकों को पसंद करती है और उनके जीवन के आनन्द में वृद्धि होती है। उनके दिमाग के सारे बंद छिद्र खुल जाते हैं, रक्तचाप सामान्य रहता है। स्वास्थ्य अच्छा हो जाता है और हर काम में मन लगता है, जबकि रोने, कर्कश वाणी और क्लेशपूर्ण वातावरण से तनाव बढ़ता है जो कि मन को उदास कर देता है। तनाव से माइग्रेन, ब्लडप्रेशर, डायबिटीज, हृदय रोग और हाइपरटेंशन जैसे रोग घेर लेते हैं, हार्टअटैक का खतरा बढ़ जाता है। व्यक्ति का जीवन छोटा हो जाता है, कार्यक्षमता कम हो जाती है, स्मरण शक्ति क्षीण हो जाती है, किसी काम में मन नहीं लगता है, किसी से मिलने का मन नहीं करता है, मन सबके प्रति उचट-सा जाता है और अवसाद का शिकार होकर मनोरोगी हो जाता है। जब वह क्लेशपूर्ण वातावरण में इतनी समस्याओं से घिर जाएगा तो अपने जीवन के कार्य कब करेगा, जब किसी से मिलेगा ही नहीं तो आगे बढ़ने के अवसर कैसे मिलेंगे, उदास मन से कभी भी कोई बड़ा काम नहीं हो सकता है।

हँसी सम्पन्नता का प्रतीक है जो चेहरे की चमक को बढ़ा देती है तथा सफलताएं दिलाती है। हँसमुख, विनम्र तथा व्यवहारकुशल व्यक्ति से हर कोई मिलना चाहता है। क्लेशी और रोने-धोने वाले व्यक्ति से कोई बात करना तक पसंद नहीं करता, फिर किसी भी प्रकार का व्यापार या कोई डील करने का तो सवाल ही नहीं है। रोना दरिद्रता की निशानी है, जितने भी दुनिया के सफल और कामयाब लोग हुए हैं, उनके हास्य विनोद के अनेक प्रसंग प्रसिद्ध हैं। उनकी सफलता में उनके हँसी-ठहाके और उनकी मुस्कुराहट का विशेष योगदान रहा है। जब हम हँसते हैं तो हमारे आसपास का वातावरण भी सकारात्मक हो जाता है। यदि यह हँसी हमारे जीवन का हिस्सा

हो जाती है तो यह बहुत आनन्द देती है। दुनिया का कोई भी व्यक्ति इसके बिना नहीं रह सकता, उदास लोगों में यह आशा का संचार करती है। किसी भी परिवार की खुशहाली, सम्पन्नता और समृद्धि भी हँसी-ठहाकों और मुस्कुराहटों से आती है। कठिनाइयां, कष्ट, परेशानियां, गम, तनाव, इसके सामने पानी भरते हैं और दूर भाग जाते हैं। बच्चों की निश्छल हँसी के समक्ष सब कुछ बौना सिद्ध हो जाता है। मुस्कुराहट का जादू जब हम चलाते हैं तो इतनी खुशियाँ आती हैं कि उन्हें हम सहेज ही नहीं पाते हैं। गरीबी, कठिनाई और दरिद्रता में यह और बढ़ जाती है। जब मेहनतकश लोग जैसे गरीब किसान, मजदूर पूरे दिन थकहारकर अपने घर लौटते हैं तो पत्नी, बच्चों की मुस्कुराहट में वह अपनी थकान भूल जाते हैं। वे चटनी-रोटी खाकर भी प्रसन्नता का जीवन सभी मिलजुलकर हँसी-ठहाकों के साथ बिताते हैं जो कि अच्छे-अच्छे रईसों और पूँजीपतियों को भी नसीब नहीं है। अमीरी में व्यवहार कृत्रिम हो जाता है, जबकि गरीबी में व्यक्ति का व्यवहार वास्तविक और जीवटता से परिपूर्ण होता है।

यदि कामयाब और सफल होना चाहते हैं तथा जीवन को आनन्दपूर्वक बिताना चाहते हैं तो संभलकर बोलें, शब्द ही अपना बनाते हैं और शब्द ही दुश्मनी करा देते हैं। शब्द हमारे विचारों, भावनाओं और दृष्टिकोण को प्रकट करते हैं। एक शब्द तीर से भी अधिक चुभता है, इतिहास गवाह है कि इससे अनेक युद्ध हुए और आज भी घरों में महाभारत केवल शब्दों की वजह से ही हो रहे हैं। लोग क्लेशपूर्ण वातावरण में केवल कटुवचनों के कारण ही रहने के लिए विवश हो रहे हैं। यह अंतहीन सिलसिला ईगो की टकराहट और कटुक्तियों के कारण ही हो रहा है, शब्दों से युद्ध टल जाते हैं और मृत्यु के मुँह से भी शब्द खींच लाते हैं। जैसे जब सिकन्दर ने पुरू को हरा दिया और राजा पुरू को जंजीरों में जकड़कर सिकन्दर महान के सामने लाया गया तो पराजित राजा से सिकन्दर ने पूछा कि तुम्हारे साथ कैसा सलूक किया जाए तो राजा पुरू ने कहा था कि जैसा एक राजा दूसरे राजा के साथ करता है। इसी बहादुरी पूर्ण साहसिक उत्तर से प्रसन्न होकर सिकन्दर ने उसे क्षमा कर दिया और उसका राज्य वापिस कर दिया। केवल शब्दों का ही खेल है कि विदेशी आक्रान्ताओं से भारत भूमि को बचाने के लिए जब तक्षशिला के आचार्य चाणक्य धनानंद की सभा में पहुँचे तो मदिरा के नशे में चूर धनानंद ने चाणक्य का अपमान किया और कटु वचन बोले। इन्हीं शब्दों को सुनने के बाद चाणक्य ने अपनी शिखा ना बाँधने की प्रतिज्ञा ली थी। अपने शिष्य चन्द्रगुप्त को युद्ध नीति, शास्त्र और राजकार्यों में इतना निपुण कर दिया कि

धनानंद को मारकर मगध का राजा चन्द्रगुप्त बना तथा मौर्य वंश की स्थापना की। चाणक्य को प्रधानमंत्री बनाया गया था जो कुटिया में रहकर राजकाज करते थे। चाणक्य इतने ईमानदार थे कि जब व्यक्तिगत वार्ता होती थी तो अपना स्वयं का दीया जला लेते थे और जब राजकाज करते थे तो राज्य द्वारा उपलब्ध कराए गए तेल का इस्तेमाल करते थे। यह थी आचार्य चाणक्य की ईमानदारी और मगध राष्ट्र के प्रति वफादारी, जिसने इतिहास में उन्हें अमर कर दिया। इन्हें 'विष्णुगुप्त' और 'कौटिल्य' भी कहा जाता है। कौटिल्य का 'अर्थशास्त्र' राजनीति पर आज भी एक प्रमुख ग्रंथ है। 'चाणक्य नीति' को आज भी भारत के लोग प्रमुखता से पढ़ते हैं। यदि धनानंद ने कड़वे वचन नहीं कहे होते तो इतने विशाल और मज़बूत नंद वंश के नाश की नींव एक सामान्य-सा आचार्य क्यों रखता तथा चन्द्रगुप्त का भी अस्तित्व नहीं होता। अतः लोगों की भावनाओं का सम्मान करना सीखें। किसी को भी अपमानित नहीं करें।

कभी भी दूसरों को नीचा दिखाने के लिए आलोचना नहीं करें। घर-परिवार में अनावश्यक पति-पत्नी को आपस में तथा हमेशा बच्चों की आलोचना में नहीं लगे रहना चाहिए। इससे आपस में एक-दूसरे में मीन-मेख निकालने की आदत हो जाती है और प्रेम समाप्त हो जाता है, इसलिए परिवार में बहुत सोच-समझकर व्यवहार करना चाहिए।

आपकी आलोचना से यदि व्यक्ति में सुधार होता है तो यह लाभकारी आलोचना होती है। गुरु जब छात्रों को उनकी गलतियों के बारे में बताते हैं, तो शिष्यों में सवाल हल करने तथा भविष्य में गलतियां नहीं दोहराने की प्रेरणा मिलती है। इसी तरह कोच जब खिलाड़ियों को उनकी कमियों और गलतियों के बारे में बताते हैं, तो खिलाड़ियों के खेल स्तर में सुधार होता है और उनका समर्पण तथा एकाग्रता बढ़ती है। पूर्वाग्रह से ग्रसित होकर केवल हतोत्साहित करने के लिए कभी भी आलोचना नहीं करनी चाहिए। इससे छात्र का मनोबल गिरता है। वह हीनभावना का शिकार होकर कुंठित हो सकता है, उसका कैरियर चौपट हो सकता है। यदि कोई गलती सुधार लेता है तो उसकी प्रशंसा भी करनी चाहिए। किसी की आलोचना करते वक्त व्यक्तिगत खुन्नस या नाराज़गी को सामने नहीं आने दें, वह आलोचना निंदा का रूप लेकर नकारात्मक भाव छोड़ती है।

दुनिया में जितने भी महान लोग हुए हैं, उन सबकी आलोचना हुई है इसलिए आलोचना को हमेशा सकारात्मक रूप से लेना चाहिए। आलोचना से सबक लेकर लोग चुनौती स्वीकार करते हैं और कुछ महान कार्य कर

जाते हैं। सुकरात, प्लेटो, रूसो, वाल्टेयर, गैलीलियो, एडिसन आदि सभी की आलोचना हुई। प्रारम्भ में लोग इनका मजाक उड़ाया करते थे, लेकिन बाद में वे ही इनके सबसे बड़े प्रशंसक बने। अतः आलोचकों से कभी भी हताश और निराश नहीं होना चाहिए। अपनी आलोचना खुद भी करनी चाहिए तथा कमियों को स्वीकार कर उन्हें दूर करने का प्रयास करना चाहिए।

ऐसा सोचना चाहिए कि जो कुछ होते हैं, आलोचना उन्हीं की होती है। आलोचना इस बात का प्रतीक है कि हम तरक्की के पथ पर आगे बढ़ रहे हैं। न तो कभी आलोचना से घबराना चाहिए और न ही बौखलाना चाहिए। क्रोध दिलाना ही तो आलोचकों का उद्देश्य होता है, क्रोध से बुद्धि का विनाश हो जाता है और विवेकशून्यता की स्थिति आ जाती है। जब आपका स्तर बहुत ऊँचा हो जाता है तो यही लोग आपके प्रशंसक हो जाते हैं, इसलिए हमेशा बड़े कार्य करते रहें और आलोचनाओं को अप्रत्यक्ष प्रशंसा के रूप में लेते रहें।

जो लोग हमारी सबसे ज्यादा आलोचना करते हैं, इससे यह सिद्ध होता है कि उनके दिलोदिमाग में हम छाये हुए हैं और वे कहीं न कहीं हमारी तरक्की से जल रहे होते हैं, अतः ऐसे आलोचकों की बातों का आनन्द लेना चाहिए। कभी भी उग्र प्रतिक्रिया व्यक्त नहीं करनी चाहिए क्योंकि ऐसे ईर्ष्यालुओं के ऊपर बिल्कुल भी वक्त जाया नहीं करना चाहिए, समय बहुत कीमती होता है और वे आपको उलझाना चाहते हैं। ऐसे जलनखोरों से दूर रहें और अपनी सफलताओं व कामयाबियों का ढिंढोरा कभी नहीं पीटना चाहिए जिससे इनकी ईर्ष्या और बढ़े। ज़िंदगी को बहुत सहज रूप में जीना चाहिए।

हर व्यक्ति में प्रशंसा पाने की तीव्र इच्छा होती है। यदि प्रशंसा सही वक्त पर नपे-तुले शब्दों में की जाए तो उसका सकारात्मक प्रभाव होता है। हर किसी में प्रशंसा का सलीका नहीं होता है, प्रशंसा में कभी अपने अस्तित्व को नहीं नकारना चाहिए और न ही चापलूसी के स्तर तक प्रशंसा करें। एक सार्थक प्रशंसा अच्छे कार्यों के प्रति उत्साह और जोश बढ़ाती है, जबकि झूठी प्रशंसा हमेशा बुरा परिणाम देती है तथा वितृष्णा पैदा करती है जिससे नकारात्मक प्रभाव पड़ता है। प्रशंसा हमेशा व्यक्ति की सफलताओं और कामयाबियों की होनी चाहिए, न कि स्वार्थपरता वाली और चारणभाट वाली होनी चाहिए, जैसे राजाओं की झूठी तारीफ करने वाले लोगों ने तमाम राजपाट और वंशों का नाश करवा दिया, वे राजा ग़फलत में ही रहे। कई बार झूठी तारीफ से सत्ता का परिवर्तन भी हो जाता है। जनता वोट की शक्ति द्वारा हमेशा आत्मप्रशंसा और झूठे आंकड़ेबाजों को नकार देती है।

प्रशंसा इंसान के अन्दर जोश पैदा करती है तथा सकारात्मक प्रभाव छोड़ती है। तारीफ पाने के लिए ही छोटे बच्चे अपनी ऊर्जा का एक बड़ा हिस्सा पढ़ाई में लगा देते हैं और कुछ करके दिखाते हैं। यदि उनके छोटे-छोटे अच्छे कार्यों के लिए उन्हें प्रशंसा नहीं मिलेगी तो उनका आत्मविश्वास डगमगा जाएगा। इसलिए छोटे बच्चों को उनके सकारात्मक कार्यों के लिए हमेशा माता-पिता को शाबाशी देनी चाहिए और सभी के सामने अपने बच्चों की तारीफ करनी चाहिए जिससे उनका उत्साहवर्धन हो। बच्चों पर कभी भी दबाव नहीं बनाना चाहिए अन्यथा बच्चों की प्रतिभा समय से पहले तनावग्रस्त होकर समाप्त हो जाती है। अधिकारियों व कार्यालय प्रमुखों को कभी भी अपने मातहतों को हतोत्साहित नहीं करना चाहिए, इससे अधीनस्थों में कार्य के प्रति अरुचि पैदा हो जाती है, उनका मन कार्य में नहीं लगता है। वे अपना शत-प्रतिशत नहीं दे पाते हैं, उनकी ऊर्जा खराब वातावरण के कारण तनाव में ही खर्च हो जाती है। प्रोत्साहन हमेशा एक टॉनिक का कार्य करता है जिससे आत्मविश्वास तो बढ़ता ही है, साथ ही कार्य के प्रति निष्ठा और समर्पण भी बढ़ जाता है।

मानवीय दृष्टिकोण अपनाने से हमेशा संवेदनशील वातावरण बनता है जो दूसरों के दिलों में सम्मान पैदा करता है, इसी से सारे कार्य बनते हैं। हमेशा अपनी छवि सकारात्मक सोच के उदार व्यक्ति की बनानी चाहिए, जिससे समय पर लोगों का सहयोग मिल सके। प्रत्येक व्यक्ति के जीवन में ऐसा समय आता है जब उसे सामाजिक, आर्थिक और राजनीतिक सहयोग की आवश्यकता होती है, इसलिए अहंकार के वशीभूत होकर अपने रास्तों को बंद नहीं करना चाहिए। यदि लोगों की नज़रों में सम्मान का भाव नहीं होता है या सहयोग नहीं मिलता है तो आत्मविश्वास कम हो जाता है, व्यक्ति हतोत्साहित हो जाता है, उसकी ऊर्जा में कमी आती जाती है। ऐसा व्यक्ति अपनी नीतियों में विश्वास नहीं कर पाता है, अपने को ही कोसने लगता है जबकि दूसरे लोग उसे जबरदस्ती हतोत्साहित करने के लिए प्रयासरत रहते हैं, ऐसा एकाग्रता भंग करने के लिए ईर्ष्यावश भी किया जाता है। कभी ऐसे व्यक्तियों की बातों से प्रभावित नहीं होना चाहिए।

कामयाब होना चाहते हो तो कभी भी लड़ाई-झगड़ा नहीं करें क्योंकि इसमें बहुत समय नष्ट होता है तथा सफलताओं में बाधा खड़ी होती है। भारत का व्यापारी वर्ग कभी भी लड़ाई-झगड़ा नहीं करता, तभी सफलताओं की सीढ़ियाँ दिन-प्रतिदिन चढ़ता जा रहा है। व्यापार में उन्नति कर व्यापारी आर्थिक रूप से समृद्ध हो रहे हैं, यदि जटिल, अभद्र और निम्न स्तर के

झंझटों में लगे रहें तो वे आपकी एकाग्रता को भंग कर देंगे और आपको उलझनों में उलझा देंगे जिससे आप कामयाब नहीं हो पायेंगे, इसलिए कभी तामसी, क्लेशी व्यक्तियों के मुँह न लगें और न ही उनसे बहस करें, न ही उन्हें कुछ समझाने की कोशिश करें। ऐसे लोगों से दूर रहें, उपेक्षा ही इनका इलाज है। अपना बचाव करें, ये स्वयं तो उलझे ही रहते हैं, कभी किसी निष्कर्ष पर नहीं पहुँच पाते, क्योंकि मनोवृत्तियाँ मनोविकारी होती हैं। ऐसे लोग हमेशा संशय में रहते हैं, इसलिए इन्हें इनके हाल पर ही छोड़ना श्रेयस्कर है।

गुंडे, बदमाश और निकृष्ट लोगों के मुँह नहीं लगना चाहिए, ये किसी न किसी से ज़रूर टकराते हैं और नष्ट होते हैं। कभी भी ऐसे लोगों की बलाओं को अपने सिर नहीं लेना चाहिए, इनका नाश तो निश्चित ही है, क्योंकि ये पापपूर्ण आचरण में लिप्त होते हैं। इनसे व्यवहारकुशलता और विनम्रता से अपना काम निकालकर, दूर रहना चाहिए।

अपनी अच्छी मनोवृत्तियों और सकारात्मक सोच की प्रवृत्तियों को कभी भी नहीं छोड़ना चाहिए। क्योंकि पशु, पक्षी, कीट, पतंगे भी सर्वस्व न्यौछावर करने के बाद भी अपनी मूल प्रवृत्ति को नहीं छोड़ते हैं, तो फिर इंसान को अपनी लोकतांत्रिक मानवतावाद और इंसानियत से भरा स्वभाव जो कि मानव को पशुओं से अलग करता है, उसे क्यों छोड़ना चाहिए। परिस्थितियाँ कितनी ही विपरीत क्यों न हों, लेकिन हमें अपनी प्रवृत्ति के मूल स्वभाव में हमेशा स्थिरता बनाए रखना चाहिए। ऐसा करने से आत्मविश्वास बढ़ता है और व्यक्ति उत्तरोत्तर आत्मसंतुष्टि प्राप्त कर सफलता की ओर बढ़ता चला जाता है।

सबको साथ लेकर चलना ही जीवन है

सफलता के लिए सभी के सहयोग की ज़रूरत होती है। इसलिए हमेशा व्यक्ति को परिवार को साथ लेकर चलना चाहिए। समाज के साथ सामंजस्य बिठाकर जीना चाहिए अर्थात् सहकर्मियों, सहयोगियों, बन्धु-बांधवों, पति-पत्नी को आपस में सहयोगपूर्ण समर्पित ज़िंदगी जीनी चाहिए, जिससे ज़िंदगी मिठासभरी और ऊर्जा प्रदान करने वाली हो।

परिवार राष्ट्र की धरोहर है तथा सामाजिक व्यवस्था की रीढ़ है, इसकी मज़बूती से ही समाज और राष्ट्र सुदृढ़ होता है। परिवारों के मज़बूत होने से गाँव मज़बूत होते हैं फिर नगर और फिर राष्ट्र सुदृढ़ होता है। जिस परिवार में प्रेम, विश्वास, आदर का भाव और संस्कार होते हैं, वे एक-दूसरे की तरक्की और विकास में खुश होते हैं तथा एक-दूसरे का सहयोग करते हैं, साथ ही खुश रहते हैं, परस्पर उन्नति में सहायक होते हैं व एक खुशनुमा वातावरण का सृजन करते हैं जिसकी खुशबू से घर-आँगन महकता रहता है। सोंधी-सोंधी मिट्टी की खुशबू हमेशा वातावरण को ऊर्जित करती रहती है। परिवार के सभी सदस्य हँसते-खेलते हुए खुशी और गम बाँटते हैं, रूठते हैं, मनाते हैं।

भारतीय संस्कृति में परिवार का बुजुर्ग व्यक्ति जो मुखिया होता है, उसी के आदेशों को सब मानते हैं, वह हमेशा परिवार के हित में फैसले देता है। नि:स्वार्थ भाव से अपने कर्त्तव्यों में लगा रहता है, सारी सुख-सुविधाओं से वंचित रहता है। उसके त्याग और उसकी तपस्या से परिवार का स्तर ऊँचा उठता है, परिवार तरक्की और विकास के पथ पर अग्रसर होता जाता है, विदेशों में यह संस्कृति नहीं पायी जाती है, वहाँ वे अपनी संतानों से दूर एकाकी नीरस जीवन बिताते हैं, परिवार का आनन्द वे नहीं उठा पाते। परिवार के लोगों का आपसी प्रेम, त्याग और बलिदान तथा संयुक्त परिवारों में तीन पीढ़ियों का एक ही छत के नीचे प्रेम और सामंजस्य से जीवन जीना पूरी दुनिया के लिए एक मिसाल है।

आज समाज में पूरी तरह से अराजकता का वातावरण है। अनुशासनहीनता बढ़ती जा रही है, गृहक्लेश, तलाक, दहेज हत्याएं, बलात्कार, यौन शोषण जैसे अपराध रोज हो रहे हैं, जिससे लोग कानूनों को ताक पर रखकर कार्य कर रहे हैं इससे कानून व्यवस्था की स्थिति दिन-प्रतिदिन बिगड़ती जा रही है। बच्चे माता-पिता का सम्मान नहीं कर रहे हैं, भौतिकतावादी सोच के तहत आधुनिक विचारों के साथ पाश्चात्य संस्कृति को आत्मसात कर स्वार्थपरता का आत्मकेन्द्रित जीवन जी रहे हैं। लोगों के जीवन से प्रेम, सहजता तथा समरसता पूरी तरह से गायब हो गयी है। वे खोखला जीवन जी रहे हैं जिसका कोई मज़बूत आधार नहीं है, इसलिए जब भी थोड़ी-सी विपत्ति या झंझावात आए नहीं कि उनकी ज़िंदगी बिखर जाती है, वे टूट जाते हैं। उन्हें कोई रास्ता नहीं दिखाई पड़ता, दबाव में गलत कदम उठा लेते हैं, आत्महत्या तक कर लेते हैं। यदि इन्हें समय रहते यह समझाया जाता कि 84 लाख योनियों में सर्वश्रेष्ठ है यह मनुष्य योनि, जो जाने कितने जन्मों की तपस्या का फल है, तो लोग इसके एक-एक पल का भरपूर सदुपयोग कर आनन्द उठाएंगे और अपने जीवन को सफल कर परिवार, समाज और राष्ट्र को मज़बूत करने का भरपूर प्रयास करेंगे।

जीवन में यदि सुख, शान्ति और समृद्धि चाहिए तथा सही मायने में कामयाबी का आनन्द लेना चाहते हैं तो जीवनसाथी का सही चुनाव कीजिए और उसे जीवन की अन्तिम साँस तक निभाइए। दाम्पत्य जीवन यदि सफल है, आपसी प्रेम और विश्वास है तो रूखी-सूखी रोटी-दाल भी छप्पन भोगों से ज्यादा स्वादिष्ट लगेगी। यदि दाम्पत्य जीवन कलहपूर्ण, नीरस, प्रेमहीन और तनावपूर्ण है तो पकवान भी फीके और बेस्वाद लगेंगे, अतः समझदारी से, धैर्य से, एक-दूसरे की भावनाओं, इच्छाओं का सम्मान करते हुए दाम्पत्य जीवन को सफल और मज़बूत बनाकर जीवन को और आनन्दमय बनाया जा सकता है। पत्नी के मन को टटोलिए, वह केवल मृदुल, सौम्य और प्रेम भरे व्यवहार से ही जीवन-भर आपके साथ गृहस्थ जीवन में रहती है और सर्वस्व न्यौछावर कर पति और बच्चों के लिए अपना जीवन खपा देती है। यदि उसकी भावनाओं को ठेस पहुँचाई या अहंकार, दबंगई दिखाई तो वह विद्रोह कर देगी, आपकी घर-गृहस्थी को उजाड़ देगी, क्लेशपूर्ण और समस्या-ग्रस्त वातावरण कर देगी जिससे आपका जीवन जीते जी नर्क बन जाएगा। इसलिए समय रहते उसके मन की थाह लीजिए, उसे भरपूर प्रेम और सम्मान दीजिए,

अपनी ओर से कोई कसर बाकी नहीं छोड़िए, एकान्त के क्षण बिताइए, अपनी बातें शेयर कीजिए। छोटी-छोटी ईमानदारी पूर्ण बातें, हँसी-ठहाके, चुटकुले दाम्पत्य जीवन को तरोताज़ा रखते हैं। हल्की-फुल्की बातें कीजिए तथा अपने रौब और अहंकार की बातें या दूसरों की बुराई कर निंदारस की बातों से दाम्पत्य जीवन में उदासी और नीरसता आती है। सामाजिक व्यवहार निभाने और प्रत्येक निर्णय में जीवनसाथी को विश्वास में लीजिए, उसे समय पर सारी बातें बताइए। यदि कुछ राज की बातें, कहीं और से पता चलती हैं तो दाम्पत्य जीवन की खाई और चौड़ी होती जाती है जिससे दाम्पत्य जीवन की मज़बूत दीवारें दरक जाती हैं, गृहस्थी छिन्न-भिन्न हो जाती है, जीवन तनावपूर्ण और बोझिल हो जाता है। जो पत्नी चन्द्रमुखी थी, वह सूरजमुखी होकर कब ज्वालामुखी की तरह फट पड़े, कोई नहीं जानता। इन सब स्थितियों के लिए आप स्वयं जिम्मेदार हैं क्योंकि उपेक्षा करने से, सार्वजनिक अपमान करने से और ईगो हर्ट करने से ही चन्द्रमुखी से लेकर ज्वालामुखी तक स्थिति पहुँची है। अतः प्रारम्भ से ही दाम्पत्य जीवन को सहज, सरस और प्रगाढ़ बनाने के लिए व्यक्ति को भरपूर प्रयास करना चाहिए। अहंकार दाम्पत्य जीवन का दुश्मन है। सारी कामयाबियां, तरक्की, विकास, सफलताएं धरी की धरी रह जाती हैं, यदि पत्नी के दिल में सम्मान और नज़रों में प्रेम दिखाई नहीं दे। अतः जीवनसाथी को सुखी रखना और उसकी सुख-सुविधाओं, मान-सम्मान, जीवन स्तर, आर्थिक समृद्धि, प्रेमपूर्ण व्यवहार में कोई कंजूसी नहीं करनी चाहिए। इससे जीवनसाथी खुश होकर आपके जीवन को ऊर्जित कर देता है तथा सहयोग कर ऊंचाइयों पर पहुँचाने में सहायक होता है। वास्तव में जीवनसाथी ही एक-दूसरे की इज़्ज़त और मानसम्मान को समाज में बढ़ाते हैं। वे ही बताते हैं कि अमुक इंसान अच्छा है या बुरा तथा इसके विचार और कर्म किस प्रकार के हैं, अतः कामयाबी चाहने वाले इंसानों को हमेशा अपने जीवनसाथी को विश्वास में लेकर कार्य करना चाहिए।

क्रोध के वक्त ठंडा पानी पीना चाहिए और एक-दूसरे के सामने से हट जाना चाहिए, ठंडे दिमाग से विचार करना चाहिए कि एक-दूसरे को कमजोर करना और कमजोरियों, कमियों का झूठा-सच्चा बखान करने से दोनों की इज़्ज़त का फलूदा बनता है व समाज में स्तरहीन और मूर्ख कहलाते हैं। दाम्पत्य जीवन दरकने से दोनों की इज़्ज़त खराब होती है, इसे बचाने के लिए आवश्यक है समझदारी से काम लें, भावना, आवेश तथा क्रोध पर

नियंत्रण रखें, एक-दूसरे को प्यार और सम्मान दें, जो भी मिले उसे दिल से स्वीकार करें। बेहतरी के लिए रोज़ प्रयास करें तो दाम्पत्य जीवन कभी कलहपूर्ण हो ही नहीं सकता। बच्चों के हित में फैसले करें व उन्हें देश के संभ्रान्त, संस्कारयुक्त नागरिक बनाने के लिए पति, पत्नी कंधे से कंधा मिलाकर कार्य करें। सामाजिक, आर्थिक, राजनीतिक और भौतिक उन्नति करें।

हमें बच्चों की परवरिश इस प्रकार करनी चाहिए कि वे किसी भी विचार को थोपा हुआ नहीं समझें और न ही किसी प्रकार का दबाव महसूस करें। उनकी भावनाओं का सम्मान होना बहुत ज़रूरी है। उन्हें किसी भी प्रकार से तनावग्रस्त नहीं करना चाहिए। माता-पिता को अपनी महत्त्वाकांक्षाओं को बच्चों पर नहीं थोपना चाहिए, उनकी क्षमताओं का आकलन करने के बाद उनके कैरियर का चुनाव करना चाहिए। कोई कैरियर यदि हम उन पर जबरन थोपने की कोशिश करेंगे तो वे मन से पढ़ाई नहीं करेंगे और अपेक्षित परिणाम नहीं आ पायेंगे, बुझे मन से कभी भी सकारात्मक और अच्छे परिणाम नहीं आते हैं। उनका मनमाफिक कैरियर चुनने की उन्हें आज़ादी होनी चाहिए, जिससे वे जीवन-भर खुश रह सकें और उत्साह से जीवन जी सकें। यदि हम उनके अन्दर संस्कार नहीं भर सकते और आध्यात्मिक चिंतन नहीं दे सकते, तो वे जीवन के महासफ़र में कभी भी टूटकर बिखर सकते हैं। यदि संतानों को हमें जीवनपर्यन्त सुखी करना है और सफल जीवन जीते हुए देखना चाहते हैं तो उन्हें नैतिक आदर्शों की शिक्षा देना अतिआवश्यक हैं, जिससे उनके मन-मस्तिष्क में हमेशा भारतीय संस्कृति के मूलमंत्र और आदर्श विद्यमान रहें।

हमें स्वयं भी बच्चों के समक्ष उदाहरण प्रस्तुत करना चाहिए और उनके सामने बहुत सोच-समझकर संतुलित भाषा में बोलना चाहिए और हमेशा सकारात्मक तथा रचनात्मक होना चाहिए। इसी को सीखकर बच्चे अपना जीवन सफल करते हैं। घर-परिवार में बच्चे जैसा देखते और सुनते हैं, वैसा ही व्यवहार करने लगते हैं, अतः भाषा, विचार, खानपान, व्यवहार संतुलित और संयमित होना चाहिए।

जब हम सभी के साथ मृदुल व्यवहार करते हैं तथा अपने श्रेष्ठ आचरण और सहयोग पूर्ण कर्मों से सभी का दिल जीत लेते हैं, तो सभी लोग हमारे सहायक सिद्ध होते हैं। जब हम समस्याओं के समाधान का हिस्सा होते हैं तथा सभी की उनकी कठिनाइयों और कष्टों में सहायता करते हैं, तो लोग

अपने-आप हमारी ओर आकृष्ट होते हैं तथा वे भी समय पर भरपूर सहयोग करते हैं। सबको साथ लेकर चलना ही जीवन है क्योंकि सभी के साथ से जीवन सुगमता से कट जाता है और पता भी नहीं चलता कि कब कष्ट आए और चले गए।

ज़िंदगी में तमाम लोग जो आपके करीबी हैं, वे ही ईर्ष्यावश आपको पटकनी देने की फिराक में रहते हैं, उन्हें हमेशा चिन्हित करते रहना चाहिए। ऐसे लोगों से हमेशा दूर रहें क्योंकि ये हमेशा आपकी एकाग्रता को भंग करते रहेंगे तथा सफलता के मार्ग में रोड़े अटकाते रहेंगे। ऐसे लोगों की नाराज़गी भगवान से होती है। ये लोग बिना वजह आपसे झगड़ते रहेंगे तथा कोई इनको झेल नहीं सकता। ये हताशा का शिकार होकर ऐसी असामान्य-सी हरकत करते हैं।

आपको यदि जीवन में सफल होना है तो सबके साथ मिलकर चलें, दूध में जैसे पानी मिलकर रहता है वैसे ही सभी के साथ घुलमिलकर रहें। इससे तुम्हारा जीवन पुष्पित और पल्लवित रहेगा तथा लोग तुम्हारी अच्छाइयों को एक दिन ज़रूर मान्यता देंगे। हमें कभी भी अपना व्यवहार दूसरों के अनुसार या दबाव में नहीं बदलना चाहिए, अपना मूल स्वभाव हमेशा बनाकर रखें। ईश्वरीय ज्ञान, बौद्धिक क्षमताओं और कृपा को महसूस करना चाहिए, अपने कार्य के प्रति समर्पण और निष्ठा का होना बहुत ज़रूरी है।

यदि हम असामाजिक होते हैं तो हम समाज में हेय दृष्टि से देखे जाते हैं, जिससे हमारे जीवन का आनन्द समाप्त होता है। जब हम अपने किए गए कार्यों की वजह से दूसरों की नज़रों में सम्मान का भाव देखते हैं तो उत्साह और स्फूर्ति आती है, आत्मसंतुष्टि मिलती है। जीवन तभी सुखमय और पूर्ण होता है, जब हमारे अन्तर्मन में यह संतोष होता है कि हमने जीवन में अच्छे कार्य किए हैं।

अपना व्यवहार हमेशा संयमित रखें और प्रातःकाल जल्दी उठकर स्नान करके प्राणायाम, योगासन करना चाहिए। इससे शरीर के साथ-साथ मन भी मज़बूत होता है और दिनचर्या सुचारु रूप से चलती है। हमेशा समय का प्रबंधन करें और रोज़ औरों से अधिक कठिन परिश्रम करें जिससे अधिक ज्ञान मिल सके तथा अधिक सफलता प्राप्त हो सके।

सार्वजनिक जीवन जीने वाले राजनेताओं का व्यवहार हमेशा मृदुल होना चाहिए तथा जो सबको साथ लेकर चलते हैं, वे ही अन्य प्रतिद्वन्द्वियों से

अधिक सफल होते हैं, उनको जनता अधिक पसन्द करती है और दिल से समर्थन तथा वोट देती है। व्यक्ति को अपना चरित्र उज्ज्वल और सार्वजनिक जीवन पाक-साफ रखना चाहिए क्योंकि जनता कभी चरित्र पर लांछन सहन नहीं करती। उत्तम चरित्र वाले व्यक्तियों को ही सत्ता और राज्य का सुख मिलता है क्योंकि लोकतांत्रिक पद्धति में वोट की शक्ति से ही कुर्सी मिलती है और वोट कभी कमजोर व्यक्तित्व के राजनेताओं को जनता नहीं देती है। जिनकी छवि अच्छी होती है, जनहितैषी नीतियाँ होती हैं व यह विश्वास हो जाए कि अमुक प्रत्याशी जीतकर वैमनस्य नहीं फैलाएगा, तभी मत मिलते हैं। जिस पार्टी का घोषणा-पत्र और नीतियाँ जनहितैषी और विकासवादी होती हैं, जनता उसी पार्टी को बहुमत देती है।

हमें आम जीवन में अपने अन्तःकरण की बात सुननी चाहिए, दिल से सारे कार्य करने चाहिए क्योंकि हम दिल की बात सुनते हैं तो वह ईश्वरीय फैसला होता है। योगी, तपस्वी या सच्चे इंसान को ईश्वर की तरफ से संकेत स्वतः प्राप्त होते हैं, तरंगें स्वतः उनके मन-मस्तिष्क से टकराती हैं, जो ज्ञानी होते हैं या जिन पर ईश्वर की कृपा होती है, वे उन तरंगों को ग्रहण करके आम जीवन में अपने फैसले करते हैं और विजेता बनते हैं।

हम अपने सभी कार्यों के लिए स्वयं उत्तरदायी होते हैं, उनकी जिम्मेदारी हमें स्वयं उठानी पड़ती है। जिम्मेदारी से भागना या पलायनवादी सोच हमें हमेशा रणछोड़ जैसी स्थिति में पहुँचा देती है, समस्याओं का डटकर मुकाबला करो, डटके जियो और जरा हटके सोचो।

जीवन विविधताओं से भरा है, उसमें बहुत आनन्द है, बहुत कुछ पाने को शेष बचा है। जीने की और कामयाब होने की और भी हैं राहें, सारी सफलताओं और कामयाबियों के दरवाजे खुले हैं, उन्हें पाने वाला होना चाहिए। जिसके पास इन छिपे हुए अनमोल खजानों की चाबियाँ हों, वह ही इस अकूत दौलत और शोहरत के भंडार को प्राप्त कर सकता है। यदि डूबने के डर से समुद्र में गोताखोर डुबकी नहीं लगाएंगे, तो क्या सागर के मोती प्राप्त किए जा सकते हैं। जीवन के महासफ़र में चौकन्ने रहें और प्राणपण से सबको साथ लेकर जुटे रहें, कामयाबी एक दिन अवश्य आपके कदम चूमेगी और सफलताएं स्वतः ही दरवाजे पर दस्तक देंगी।

■■■